梦　山　书　系

“梦山”位于福州城西，与西湖书院、林则徐读书处“桂斋”连襟相依，梦山沉稳、西湖灵动、桂斋儒雅。梦山集山水之气韵，得人文之雅操。福建教育出版社正坐落于西湖之畔、梦山之下，集五十余年梓行之内蕴，以“立足教育、服务社会、开智启蒙、惠泽生命”为宗旨，将教育类读物出版作为肩上重任之一，教育类读物自具一格，理论读物品韵秀出，教师专业成长读物春风化雨。

“梦”是理想、是希望，所谓“梦想成真”；“山”是丰碑，是名山事业。“积土成山，风雨兴焉”，我们希望通过点点滴滴的辛勤积累，能矗起教育的高山；希望有志于教育的专家、学者能鼓荡起教育改革的风雨。

“梦山书系”力图集教育研究之菁华，成就教育的名山事业之梦。

梦山书系

做一个卓越的校长

——陶继新对话名校长

陶继新 著

海峡出版发行集团 THE STRAITS PUBLISHING & DISTRIBUTING GROUP | 福建教育出版社

自　序

近几年，我对采写校长及学校产生了浓厚的兴趣，仅关于校长及学校方面的著作就已有 14 本出版。尽管有人对目前教育上的弊端不时抨击，对不少校长的言行很是不满。不过，在我采访的校长中，确实有的人一直行进在“上下求索”的路上，取得了令人欣喜的成绩。从他们身上，我看到了教育的希望，看到了教育家横空出世的可能。我一次又一次地被他们感动着，于是，也就有了持续不断的采写校长及学校之行。

从书本上看到的一些教育理论，到了这些名校长那里，有的会碰撞出思想的火花，让我有一种他乡遇故知的感觉；有些理论，则因与教育的真谛相去甚远，让我感到那只是移动于天空的一片浮云，它会随风飘逝的。既学习教育理论，又向实践学习，才能领略教育的美质，才能升华人生的境界。

有的校长是很有思想的，而且，这些思想是根植于教育沃土之上的。它不属于只在书斋里研究而不深入实践的专家们的理论话语系统，而是能透视教育的本质，更能解决教育的实际问题。因为这些思想多是基于本校问题的研究而诞生的，有着“这一个”的特点，鲜活、生动，具有生命的张力。正是一个又一个校长的各具特色的思想话语，丰富了我对学校管理的认知系统，也让我的思想有了源源不断的生命活水。

在这个相对喧嚣的社会里，有一些校长依然对文化情有独钟。他们高品位的阅读，让学校里一直弥漫着宜人的书香。文化是可以“化”人的，于是，教师也有了书卷气，学生也多了朗朗书声。当一所学校文化味越来越浓的时候，和谐向上的风气也就形成了。教师就不会只是关注考试成绩，还享受着文化升值的幸福之旅；学生也不只是一味地追逐高分，也在着意地为自己打点文化的底色。文化的力量是巨大的，它不但让学校更有文化气息，也让学校有了持久的发展动力。

品牌是一种优质的生产力。我所采访的校长及学校，大多已经形成了属于自己的品牌。有些本然就是名校，由于校长的努力，让其有了“更上一层楼”的景观；有些则是相对薄弱的学校，由于校长的引领，教师与学生的精神面貌有了巨大的变化，让学校也步入了名校的方阵。从某种意义上说，学校成就了名校长，名校长又让名校更有名气。

没有办不好的学校，没有不想成为名校长的校长。这些学校走向成功的探索过程，这些校长成为名校长的生命足迹，可以让更多的学校与校长作为“他山之石”，来攻自己之“玉”。这是我解读名校与对话名校长的一个重要原因。

对于我所对话的校长，我都进行了采访。不过，我几乎没有当场记录，只是用大脑过滤采访的信息，而后形成对话的基本思路。我的思路被采访的校长同意之后，我们就共同商定一个对话的时间，然后用 QQ 聊天的方式，少则三四个小时，多则六七个小时，一篇万字左右的对话文章就完成了。由于是即兴而写，就有了自然生态的特点，也有了一定的可读性。“聊天”时要求大脑必须高度运转，因为我不知道对方要发来一段什么样的文字，却要在短暂时间里，作出自己的理论性评价。这种富有挑战性的“聊天”，激活了我的大脑，常常让我文思泉涌，下笔成文。不过，毕竟是现场生成的文字，粗陋之处在所难免。这些对话文章我没再进行修改，尽管修改之后文章会更好一些。我认为这种生态化的文章，更属于真实的陶继新。况且，我可以用更多的时间，去采访新的学校，去向新的校长学习。这种运转方式，让我一直能够吸纳教育的新鲜血液，让我有了“苟日新，日日新，又日新”的状态，也有了精神不断提升的可能。

我对话的名校长，并非哪个权威机构界定的。很多已经是名校的名校长，而且取得了骄人的成绩。而有的学校并不是特别有名，校长也并不为更大范围的人们所知，可是，他们之中有的却很有思想与文化，不断地进行超越常规的突围，取得了斐然的成绩。我觉得，这是真正的名校长。当下未必特别有名，未来却一定脱颖而出。这种选人定文的方式有点“主观”，却可能更接近真实，更受读者的欢迎。

本书采用了“由近及远”的方式编排，即按照对话文章发表时间最晚者排在最先、最早者排在最后的顺序进行编排，未予发表者，则按对话完稿的时间计。这避免了以先后判优劣的嫌疑。至于哪些更适合读者学习，只有让读者自我选取了。

特别感谢《中国教育报》、《人民教育》、《现代教育导报》、《创新教育》、《基础教育论坛》、《教育时报》、《学校品牌管理》等报刊，发表了我的不少对话文章，这不但给我很大的鼓励，也对宣传与推广这些校长的经验起到了不小的作用。

需要说明的是，书中的校长简介，是文章发表或对话时校长提供的。此后变化与发展的内容，书中均未提及。

文章出版之后，读者会有不同的评说。对于褒奖，我将作为对自己的一种鞭策；对于批评，我则作为省检自身的一种忠告。在此，对于关注本书的所有读者，致以诚挚的谢忱！

陶继新

2013年11月13日于济南

目录

办一所有责任担当的名校

——福州一中的价值取向与师生发展

［李迅校长简介］

李迅，男，1962 年 2 月出生，1980 年 8 月参加工作，从事中学数学教育，正高级教师，1994 年被评为福建省特级教师（年仅 32 岁）。

始终坚持在教学第一线，致力于数学教学和学校管理的改革和研究，深受师生与同行的赞誉。主编和参编多本数学专著，完成近百万字书稿并正式出版发行。每年均有数篇论文在 CN 刊物（含核心期刊）上发表。主持过多项国家重点课题及省级科研项目并取得显著成果，2002 年主持的课题被教育部立项为全国重点课题。

系中国数学奥林匹克高级教练员，曾指导学生 2 次在国际数学奥赛中获金牌，十六人次入选国家集训队，1997 年为中国队夺得总分世界第一做出重要贡献，受到中国科协、原国家教委的表彰。2010 年受邀以中国观察员身份赴哈萨克斯坦参加第 51 届国际数学奥林匹克竞赛。

每年面向全国各省开展多次专题讲座，为推进基础教育改革做出贡献。多次受邀参加国际学术交流。其中，1996 年，应国际数学联合委员会邀请，赴西班牙参加四年一度国际数学教育大会，并在会上介绍科研成果；之后又多次受国际性学术会议邀请，向大会提交专业学术论文。

1980 年 8 月至 1984 年 7 月，任教于福安甘棠中学，在艰苦的工作、生活条件中，兢兢业业。针对农村中学学生基础差的具体情况，注重立德树人，培养学生学习能力，发展学生综合兴趣。在他的努力下，教育教学成绩斐然。

1993年荣获全国优秀教师，1995年获国务院政府特殊津贴专家称号，1995年被评为福建省优秀专家，1996年获全国五一劳动奖章、省劳动模范、省十大杰出青年，2007年入选为新世纪百千万人才工程国家级人选，2012年荣获福建省第三届杰出人民教师。

任福州一中校长十余年，带领学校顺利完成新校区建设，并取得卓越的教育教学成绩，使福州一中实现了历史性的跨越。学校连续十一年被评为“省级文明学校”，曾获“全国教育系统先进集体”等荣誉称号。

编者按：福州一中是一所名校，它的“名”不仅因其升学率高，更因其以教学、研修为目标，以公平、平等为尺度，以师生的心灵、精神、发展为方向……在教育中用“真、善”抒写着教育的传奇。为此，陶继新先生专程赶到福州一中，采访李迅校长及教师，并通过QQ与李迅校长进行了一场对话。现将部分对话内容摘录如下，以飨读者。

责任担当——良知

【李　迅】校长本身就是教师，只不过有更多的责任和担当；学校，则应当是一个有担当意识的教育集体。建校至今，福州一中在各个历史时期都发挥过积极作用。远的不说，近几年的支教活动，积极支援西部教育事业的发展；今年实施的“追梦计划”，让长期生活、学习在县城以下的农村孩子有机会享受福州一中优质的教育资源；还有“出经验，出人才”的做法，为教育事业做出了应有贡献。

【陶继新】一个校长有了舍我其谁的担当意识之后，他的内心情系着学生与老师的发展与幸福，所以不可能特别关注自己的升迁与名利，而是更多探究学校的发展与未来。同时，在学校发展的时候，也在思考如何帮助更加需要帮助的人，并且积极地付诸实践。这样，福州一中就不只是一个一般意义上的名校，还有了更大的志向与更加高远的追求。

【李　迅】一所名校应该有社会担当。这对教师和学生会有一种无形的牵引力。我们学校在周末请名师义务开设学科讲堂，趣说学科发展，纵谈社会万象。一中的学生可以自愿选择参加，同时我们也向农村的学校进行视频传送。明年，我们准备在福建省 23 个贫困县乡村初中校招收一些孩子，扩大“追梦计划”，让他们享受社会的发展给他们带来的机会。

“追梦计划”的选拔考试只考察语文和数学。但进入高中后，估计学习英语和其他学科对这些农村的孩子来说是一种挑战。但我相信一个学校只要有善的力量，就一定能帮他们应对这个挑战或“帮他们战斗过关”!

我也曾经构想，在市区中给生活在保障线以下家庭的孩子开辟特殊通道，让他们享受优质的教育，但是目前实行起来似乎还比较困难。

【陶继新】真令人感动！非有大的教育情怀不可能如此之想和如此之为也。任何人都希望自己的孩子到名校学习，可是，由于各种各样的原因，有的孩子不可能走进名校。而有些名校的领导与教师也以身在名校而自傲，甚至看不起薄弱学校的学生，对农村学生不屑一顾。其实，人是生而平等的，只是有的人有了这种条件，有的人没有这种条件而已。其实，那些城乡贫困家庭的孩子，更需要优质教育。谁来解决这个问题？并没有任何的文件规定您这个校长要去担当这一重任。可是，您却有了这种特殊的担当精神。而且，这也会向你们学校的教师与学生传递一个信息，做这些事情，是良知使然，是应尽之义，是高尚之举。当更多的师生有了这种情怀之后，学校不就有了更大的育人功能了吗？

【李　迅】说起担当与责任，不能不说到我们的教师，他们为了学生终生发展的担当与责任意识在无形中教育了很多学生。一所学校给予学生的固然有很多知识层面的东西，也要通过开展许多活动让学生学会沟通和交流。学生在学校学习生活中逐渐形成自己的人生目标，这期间最为关键的因素应该是这所学校的精神追求和每位老师的人生价值观。我曾举过一个例子，一个普通的教务员，面对学生的一张休学申请书表现出来的态度也是至关重要的。比如，这个孩子若是因为家庭生计而不得不暂时休学去打工时，细心的学校职员会因此采取相应的措施，报告学校，一起帮助他解决经济困难，让他继续安心上学。有时候，一所中学给孩子一辈子的记忆不是学校的教师而是学校的某一位职员。所以，我们学校倡导所有教职员工都要用心教育和帮助这里的每一个孩子。你的给予可能有意想不到的收获。

【陶继新】有无良知，有无担当与责任，是衡量一个人品质高下的试金石。您上面所说的这个教务员，就是一个很有良知与责任心的人。一般而言，他不必详细询问这个学生休学的原因，即使问了，也多是采取“无可奈何花落去”的态度。可他不是这样，他还要采取相应的措施。在他看来，这个孩子就应当被关心，自己有责任帮助他，因为他的个人行为，在某种程度上来说，也是学校的行为。看来，福州一中之所以成为名校，不只是有更多的学生考上重点大学，也不只是拥有了多么强的能力，还有留给学生终生难以忘怀的铭记：学校是其学习的地方，也是其精神的家园，是其心灵的皈依地。

【李　迅】您说得很对！学校应该是孩子心灵的皈依地。记得十几年前，我刚担任校长，遇到一件事——高三升学报名时，段长为几位原高一时的体育特招生高考时并没有作为体育类考生报考而感到郁闷。他动员他们要么作为体育类考生报考，要么作为社会考生报考。我当即说服了他，“当你动员一个孩子用他心里不愿意的方式参加报考，你觉得他是否会一辈子记得这件事？你觉得作为一名教师做这样的事会产生什么影响？高考成绩固然重要，但它必定是过眼烟云。而老师的言行在学生心目中的烙印却是一辈子的”。

【陶继新】您说得真好！在报考志愿这样的大问题上，教师是从孩子的心愿上考虑问题，还是从自己意愿上考虑问题，结果是截然不同的。学校究竟要给学生留下什么？很少人思考这个问题，您却思考了。其实，学校就是孩子们精神的栖息地，教师就是他们的精神导师，是他们心灵的依靠。当教师不想学生之所想的时候，也许有了在一般人看来比较理想的“高考成绩”；可是，“精神”的美质却淡化了，学生的心灵也有了失落感。所以，教师留给学生的，不只是知识，也不只是成绩，而是让其终生受用的精神品质，从而让孩子们在以后的生命成长中始终拥有自由的心灵和正向的思维。

【李　迅】现在中国的学校很需要一批默默无闻、脚踏实地在教学一线耕耘的实践者。我曾比喻我自己是蛙类，源于一位诺贝尔物理学奖获得者的一句话：“这世上有些人像雄鹰飞在蓝天上俯瞰大地，一切规则了然于心。有些人像青蛙，在自己熟悉的泥潭里艰苦跋涉，也不亦乐乎。我就是那只青蛙。”

另外，现在高校的自主招生大都是“掐尖”，而较少关注如何育人。许多城市的高中也纷纷效仿。如今年上海四大高中提前自主招生就引起了社会的争议。一所学校招生固然关键，但最重要是育人。这是一所学校理应承担的义务与责任。

【陶继新】从“重要是育人”一句话里，我对您更多了一份敬意。学校培养出来的人，不但要有知识，也要有智慧，有思想，更要有责任担当。当年孔子的教学，就是将育人放在第一位的。今天有些人为什么反而只是将德育作为一种摆设了呢？不过，所幸还有像您这样的有志之士，以育人为己任。这是福州一中之幸，也是福州学子之幸啊！

公平处事——见品质

【李　迅】校长的言行也会影响学校的每位教师对群体价值追求的选择。当你选择做一所中学的校长，特别是一所著名中学的校长，你不仅仅需要努力了解教育教学发展动向，更重要的是公平处事，关爱每一个人，关注学校的发展给个人带来的前景。

【陶继新】公平处事体现一个校长的品质，更重要的是，它让老师们心里生成一种安全感，不必趋炎附势，只要努力工作，就会得到相应的认可。群体教师的这种心理状态，还会生成一种积极工作的总能量场，当个个教师都在努力工作的时候，学校发展不也就有了必然性吗？而学校的发展，也必然带来教师的发展；教师的发展，又会带来学生的成长。如此循环往复，学校就成了一个良性发展的势能场。

【李　迅】公平处事体现在学校的方方面面。如：如何招聘老师、如何奖惩教师、如何安排工作等等，甚至小到班级学生的座位安排对孩子是否公平。因为学校的某个细节的不公可能会影响群体的价值追求。

【陶继新】有公平之心，必有公平之思；有公平之思，必有公平之事。常存公平之心，常有公平之思，也就有了无处不在的公平之事。这种公平之事，是对学校价值追求的一种高度认可与强化。于是，不管教师还是学生，也就有了公平的思想，也就有了正确的价值取向。

【李　迅】公平是文明社会的标杆，也是社会进步的象征。作为一所中学的校长，在公平处事中会面临很多压力和挑战。如何做到严格遵守学校的各项规章制度，即使面对权贵也不屈就。这既考验一个校长的勇气，也需要校长能够艺术地面对。

【陶继新】“艺术面对”说得何其好啊！公平处事是不变的规则，面对压力，也不能有丝毫的妥协。可是，一个有智慧的校长，却可以艺术地处理这些问题，让公平与和谐“二者得兼”。不是身在其中的人，是不可能想象其中的困难的。可是，您却可以一个又一个地将这些困难破解，并在破解这些困难的时候，享受了破解困难的心灵愉悦。这当是一种高超的艺术吧。

正气悲善——求平等

【李　迅】正气、悲善、追求应成为一所学校的主流。教师与学生不同的发展离不开这所学校的精神支柱。

【陶继新】很欣赏您说的“悲善”，这当是立身之要。大凡成就一番大事业者，都有“悲善”情怀；即使难成大业，做一个有益于社会的人，“悲善”也是必需的要件。

【李　迅】最近，中央开展党的群众路线教育实践活动，我在想“延安精神”，那是一种什么样的力量，使得全国数万生活优越的青年不远千里投奔到生活条件极其艰苦的延安。曾经有一位摄影记者本打算到延安长期拍摄，但十天后就回城市了。他一直告诫自己不要被赤化，但一周后，他竟然递交了入党申请书。我想他应该是在延安看到了一种力量，我以为就是“悲善”，让他感到这里是天堂。虽然当今的现实生活中，每个人似乎将对物质的追求摆在很重要的位置，但是他的内心深处最柔软的就是这样一种精神。可惜的是，我们这个时代并未能有效唤醒这种精神。我希望在我的学校营造一种氛围，让这里的人们感受到这种力量。

【陶继新】“悲善”二字的内涵太丰富了！一个人有了悲天悯人的情怀后，就不会过多安逸于自己的享乐，而是关注那些处于困窘状态的人们，并且力所能及地予以帮助。为什么有“慈悲”这个词呢？因为悲与慈的联结，才可以升华到一个更高的人生境界。而善同样是一个人的立身之本，一个善良的老师，可以教育出一批又一批善良的学生；一个不善良的教师，也有可能将他的不善之念传递给学生。《周易》有言："积善之家，必有余庆；积不善之家，必有余殃。"看来，为善不但是利他的，也是利己的。古人之所以说"道善则得之，不善则失之"，是很有道理的。

【李　迅】您说得好。人是生而平等的！有教无类更需要当代的教育者去践行。现在的社会分化越来越大，生活在边远山区的孩子和城市里保障线下的孩子，他们不可能像城里那些生活条件优越的孩子一样，睁大眼睛，体验观察社会，参加各类培训班，提高所谓的综合素质。而现在的选拔制度并未给这些孩子带来希望。想到这些，我的心情沉重。为教者倘若不为此做些努力，真是当代人的悲剧！我曾幻想，各所著名大学和各省著名高中应该要按照生活标准分类下达招生计划，给每个生活阶层的孩子带来希望。

【陶继新】您的这个设想又一次令我感动！因为我是从农村走出来的，曾经在农村干过十年农活，真的是苦不堪言，当时多么想当一个民办教师啊！可是，那只是一种幻想。直到1978年，才有权利参加高考，考分非常高，比我少了不少分的考生上了山东大学，而我却因所谓的"政审"问题连一般专科都不录取，后来还是因为补招才进了济宁师专。所以，对于生活于底层的老百姓，我有着一种特殊的悲悯。当您说到"按照生活标准分类下达招生计划"时，我真是对您敬意有加了。现在，我的条件变了，家境也好了，可是，过去的那种穷困潦倒的境况却一直在我的心里挥之不去。现在的悲剧是，我考学的那个年代，农村很多考生可以考进名牌大学，上北大清华者也并不少，可是，现在却愈来愈少了。贫困家庭孩子接受优质教育的机会在大力倡导均衡教育的今天，非但没有增加，反而有每况愈下的趋势。在这种悲剧不断上演的时候，如果有更多像您这样的校长该多好啊！

教师发展——设平台

【李　迅】作为一名教师，作为一位知识分子，专业发展是其骨子里应有的追求。所以我很重视展示教师的成就，宣扬教师的研究。如，我们有一位在实验室工作了20多年的老师，整理了他认为很重要的实验过程和视频，也搜集了国内外高校类似拓展的实验视频。我获悉后，就让信息中心的老师分门别类进行整理，用现代网络技术放在校园内网上，让更多的老师和学生知道他的成就，并完善其成果。另外，如果老师想到国内外高校、中学做短期的专业学术交流，他们都可以提出申请，待校学术委员会同意后，我们会予以批准。比如，我们学校的校班子成员九人，仅有两位在美国做过学术研修，但一线老师在美国培训过的就有15人。

【陶继新】为一些教师展示其取得的成果，会让他们感到来自学校领导的认可与鼓励，从而产生自信心与自豪感，进而形成一种自主自觉努力工作的动力。更重要的是，您是从心里希望教师能出更多成果的。“心诚求之，虽不中，不远矣。”

去美国培训，当然可以提升教师的业务水平，拓展他们的教育视野，同时，这也是很大的福利，也是巨大的精神奖励。如果出国培训的机会绝大多数由学校领导占有，教师心里也会有一种不平衡的感觉，进而形成一种内在的抵触情绪，不但会影响到教育教学的质量，还会形成一种负向的能量，制约学校的发展。你们这样做，则会不断地凝聚成一种正能量，教师主动积极工作也就有了持续性与必然性。

【李　迅】是的。当每个教师充满动力时，学校的工作自然欣欣向荣，而不是表面繁荣下的暗流涌动，因此校长应该从内心深处把握这点。我们学校在海外有许多友好学校，每年都有20多项海外交流项目。众所周知，对带队教师，航空公司和旅行社往往都有免票的优惠。而我校的带队老师和每位学生一样交纳同样的费用。优惠的额度平均分给团队的每位师生。曾有人跟我讲，我这样做违反了国内这项活动的潜规则。我以为让老师很有底气地带队参加才有利于项目的健康发展。带队老师的选择分两类，一类是在优秀班主任中选择优秀者，一类是在教研组长和教研骨干中选择优秀者。我们学校有不少老师在海外进行过一年的学术交流。这些都是我们大力鼓励提倡的。我认为只有这样才能让老师体会到学校的发展给老师个人专业发展带来的益处。

【陶继新】这个潜规则违背得好！一个人的高格，有时是不呈现在表面的，甚至有时是违背常态的。可是，它却是一笔很有价值的精神财富，也是会形成一种巨大力量的。“优惠的额度平均分给团队的每位师生”，其实，每人分不到多少优惠；可是，这让他们看到学校领导的正气。一个有正气的校长，说话的时候也有底气，并在工作中出现“其身正，不令而行”的教育景观。

带队教师的选择，突出“优秀”，就有了正确的导向。在学校里，干得好的，干得多的，就应当得到相应的回报。这会让优秀者更加优秀，工作更加积极；让一般教师也向优秀靠拢，也渐渐地走向优秀。相反，如果以近以亲选人，就会出现截然不同的教育效果，就会让优秀者寒心。于是，学校也就不可能更好发展，甚至会出现较大问题。

【李　迅】作为校长，除了具有大的志向之外，还应该多理解老师生活的艰辛和教学的辛苦，尽可能多帮老师解除后顾之忧，多创设专业发展的平台，多让老师获得教书育人的喜悦，多让老师感觉生活在这个集体的快乐。这就是校长应所为的。

年轻时，师傅曾告诉我一则寓言，说的是一个恶人，死后被打入十八层地狱。但他听到，下面还有人在痛苦嘶叫，便问小鬼，怎么底下还有人？小鬼回答，那底下是误人子弟的老师。从此以后，我一直都对教师这个职业充满了敬畏感，总是如履薄冰，诚惶诚恐地从事我的事业。

【陶继新】“多让老师感觉生活在这个集体的快乐”看起来是一句非常平

常的话，可是，这却是教师幸福的心灵皈依。那么，教师如何才能感受到快乐呢？解除后顾之忧重要，而“多创设专业发展的平台”更加重要。每一个教师都有发展的潜力，也都有这方面的愿望。可是，一些教师的这种愿望得不到实现，发展的潜力非但不能开发，反而有被压抑的趋向。邓小平说：“发展才是硬道理。”在这点上，我的体会是极其深刻的。如果有人真正领悟其中的奥妙，不管环境如何都可以发展。可是，一般教师很难做到，他们不是“圣人”，很难做到“用之则行，舍之则藏”，只有学校为其创设发展的环境后，才能更好更快地发展。正是因为如此，一所学校有了一个好校长之后，才有更多教师快速发展的态势，才有教师在发展中体会快乐的幸福感。

课堂教学——探因果

【李　迅】我们学校的特色是追求知识的“前因后果、来龙去脉”。例如，数学某一概念或定理的提出，起源于哪里、何时、何地、何因以及在现代社会和科技发展中起到何作用。老师在课堂上会花大量的时间实现这个追求，而不是抛出概念，进行大量的试题训练。再比如，化学学习中，曾有一个学生对习题的结果进行验证时，发现实验结果与课本结论不同，我们就组织教师进行追踪探索，直到找到满意的答案为止。另外，我校领导干部都在一线教学，承担平行班的教学任务。因为我们认为，课堂教学是我们学校的“心脏”。

【陶继新】世界上有一个看不见的规则，那就是有因就有果，也就是人们常说的“种瓜得瓜，种豆得豆”。比如你们福州一中之所以成为全国名校，肯定是有原因的。课堂教学亦然，你们的课堂教学不是只向学生呈献结果，而是探索其内在原因所在。而有了这个探因过程，学生就会知其然，也知其所以然。知其所以然，则是学习走至高层境界的必由之路。这一教学的妙道，绝对不是坐在办公室里冥想出来的，而是你们特别是您这个作为教学研究专家的校长在课堂教学实践中摸索出来的。所以，它是有根系的一种探索，有着巨大的生命力。学校领导全部都扎根于课堂教学一线，课堂教学才有了根深叶茂的精彩景观。

【李　迅】这是我校的传统。作为校长，我深感欣慰的是，我有一批把教学作为生命的老师和班子。说实话，我自己在数学课堂教了 33 年，对一些数学概念和定理的前因后果，每次在课堂上和学生交流完，总感觉意犹未尽；对于学生的疑惑，总感觉应该可以解答得更好些。当和其他学科的老师聊起此事时，他们也有同感。

【陶继新】“把教学作为生命”说得何其好啊！校长有了这样的思想与教育情怀，又有一以贯之的实践，整个学校班子与教师的教学生命观也就自然而然地形成了。做任何事情，如果只是浮在表层，就永远不可能探求其中的奥妙，也不可能享受工作的快乐。只有深入其中，由果探因，由因知果，才能感到教学是一件特别有意义的事情，才能拥有“意犹未尽”的感觉。

【李　迅】您说得很对。现在有些学校如同地方政府一样，做事停留在表面上，不可能从心灵深处体会教师的乐趣。

【陶继新】学校不是政府，也不是工厂，而是教育人的一方圣地。所以，校长不是官员，也不是厂长，而应当是与教师同心同乐的同行者。

师生交流——用真情

【李　迅】一个教师，一是要懂专业，二是要懂学生。但如何让老师义无反顾地投身到学校的教育教学工作，不能靠空洞的说教，而是要在学校细微管理中体现。

我也很欣慰地看到，我们学校有一大批教师，包括年轻教师在内，不计个人得失，利用业余时间，指导学生社团活动和兴趣爱好，不亦乐乎地活动着。这些学生在读大学或工作后，常常会回来看望这些老师，老师们在这时都会感到一种职业带来的快乐。教育的工作是一种心灵之间的交流。当你将全身心奉献给孩子们后，这些成长期中的孩子会一辈子记得这份情。这类例子我自己也有很多体会。所以我一直以为，作为一名中学老师，真好！

【陶继新】 您当过老师，而且现在还在教学一线，这种师生心灵交流的感觉，定然是深入心底的。我也当过老师，直到今天，我教的一些学生，还是将我视作精神导师，这是我终生感到幸福的事情。所以，真正意义上的老师，需要经济支撑，更需要精神人格的提升。你们教师之所以不讲报酬而又“不亦乐乎”地为学生工作着，不是学校领导要求他们必须去这样做，而是他们主动要去这样做的，而且在做的时候有一种喜乐与快感。一个教师之所以在学校里感到快乐，原因是多方面的；而与学生在一起，缔结了深厚的师生友情，且可以看到学生的发展，甚至出现“青出于蓝而胜于蓝”的可喜景象，无疑是一个非常重要的原因。

【李　迅】 一个老师和他的学生同欢喜共悲伤，共同为某一个困惑而寝食难安，方是为师之道。

现在是信息化时代，人们的生活方式发生了巨大变化。遗憾的是，教育方式似乎一成不变。我常常在想，一所名校的辉煌可能会掩饰校长的弱智，一群优秀的学生可能会遮盖教师的不足。所以我很欣赏“发展就是硬道理”。

【陶继新】 这个教师与那个教师刚到学校工作的时候，差别并不太大，可是，经过若干年后，有的成了名师，有的还是一个教书匠。其中一个重要的原因，就是前者一直在发展，后者却是在原地徘徊复徘徊。其实，这两个教师都有成为名师的可能性，关键在于发展还是不发展的问题。

【李　迅】 一个教师发展与不发展的因素很多。就像学生一样，有的孩子可能是学理科的，但他又特别喜欢艺术；有的孩子是学文科的，但他又很爱好体育。他们把很多业余时间都花在这些方面。表面上看，他们的学业成绩可能平平，但是，他们很快乐。同样的，一个老师如果没有成为所谓的学科名师，但他如果能认真上好每堂课，用爱对待每一个孩子，即使他的业余生活是在钓鱼中或是在登山运动中度过，但他对生活的乐观、对人生的追求也同样能感染每一个孩子。

【陶继新】我们现在都在谈正面能量，正面能量与一个人的情绪有直接的关系。教师的情绪指数对于学生的影响是巨大的。一个快乐的教师，会将自己的快乐情绪带进课堂，带进生活，带进平时的活动中，而最大的受益者则是学生。而更重要的是，快乐情绪会对学生心理产生正面的影响，也会由此让学生在学习与生活中更加乐观。这是提高学习效率的一种潜在力量，也是积极人生的一种必备品质。一个乐观向上的教师，业务水平未必特别高，可是，他的教学效果，特别是对学生产生的影响，却是很有积极意义的。

【李　迅】您说得对！一个教师的情感世界可能是通过专业展示，也可能是在与学生的交流中体现。一个学校，教师群体应该是丰富多彩的。这对学校学生的成长会形成一种有益的“场”的力量。教师可能来自省内，也可能来自省外，甚至国外；所学学科可能是师范类的，也可能是基础研究类的，或尖端方向的。这样就可以形成一个学校多彩斑斓的、影响到每个孩子的力量。

【陶继新】身体的健康，需要很多不同的营养，学生的成长也是这样，不能是单一的精神营养。教师群体的丰富多彩，才能酿造出不同的精神产品，让学生从中各取所需，并生成自身成长的生命能量。

【李　迅】也许只有经常和学生沟通交流，经常在课堂上挥洒汗水，才能知道“润物细无声”的内涵。

【陶继新】是的，没有对学生的深切了解，没有与他们心息相通的感情，是很难有这种“敏感”的。可见，迅速作出反应的背后，必然有其早在心里积淀下的某种精神元素。

【李　迅】所以，我认为在中学的教师和职员应该有一种敏锐性和迅捷力，这对于这些成长中的孩子是至关重要的。我们的学校发展到今天，应该有一种强大的引领力，我认为至少可以在这几个层面加以努力：一是这个学校在教育教学的理念、追求、实践上；二是这所学校的学生群体应该是同龄人中的精英，应该在社会中起标杆作用，他们在精神面貌、学习状态、待人接物等修养方面都要做出表率，如古人说的“温良恭俭让”方面；三是这个学校的教师在知识分子群体中是优秀的，无论是在专业还是在敬业上。

【陶继新】敏锐性与迅捷力的形成，来自对孩子的真爱，来自平时的功夫；不然，就会快中出乱，快中出错。因为真爱与真功夫中，都有了“真”，都有了快速决定的内在能量。

【李　迅】您说得对！关键在于“真”，在于一个老师会不会认可这个群体的价值追求，会不会为群体的发展而努力。这其中最为关键的，归结到原点，就是这个群体给了他什么，又能给他带来什么。不好意思，这可能又功利了。

【陶继新】群体价值追求影响着每一个教师，以至“规定”着他们的言行，于是，就有了与这个整体价值趋向和谐的话语与行动，这就是学校精神文化的能量。

（原载于《中国教育报》，2013 年 12 月 7 日，第 4 版；作者：陶继新、李迅。）

冰上阳光：穿透教育的另一种视角

——江苏省无锡凤翔实验学校“新平民教育”探索历程

［许昌良校长简介］

许昌良，无锡市北塘区教育局副局长，无锡市凤翔实验学校校长、书记。教授级中学高级教师，江苏省特级教师，江苏省人民教育家培养工程培养对象，江苏省“333”高层次人才培养工程培养对象，江苏省人民政府教育督导团专家组成员，江苏省家庭教育讲师团专家组成员，江苏省教育科学研究院兼职研究员，无锡市社会事业领军人才，无锡市基础教育专家。先后获得江苏省师德模范、江苏省优秀教育工作者、市劳动模范、无锡市名校长等多项表彰。当选《江苏教育》、《语文世界》、《学校品牌管理》杂志封面人物。多年来，潜心研究语文教学及学校管理，领衔无锡市初中语文“名师工作室”、“劳模创新工作室”，倡导“沉静语文”，开展“新平民教育”校本化实践并取得了丰硕成果，在全国产生较大影响。先后出版《沉静语文》等学术专著十一部，获得江苏省教学成果奖一等奖等多项成就，在省级以上发表、获奖教育科研论文（成果）近二百篇（项）。应邀在全国讲学近百场。

编者按：一道鲜亮的阳光从无锡大地闪烁而来，那就是无锡凤翔实验学校“新平民教育”之光。这所普通的九年一贯制学校，通过实施“新平民教育”，办学声誉直线上升。先后荣获“江苏省文明单位”、“江苏省平安学校”、“江苏省科技教育特色学校”、“江苏省优秀家长学校”、“江苏省教育科研先进学校”、“江苏省国防教育先进学校”、“江苏省安全文明学校”等200余项荣誉。

许昌良校长冲出束缚，以其独特的教育理解，设计了学校“新生凤翔—实力凤翔—品质凤翔”的十年发展路径，提倡“师者仁心”，“唤醒校园里沉睡的巨人”，“把博士培养成为博士，把木匠培养成为木匠”，最终实现自食其力、快乐一生、文明儒雅的“人中之人”的“新平民教育”的终极目标。他顶层设计、稳步推进、大胆实践，如同冲天的火焰，灼热我们的思考。而陶继新先生则站在时代前沿，以独特的视角，深入浅出地把探索与哲理有机地联系在一起，道理精湛，启迪深远，又将我们的思考轻松地化为一种感召的动力。

幸福情怀——平民教育

【许昌良】我先后走过四所学校，最近十年一直在九年一贯制学校做校长。以前的学校生源素质都是比较好的，在当地都是名校。2008 年接手无锡市凤翔实验学校，我是满怀豪情也想在无锡办一所名校，不久就发现自己想错了，第一次期中考试成绩差点让我吐血。成绩差，基本行为习惯更差，学校开办的第一学期，曾经在几天之内，厕所的所有挡板全部被学生卸光。打架、破坏公物、厌学、逃学现象比比皆是。教师的教育观念陈旧，家长对学校教育也不配合，办名校的愿望很快就成了泡影。我的思想定位逐步下滑，曾经苦恼过好一阵子：我的学校该何去何从？那一段时间，我曾经对“教育是什么”、“我应该做什么”不知道进行过多少次的追问。作为一名特级教师，作为在省内也算有点知名度的校长，我该如何选择我的下一步教育路径？

【陶继新】学校的问题越多、困难越大，对校长来说就越是一种考验。一般的校长，也许就悲观失望、止步不前了。可是，您不是这样，尽管您的心里也曾有过纠结，可是，您是一个有思想、有智慧的校长，不会长期沉溺于“苦恼”之中，而是会尽快地调整自己的心态，研究如何让这所学校起死回生的方略。您是特级教师，也是名校长，特别是您有一种特殊的历史担当意识。开始的时候，面对意想不到的校情，您会有一段心理的阵痛，而阵痛之后，您会深入地思考，理清学校发展的思路，并实施您的教育方略，为学校发展注入生命的力量。

【许昌良】是的，尽管学校困难重重，可是区委政府和教育局对我寄予厚望。“士为知己者死!”我应当有所担当，这是有良知的教育工作者的唯一选择。曾经好多天，我不断地和学校的班子、中层、教师聊天，我再次阅读苏霍姆林斯基的文集，读雅斯贝尔斯的《什么是教育》，读巴西教育家弗莱雷的《被压迫者的教育学》，读雅克·马里坦的《教育在十字路口》，读《陶行知文集》等，就是想如何把自己真正放到教育里，真正放到学校里，寻找属于这所学校的发展"基因"。经过阅读、思考、座谈、走访，觉得在三流生源的学校，校长、教师、家长更应当有平和的心态，静下心找自己的长处，不要去硬拼升学率，更应当放眼未来30年看今天的教育，把这些孩子的当下与未来结合起来考量，于是提出了"新平民教育"的办学追求。

【陶继新】"新平民教育"的办学追求太好了！孔子说教育学生要"因材施教"。面对三流的生源，当然就不能有太高的期望值，也不能太过心急，欲速则不达。有了平和的心态，就会承认现实，就会分析现实，但绝对不是自暴自弃，而是积极面对。不去与其他学校，尤其是名校拼升学率，因为不管如何拼命都无法与他们相比，反而让自己更加灰心丧气。可是，任何人都有自己的长处，静下心来找长处的时候，就会发现，这些孩子并非一无是处，也有闪光点，进而采取有效的措施再放大这种闪光点，就会让他们充满自信。有了自信，也就有了发展的可能。况且，这些孩子大多是平民的孩子，能够让他们有更好的发展，则有了非同一般的仁爱之心，甚至有了伟大的况味。

【许昌良】是的，我在最近几年的教师教育中，都提倡"师者仁心"的教师修炼，今天平民的孩子的现状不是孩子自身造成的，从某种程度上说，他们是家庭和社会的"牺牲品"，甚至也是教育的"牺牲品"。教育缺失仁者之心，就会沦为平庸。我在每年的开学教师大会上，甚至疾呼与呐喊：学校不能等待，等待就是浪费千百个孩子的美好青春；学校不能放弃，放弃就是破坏千百个家庭的未来幸福；学校不能平庸，平庸就是校长缺失教育的基本良心。确立"新平民教育"的办学主张，不仅有校情，还有对整个教育的反思。我个人觉得如今的基础教育被一种巨大的惯性裹挟着，在浮华与喧嚣的漩涡中沉浮，精疲力竭，不能自拔。绝大多数学校绕着分数与几个尖子生团团转，使得基础教育窄化为"精英教育"。绝大多数被淘汰的人，缺乏公民素养、缺乏理性、缺乏公共生活意识。在一定程度上说，基础教育培养了大批的"半成品"。在这些半成品涌入社会之后，极有可能成为影响社会发展的负面因子。教育过早地实施甄别与淘汰，也在一定程度上造成全民的浮躁与焦虑。许多社会问题，包括群体性事件的发生都可以从教育中找到根源，这是极其可怕的教育现状！基础教育呼唤着一场解放，渴望回归朴素。基础教育不是直接培养杰出人才，而是终生教育的基础，是培养杰出人才的基础。我们应当实现常识性回归，应当清醒地感知到——当代社会涌现出的一批批“最美”教师、医生、村官以及“感动中国”人物中，大多数是“小人物”。小人物谱写历史诗篇，成为社会的精神脊梁，是社会和谐的最基本的因素，这本身就是社会对教育“回归人”的一种呼唤。我们当然不排斥“精英”，在平民教育中能培养出一批精英，更是平民教育的巨大成功。

【陶继新】您谈得非常深刻，且有一种仁者之心。平民的孩子有先天的劣势，不但缺少相应的物质条件，更缺少必要的精神滋养。从这个方面说，他们是不幸的。而真正意义上的教育，不是在他们的不幸之上再踩上一只脚，而是让他们逐渐走向幸福。孔子当年提倡“有教无类”，将学在官府移到学在私学，从而让一大批贫穷家庭的孩子接受到了好的教育。这无疑具有伟大的意义，直到今天，依然闪烁着耀眼的光芒。您提出“平民教育”，则将“有教无类”赋予了时代的意义。这些平民的孩子，也许不可能成为未来社会的精英人士，可是，通过教育，他们却完全可以成为社会的有用人才。而其中的出类拔萃者，未来也有可能成为精英人士。现在社会上的有影响的大家，有些就是从平民家庭走出来的。我自己就是农民的孩子，我的不少有成就的朋友，也是从贫穷之家走出来的。所以，对于那种歧视平民孩子者，我一直心怀不满，认为他们不但有人格上的缺陷，认识上也存在问题。所以，如您这样的有良知的校长，就担起了历史的责任，尽可能地让平民家的孩子，从小接受到好的教育。首先就要将他们培养成人，这恰恰是做人的根本。在这个基础上，再将他们培养成才，就有了锦上添花之妙。这不但对他们个人，对他们的家庭是一种贡献，对社会也是一种负责任的态度。一个校长在生源很好的名校做出成绩固然可贵，而如果在一所多是平民孩子的薄弱学校取得成绩，就不但可贵，而且高尚。

【许昌良】是的，我是有切身体会的。我自己就是平民的孩子，父母都是老实巴交的农民，兄弟又多。我们小时候，我的父母下决心一定让我们兄弟都好好读书，单从物质上看，他们真是没给我们一样珍贵的东西，但我真的非常感谢他们。我的父母让我们兄弟都读书、成才，并且不断鼓励我们前行。我清楚记得，我上师范那年，三个乡镇就我一个人考上，父亲买了24元钱的菜，委托我的一个在学校做会计的叔祖，把所有带我课的老师以及校领导都请到家喝酒庆贺。后来我三弟在外乡镇读书，我父亲骑自行车100多里路送粮食，一天没有舍得吃一顿饭。父母之恩我们真的没齿难忘。在那个年代，只要自己努力，都可以学得很好，因为那时相对的公平做得比较好。但今天情况却是相反，农民的孩子很少能够获得成功，因种种原因被边缘化。“留守儿童”、“新市民子女”等新名词就是这个时代的表征，在教育普遍追求“精英化”的今天，他们和城市的孩子、和干部以及老板的孩子相比，资源太缺乏，无法择校择师，他们是“先天不足”，早就输在了起跑线上。他们背井离乡来到外地打拼，就是想“书包翻身”，但是在全社会崇尚“精英教育”的今天，教育现实又常常很残酷，让他们无法“圆梦”。现在不是孩子能不能有学上的问题，而是能不能上好学，能不能学得好的问题。教育呈现这样一种常态，即许多孩子虽然人在课堂，但早已处于失学或半失学状态，挺可怜的。所以我常常推己及人：假如这个孩子就是我的孩子，我会是怎样的心情？我以为，教育工作者一定要有“利他”之心。国家把一所学校交给我，我就用“整个的心办整个的学校”，让校园中每一个孩子在同一片蓝天下，接受大体相当的国民素质教育。

【陶继新】这些年，比起我上学的时候，物质上确实丰富了很多，可是，社会的不公平也有愈演愈烈之势，而享受优质教育资源的不公平，则是一个重要的方面。没有哪个家长不希望自己的孩子上好学，可是，很多贫困家庭的孩子，对于上好学只有望洋兴叹。可怕的是，很多人对此要么视而不见，要么熟视无睹。有的时候我在想，这些人的良知何在？若干年前，他们的祖辈也多是农村的孩子。为什么到了今天，竟然对贫困家庭的孩子没有了一点同情心，更没有了关心与热爱？而您提出“新平民教育”，何止于“利他”之心！还有一种悲天悯人的情怀，是一种真正意义上的对均衡教育的追求。

您的理想要想变成现实会有很多困难，这就需要一种持之以恒的精神，需要一种为穷家孩子创幸福的情怀。不过，如果努力，理想则可以变成现实。这些孩子尽管在某些方面输在了“起跑线”上，可是，他们也有一般富家子女没有的优势，比如勤俭、刻苦、知足、善良等。如果对他们多一份爱，多一份关心，他们中的不少孩子是完全可以成为优秀学生的。就像您说的，要用“整个的心办整个的学校”，从而让这些孩子享受与其他孩子同样优质的教育。

顶层设计——唤醒巨人

【许昌良】从事多年的教育，静下心来想一想，真的要有点悲悯心，有“救世观”。放眼今天的基础教育，从一定程度上说，就是“新贵族教育”。我所主张的“新平民教育”，不仅要关注校园里那些被边缘化的所谓的“差生”，而且要重新审视基础教育，立足其基础性、普惠性、公平性、差异性等特点，面向每一个孩子。和上个世纪初陶行知、晏阳初先生的平民教育不同的是，要在世界的视野中，把平民培养成为现代世界公民。不仅是提高科学文化成绩，而且要面向未来，把现代世界的元素融入教育。其“新”就在于今天的教育是在世界信息化、经济全球化的背景下，教育坚持“三个面向”，坚持素质教育方向，培养现代的世界公民。教育要关注差异，关注底层，尊重多元，协调发展。切实遵循教育规律，尽最大的可能，在校园里为每一个孩子选择适合他的教育，把每一个孩子培养成为“他自己”，通俗地说，即“把博士培养成为博士，把木匠培养成为木匠”。当年晏阳初先生认为，“我们都希望有一个更好的世界，但其确切含义是，不是黄金和钢铁，最基本的要素是人民，是需要素质更好的人民”。

这些孩子的身上确实有许多不足，如不文雅、不讲卫生，甚至厌学，但是也有很多优点，正如您所说，质朴、勤俭、吃苦、知足、善良等，教育就是要扬长补短，提升“短板”。我用“唤醒校园里沉睡的巨人”作为“新平民教育”的标志性口号。

【陶继新】人本来是生而平等的，可是，因为各种各样的原因，孩子们从出生之后，就有了一定甚至很大的差异。这不是孩子们的问题，甚至也不是他们父母的问题，这是社会问题。我们现在还无力解决这个问题，可是，我们却有必要让学校教育缩小这种差距，甚至多给这些平民的孩子一点关照，让他们感到，他们不是生而贫贱的，而是可以得到老师关爱的，甚至可以成为品学兼优的学生。同时，您的新平民教育还赋予了它更新的内涵，那就是这些孩子也会与其他孩子一样，是可以成为合格甚至是优秀的世界公民。世界公民并非都是精英，也应当有一般人士，诚如您所言，即“把博士培养成为博士，把木匠培养成为木匠”。人是生而有异的，好的教育，就是顺其天性，促使其更好更快地成长。

为此，教师既要有信心，又要有恒心。任何付出，都会收获成果。经过一段时间的教育后，老师们就会为自己的收获而欣慰。

【许昌良】基础教育，尤其需要教师有信心、恒心，更需要清晰的实践路径。我们讨论新平民教育，仅仅停留在理念上是远远不够的，好教育是“做的事业”。这几年的行动中，我首先是进行学校的战略管理，即进行“顶层设计”，做学校发展规划。面对规模不小、人际关系复杂、生源状况不佳的校情，我先做了“三年发展规划”。在这个规划中，实现“三驾马车”并行，即学生行为养成教育、教师专业发展、课堂教学改革三个板块齐头并进。在这个三年规划中，把中国传统文化的重要概念“和合”作为学校的“哲学”概念。把“和”的思想贯彻到学校的各种关系之中，把教职工整合、激发学校发展的内驱力作为重要的抓手。“人心”的整合是最不容易的事情，而人的整合又以教师整体素质提升为前提，实施“文化化人”。因此，从2009年开始，我把教师专业发展牢牢抓在手上。和江苏省教育科学研究院合作，借用专家的力量培养教师，打造多个平台发展教师。到2011年底，三年规划实施很成功。我们又制定了六年发展规划，因为到2018年学校建校10年。此时，正式提出“新平民教育”的学校办学理想，生成了学校内涵提升的整体框架。框架的“底层”是从学校使命出发，即“学校是一个呵护生命、敬畏生命的地方”，这是“原点”；“中层”是“新养成教育、本色课堂、良师教育、现代学校制度建设、和合文化、学校社区教育共同体”六大板块；“顶层”是实现“学校为一大事而建：每一个孩子都优秀，每一个孩子都快乐”，最终实现培养自食其力、快乐一生、文明儒雅的“人中之人”，做一个寻常的人，做一个谦卑的公民，这是“新平民教育”的终极目标。通过我们五年的探索，确立了学校十年中“新生凤翔—实力凤翔—品质凤翔”的发展路径。追求学校的品质、教育的品质更是平民教育的本有之意。

我们的“新平民教育”的教育观，其实是大教育观，说其大，因为囊括了关于人养育的问题。从细处说，又是小教育观，具体而微，有抓手，可操作，不空洞，不说教。

【陶继新】是的，教育是“做的事业”，但为什么有的人也在做事，就是做不好呢？因为他们的思路有问题，如果思路错了，做得越多，错得也就越多。看来，校长不但需要勇气，还需要智慧。比如您上面说的实现“三驾马车”并行就很有智慧。学生行为养成教育，尤其是平民孩子的养成教育，是其成长的关键要素。陶行知说：“教育是什么？往简单方面说就一句话，那就是养成良好的习惯。”好的习惯一旦形成，不但有益于当下，还会惠及终生。教师发展也很重要，在很大程度上说，教师水平的高下，决定了学生成长的快慢。教师对事业的热爱与专业的发展，不但会让他们的教育教学水平不断地提升，还会让他们体验到自身价值实现的心灵愉悦。课堂是学校教育的主阵地，教学改革是绕不过去的一个坎。课堂改革会让课堂充满生命的活力，会让学生感到学习不是一场又一场心力交瘁的苦役，而是不断地获取新知、生成智慧的快乐之旅。看来，课堂教学的优劣，直接关系到学生幸福指数的多少。正如您所说，“三驾马车”并行，才是做有益的事业。底层、中层与顶层设计，让人感到这不但拥有智慧，而且还形成了一个系统教育提升工程。非有大志向与大智慧，是不可能有如此大手笔的。

将“和合”作为学校的“哲学”概念，是需要校长的思想高度的。“和合”不是外在形态的一团和气，而是心灵和谐的一种自然外化。教师的心聚合到一起，绝非一件轻而易举的事情。这需要校长的“和合”理念，更需要校长的“和合”行动，尤其需要将这种“和合”思想融化到教师的心里，进而变成一种“不令而行”的自觉行为。这就是所谓的“以文化人”了。

“新平民教育”的教育观真大，它不但涉及学生终生的发展，也关乎一所学校的思想与品质，甚至还与我们民族的兴衰紧密相连。说其小，是要从小处做起，“天下难事，必作于易；天下大事，必作于细”。所有的空想家，不管其理论多么美好，都是不可能抵达成功殿堂的。只有一步一个脚印地走下去，一点一滴地做下去，才能取得真正的成功。这不正是“譬如行远必自迩，譬如登高必自卑”的“君子之道”吗?

规范行为——立人立根

【许昌良】做教育的人首先应当是一个理想主义者，教育就是一种“乌托邦”，但教育也需要贴近“地面”，要在理想与现实之间行走。面对现实，教育是不回避分数的，我的价值观是：“学校没有分数是无知的，学校只有分数是无聊的，学校为了分数而不择手段伤害学生是无耻的”。《中庸》云：“君子尊德性而道问学，致广大而极精微，极高明而道中庸。”我从中领悟的是，教育在“认识真理”与“培养真人”间当走“中庸之道”。在今天的教育现实中，突出教育的德性更加重要。为了实现“立人”的目标，我们提出“先懂事，后考试”的育人理念，切实抓好“新时期的养成教育”。养成教育是管一辈子的教育，其“新”就“新”在抓养成教育要锱铢必较地抓细节、抓小节，一个一个抓，切实抓到位。学校以丰富多彩的德育课程为载体，推进校本化的隐性课程、微型课程、集约型课程，围绕学生应当培养的诸多习惯，筛选出十二大习惯，按学习、生活、交往和自我激励四个纬度，从九年一贯制学校的学生实际出发设置阶梯，确立每一阶段培养的目标和重点，把每一个要求抓到精致。一个负责任的教育，学生的吃饭、走路都能成为教育的内容，都要有教育关怀。教育的关怀当细致入微，从学生的行为可以看出其内心世界的色彩与温度。每一个学生进入学校，都要训练“三项基本功”：走路昂首阔步，表情阳光灿烂，碰面文明礼貌。我们把最基本的行为习惯，洒扫、进退、文明知礼作为每个学生的必修课。“自行车摆成一道风景”、“扫地也要扫成无锡第一”、“广播操要上成一节好课”，这样的“小事”抓好了，长大才有可能成就“大事”，即使一辈子成就不了“大事”，肯定也能用爱与责任做好小事，做健康平和的“人中人”。

平民的孩子也许是因为教育的先天不足，自我期待缺失，但智力因素并不差，除了知识背景之外，缺少必要的意志品质。研究表明，成功人士百分之百靠的是坚持不懈。为此，我校积极搭建平台，培养学生的意志品质。学校建立“少年女子军校”，这是我们学校的传统教育项目，设立了女子军校班、示范班和达标班三级管理模式。每一年，五年级以上人人都在校园或军营进行训练，不仅训练分列式，而且进行学生救护、战术、野炊、攀岩、内务、拉练等项目。通过这些训练，培养学生顽强拼搏、挑战自我、不断进取的精神。我们的军校方阵连续三届获得少年军校全国展演第一名的好成绩，是我们无锡市非常亮丽的一个品牌。我们坚持四年始终如一抓“诚信考试”，只要是学校自主组织的考试，一律实行无人监考，从点到面全校推开。

丰富的情感是人格健全的重要标志。培养健全的人格体现在每一个教育细节之中。学校每年一度的毕业典礼的设计理念是“一个美好的回忆，一个体面的再见，一个富有尊严的告别”。典礼上，让毕业班的同学来讲述他们的故事，分享学生成长的烦恼和喜悦。校长会发表热情洋溢的演讲，进行理想教育。学校的领导、中层、教师代表、鲜花队、鼓号队列队左右，热烈欢送，营造一个十分感人的场面，让学生有足够的面子离开学校，让学生感觉到在学校的几年生活是那样的难忘。把平民培养成为通向世界的公民，不是一句口号而已，而是抓住细节促进养成，进而为培养“和立和达”的现代中国人“立根”。

【陶继新】“学校为了分数而不择手段伤害学生是无耻的”说得痛快淋漓！我一直认为，校长与教师，应当有起码的良知，可是，现实中却并非如此！之所以为了分数，不是为了孩子，而是为了自己。有的说，我们是无奈的，上级领导要以分论英雄，我们不得不狠抓分数。请问，如果上级领导让你去杀人，你就去杀人吗？为了分数而不择手段地伤害学生，其实就是一种杀人的教育，只不过这种杀人不是白刃相见、当即见血，而是一种慢性杀人法，做得很隐蔽，甚至还可以找出一些冠冕堂皇的理由。所以，特别欣赏您的“先懂事，后考试”的育人理念，它不但让我耳目一新，而且让我敬佩不已。教育到底是为了什么？不就是为了孩子的发展吗？不成人，何以发展？不成人，分数再高，非但不可能对社会做出贡献，甚至有可能成为社会的危害。一个有道德意识与社会担当的校长，就要像您这样，在“立人”上下功夫、做文章。

如何“立人”，你们进行了有益的探索，取得了可喜的成果。十二大习惯的养成教育，就将“立人”具体化了。习惯养成教育的要义之一，就是要使孩子成为一个大写人的基础工程，这个工程建设好了，以后才有可能建设大写人的高楼大厦，不然，即使后来做再大的努力，都是很难建成精神高地的。

10 月 20 日上午在四川泸州听您讲你们的“少年女子军校”时，心灵受到了极大的震撼。如果不是有视频与图片作证，很难相信这些女孩子来自一所平民学校。飒爽英姿中，透射出来的是十足的信心与百倍的自豪，它让我感到，平民孩子，照样可以在很大的场合里一展风采，赢得人们的高度赞誉。

诚信考试向学生传递了一个信息，学校领导与教师对他们是充分信任的，而由此养成的诚信品质，不但会成为考场的一道风景，更会化成学生一生的精神品质。在诚信指数不断下降的当今社会，这种诚信教育的意义显得尤其重要。孔子说："人而无信，不知其可也。"同理，人而有信，"虽蛮貊之邦行矣"。

毕业典礼是一种仪式，其特定的场合、特定的感情，会让师生之间、生生之间的感情更加融洽，会让学生对学校更有感情。学校为他们留下的美好回忆，会永远铭记在他们的心里，并会化成一种积极进取的精神，成为一生发展的精神财富。

以生为本——本色课堂

【许昌良】搞平民教育不光凭热情，还要很理性，要在课程建设上有招数。课程与课堂是学校最大的"软件"，成就学生需要的是课程。课程是学生成长的跑道，激发平民学生的学习兴趣，需要低要求、宽底面、实训练，课程多元化、富有选择性。我校在课程建设上行"中庸之道"，在变与不变之间行走。一方面落实好国家课程，毕竟考试不能回避；另一方面，在自己能够自由支配的领域，从校本出发，大胆探索。我以为，平民教育应该是让人更聪明的教育。用陶行知先生的观点，在"六大保护"中，保住大脑、双手与身体是最重要的。于是，我在学生喜欢的体育、综合实践方面走出了自己的路。

我校体育课程探索了国家课程校本化"2＋3"模式："2"即课程体育、考试体育；"3"即阳光体育、社团体育、竞技体育。育人的关怀加精细的管理，中考体育连续三年在无锡城区名列公办学校第一；我校阳光体育丰富多彩，体能训练春夏秋冬始终如一，军体拳威风凛凛，震撼人心；体育运动会总分连续四年第一，每届区运动会上百分之九十以上的项目我校都获得冠军，还打破多项纪录；代表我区参加无锡大市运动会，获得总分男子第二、女子第四的好成绩。

儿童的智慧在手指上，培养一双灵巧的双手是现代教育的呼唤。在创新之人的培养上，我们关键是要有优秀的课程，所以我们把综合实践作为关注重点，“电子技师”教育获得省“五星级单位”，机器人教育是每个同学都参与做机器人，课程常态开设，互联网启蒙教育全面启动，研究性学习成效斐然。劳技和计算机的教学整合，立体化的科技教育模式，让每一个孩子都能在现有的教育背景下拓宽视野，培养创新精神和实践能力，努力地把学校教育做成真正的“人的教育”。

丰富多彩的社团活动则是最富有活力的课程，学校开设二十多个社团，百分之九十以上学生参加，完全体现普及性与选择性。每周两节课，深受学生喜欢。学生开展的图书馆使用率调查研究有模有样，学生在听证会上侃侃而谈，让教师刮目相看。

【陶继新】体育课程的探索意义重大，因为一些学校由于受“应试教育”的逼迫，即使是正常的体育学科，有的也已是有名无实，更遑论开发体育课程了。结果，学生的体质不断下降，有的还由此影响到学生其他学科的学习。你们不但开足体育课程，而且开得时间多，开得花样多，开得学生高高兴兴，开得成果累累，尤其是开得学生身体健康。身体好了，精神也会好，学习效率也会高。人们常说对学生生命负责，如果连身体都不关注的话，还谈什么负责任？在某种程度上说，体育课程开设的好坏，也是对校长良心的考量。

你们所开的综合实践课程，也多与升学考试没有多大关系，可是，它却与学生的终生发展有关系。您也关注学生的升学考试，可是，在它与学生终生发展产生矛盾的时候，您选择了后者。我想，只有一个有使命感与责任感的校长，才会做出如此的选择，这种选择会有效地提升学生的社会实践能力，对其未来的发展还会产生积极的影响。

【许昌良】课堂是学生成长的最重要平台，学生课堂的生活质量决定了学习的最终成效。因此，为孩子提供真实的课堂、愉悦的课堂，给孩子发展一个适合的台阶是学校最重要的工作，我们探索实践“本色课堂”。本色课堂，就是以学生为本，以真正学习为本，课堂真实质朴。课堂上真实自然，一切围绕学习展开，强调自学、合作、教别人学、反馈，课上完了，就能够考试，不同层次的学生都能够有所得。从“多讲多练”走向“精讲精练”。课内消化，课外发展。后进的孩子其实更需要减负。在我们的课堂上，提倡使用合作学习的“马蹄形”座位，提倡旨在体现教学合一、讲练合一、内外合一的“学习指导书”，让教学变得简单，过程变得清晰，效果更加明显。

【陶继新】“本色课堂”是对当今一些异化了的课堂的反驳，是真正意义上的课堂。它不追求表面的热热闹闹，也不追求当下就有的成绩，而是培养学生学会学习、善于学习的能力，并让学生感到课堂学习不仅不是一种痛苦，而是一种享受。这样，除了教师“精讲精练”，就要还课堂给学生，让他们成为课堂学习的主人。学生在学校里，更多的时间是在课堂上，如果在课堂上感受不到快乐，其学校生活就会变得单调与乏味；相反，如果课堂上意气风发，其学校生活就会充满活力。而且，课堂上的学习状态，还会直接影响到他们的心理，进而影响到其学习的质量与效率。如果从长远看，还会影响到他们今后的学习，以致工作的质量。看来，“本色课堂”探索的效果不但会显现于当下，还会指向未来。

【许昌良】课堂是学校所有教育行为的原点，我们研究与实践本色课堂，也很少一帆风顺，就是到今天，我们仍然感觉很纠结，感到有太多的事情要做，学校里仍然有不同的声音，但我们无怨无悔。教学改革首先要理解老师，做老师是不容易的，因为他们的心中都有一个成本的意识，就是接受一项新的事物，他们要算算自己付出的成本。尽管你校长说，失败了我全部“埋单”，可是老师他不甘心啊！因为他要实现自己的价值。所以，即使不愿意改革的老师，我仍然不认为他是不好的老师，他仍然是一个负责的老师。我们校长就是要不断执著地行进，有时甚至是孤独前进。校长要为他们铺路架桥，是牵引导航，不是“强按牛头喝水”。这是一项长期的工作，我们永远在路上！迈小步，不停步，不怕慢，就怕停。课堂改革是一项艰苦的长途跋涉，不可能一蹴而就，走的一定是一条小路。一年半载就搞出一个模式，肯定是假的。我经常用耶稣的一句话与大家共勉：“大路好走，走的人多，可是那是通向死亡的路。窄路走的人少，难走，但那是通向永生的路！”

【陶继新】是的，有的教师已经习惯了固有的教学方式，让他们改变是比较困难的，因为他们认为以前所走的教学之路是不错的，甚至认为是很有效的。如果强行要求他们去改革，他们心理上难以接受，要给他们时间，要相信他们以后会走上改革之路的。不过，也可以给您一点建议，那就是让典型说话，引导他们去听那些在课堂教学改革上成功的教师上课，比如山东省即墨 28 中就是这样做的，而且取得了很好的效果。即便如此，有的教师也会有不同的看法，这是正常的，这恰恰说明课堂教学改革的困难之大。困难大并不可怕，可怕的是改革者心理上陷入困境。您是一个心理上很坚强的人，而且目标非常明确，所以，尽管走得艰难、走得不快，可未来前景一定会好的。

【许昌良】我在推进本色课堂建设上，是通过课堂研究拉动的，我们依托学校的主课题，江苏省教育科学规划重点资助课题“学校主动发展背景下教师教学惯习转变的实践研究”，在专家的引领下开展行动研究。课题研究四年，课改探索四年，梳理出当下教师教学惯习的种种行为，提出改进的措施，在校内点面结合，通过“2 加 2”等多种方式推动。所谓的“2 加 2”就是每位教师找出教学[illegible]两个优长”与“两个不足”，写出方案，请专家来听课诊断，提出改进意见。下学期还要请这位专家来，继续听这位教师的课并诊断，看进步情况。两年四次诊断，解决一个个惯习。

【陶继新】教师的惯习不改变，往往会一辈子如此。有的即使有，自己却未必知道，有的知道了，也不愿意改，结果，影响教学质量。“2 加 2”解决惯习是一种有效的方法。请专家也是一门学问，不是让他们只讲理论，更不是讲不着边际的理论，而是要让理论联系实际，要对教师面对面地进行有效指导。你们请专家走进课堂，解决实际问题，才是一种正确的选择，也才能发挥专家的作用。我称这样的专家为接地气的专家，也是真正受教师欢迎的专家。

【许昌良】是的，现在我比较少请大学教授来开讲座和指导，大都请一线专家，深入课堂。最近一阶段，还请了江苏省近 30 个中学语文特级教师来把中学部 20 多位语文教师的课堂进行了全面的诊断。前几天又请了几位小学数学特级教师对 14 位数学教师课堂进行诊断。因为是帮助与建议，教师很欢迎，认为这样是最实在的。

【陶继新】请这样的特级教师来诊断课堂，不但会有的放矢，而且层次也比较高。他们有丰富的教学经验，而且有很高的教学品位。教学需要技术，也需要智慧，需要“道”，而这，恰恰是他们之所以成为特级教师的核心要素。而且，他们做人也非常成功。这看似与教学没有关系，其实不然，因为这是要想成为真正全国名师的必备条件之一。可以说，他们对教师不但进行了教学指导，也有着人格的影响。

辛酸探寻——爱智爱仁

【许昌良】在林林总总的这些探索中，我深切地感受到，“新平民教育”不是一条铺满鲜花的阳关大道，相反，是一条布满荆棘的曲折小路。个中苦涩别人难以体察。现在社会太功利，太浮躁，谁看得起你[illegible]平民教育？甚至包括一些教育官员也是“嫌贫爱富”。他们认为，社会上谁找他们“开后门”上哪所学校，哪所学校就是好学校。你付出名校十倍的功夫，也许取得不了他们五分之一的“成就”，如果你觉得“冤”，你就没有办法干下去。平民教育是不容易很快就看到成绩的。我在许多次的会议上谈到我们的“新平民教育”，一些“名校”的“大腕校长”显得有些不屑一顾，觉得我们很土气。平民学校真的是替社会承担了太多的责任！这些很少会有人发现和肯定，所有的光环都被名校占有，他们是风光无限。所以，搞平民教育要耐得住寂寞，这也许也是修炼。这些年的付出真的很多，去年有好几个月没有回家，妈妈第一眼见到我时，拉着我的手，眼泪扑簌簌地掉，说：“儿子，这两年你头发怎么白那么多?”就在那一瞬间，我真的忍不住流泪，心中是难以名状的酸楚。真是天道精微，人道艰难啊！

【陶继新】太感动了！是的，世俗的看法，会给您的心理以打击，您也会为此觉得“冤”。可是，您的可贵之处在于，这些打击并没有让您止步，反而更加坚定了您行进的决心。一个校长要想做有益于社会的事情的时候，有的人并没有看到，或者看到了不屑一顾，可是，这不能说明这件事的意义不大，只能说明他们的目光短浅。为了平民教育，您还要付出很多辛劳，可是，想到它的意义之大，想到平民的孩子有了希望，这些辛劳都会转变为幸福。尽管“路漫漫其修远兮”，您依然会“上下求索”的。

【许昌良】几年下来，我是欣慰的。我心里很踏实。因为我做了那么多对得起所有孩子、对得起地方老百姓的事情。

时间是最能磨砺人的，几年的筚路蓝缕，“新平民教育”显示了追求方向的正确与实践的魅力，学生的精神面貌发生了巨大的变化，养成教育、国学教育显示了成效。学生文明知礼，学校自行车排成一道风景，扫地也扫成无锡最好，那些平民孩子能够抬头走路，面带微笑，见面问好，课堂上自主学习、合作讨论习惯基本养成。刚建校时候的打架斗殴、留长发、破坏公物、逃学等现象不知道从什么时候开始销声匿迹，老师们都很自豪，看到了自己劳动的价值。许多孩子以前不能登大雅之堂，现在都可以走上舞台表演、表达。这种变化，体现了心理的“扩容”，是自我“内存”的增量。真是“无心插柳柳成荫”，我们不刻意强调提高教学质量，可是教学质量逐年提升，在大市居于“第一方阵”，家长社会认可度逐年提高。学校获得了“江苏省文明单位”、“江苏省平安学校”、“江苏省科技教育特色学校”、“江苏省优秀家长学校”、“江苏省教育科研先进学校”、“江苏省国防教育先进学校”、“江苏省安全文明学校”等200余项荣誉。全国十多个省市数十批次的校长来挂职学习，数千人才来校参观，有力地说明了我们是一个“有看点的地方”。我的体会是，教育有时真的要做点“无用”的事情，正如老子所说，“无用方为大用”，“无为而无所不为”。

【陶继新】这些巨大的变化，真是太可喜了！这是一般人想象不到的，可是，世间有一个看不见的规则，就是你有多大的付出，就有多大的收获。您与你们的教师为了这些平民的孩子，付出何其大啊！这其中的艰辛，只有身在其中的人才能体会到。可是，你们在付出的时候无怨无悔，因为为了这些平民家孩子的成长，不管干多少，不管多么累，都是值得的。由此让我们欣慰地看到，平民孩子照样可以教育成品质与学习优秀的人。因为每一个学生都希望变得更好，关键是学校怎样才能让他们的这种起码的愿望变成现实。你们探索出了一条成功的路子，这不但可以让你们学校的平民家的孩子有了美好的前景，也会给其他类似学校的孩子带来希望。

斯文在兹——文化自觉

【许昌良】说到这儿，我突然感觉到，“新平民教育”实践其实就是一次“文化之旅”。到了我们学校的人都会被一块匾额吸引，可是又说不清楚为什么，那就是悬挂在对着正门的大匾“斯文在兹”。我要表明的是，文化就在这里啊！

学校文化建设的根本是育人的内在需要，学校本身就是文化的产物。教育是育人的事业，是改造与进化人性，培养完整、完善、完美的人，这样的人有人情味，讲道义，还有生活的情调。学习知识固然重要，比知识更重要的是“美”的力量。文化就是给孩子美的力量，在美的环境下，将其熏陶成为“美的人”。

今天办学校其实就是办文化。我所做的一切，其实就是让校园中的所有人都有“爱智爱仁”之心，爱与责任是新平民教育的核心，这当然也是文化的核心。真正的爱，也是文化的最高境界。这种爱是一种公爱，是代表国家民族的未来来爱孩子的。因而自己就觉得高尚。实现爱的根本渠道是什么？我们探索的是“和文化”，原因之一是，今天的师生之间、家校之间有着冲突，只有“和”这种文化的软实力才能解决。原因之二，从校名“凤翔”出发，“凤凰”形象本身就是和谐观念的产物。一方面，它是一个“二合一”的对立统一体，雄为凤、雌为凰，表示阴阳调和、和合祥瑞；另一方面，它又是一个多元和合体，是在鸟图腾的基础上，融合原始时代多个不同民族所崇拜的自然物的特征，集大成之美而成的。在中国文化中，凤凰形象不仅表示自然物之“和”，也表示人类社会之“和”。凤凰“五色”后来就被看成是维系古代社会和谐安定的“德、义、礼、仁、信”五条伦理的象征。为此，我们校园文化的基调是儒家文化，儒家文化的根本是“治平”（修身、齐家、治国、平天下），内核是“仁爱”，以“和”为实现渠道。这样，我们确立了学校的核心价值观，即学校哲学——“和合”。通过和文化实践，探寻“和”的包容品性，“和”的人文情怀，“和”的博爱精神，“和”的伦理品质。实现追求教学及教师发展上的和而不同，学校管理上的位育中和，学校人际关系的惠风和畅。

在我们学校，初中部的孩子在校园里站在楼上喊我“昌良哥”，我格外高兴，因为他们把我看作了“自己人”，俗语说“多年父子成兄弟”，我能不高兴吗？

“和”是平民教育的元气，“和”成就平民孩子的未来！

【陶继新】“和”的内涵丰富多彩，从中国儒家先师那里，我们就可以感受到“和”的生命能量。而“和”到了你们学校，则有了当今时代的意义，它形成了一种学校文化。而文化建设，当是学校发展的魂之所系。文化不只是附着于物质层面，也在制度层面，更在精神层面。您与你们教师以及学生所呈现出来的精神风貌，正是学校精神文化的呈示。而让你们百折不挠、一往无前走下去的，不正是一种精神的力量吗？这种精神力量，由于立足于平民孩子的发展，就有了仁爱，有了高尚，也有了持久的动力，当然，也有了美好的前景。

（原载于《创新教育》，2013 年，第 6 辑；作者：陶继新、许昌良。）

行进在追本求真的路上

——沈阳市宁山路小学的生本追求与国学教育

[张莉校长简介]

张莉，1969年生，辽宁省营口市人。1990年参加工作，大学学历，中学高级教师。现任沈阳市宁山路小学校长。全国阅读教育先进个人、辽宁省基础教育干部培训工作先进工作者、沈阳市五一劳动奖章获得者、沈阳市优秀校长、沈阳市中小学优秀德育工作者、辽宁省心理学会中小学心理健康教育专业委员会理事、沈阳师范大学硕士研究生导师。

编者按：宁山路小学这个老字号的教育品牌，是一所有着很高美誉度的名校。近些年来，他们以生本教育为核心，找到了新的生长点。通过生本课堂、生本活动、生本管理、国学经典教育、团队精诚合作等一系列的措施，成就了学生、成就了教师、成就了学校。陶继新先生和张莉校长的对话自然展现了这种教育景观，自成一种格调而且“不可替代”。仔细阅读，定会从中获取不少的启示。

选择生本　责任使然

【张　莉】接触和了解生本教育始于2008年，这一“为学生好学而设计”的教育深深地吸引了我。我开始关注生本教育，并亲自到广州等地学习考察，了解生本教育的核心体系、教育模式以及推进实施过程中的若干相关问题。生本教育的核心理念（一切为了学生、高度尊重学生、全面依靠学生）与当前国家基础教育课程改革的理念相通。它所提出的“学生是天生的学习者”、“教师是学生生命的牧者”、“先做后学，不教而教，以学定教”等观点和方法，直面课堂，关注的是学生的课堂生存状态、教师教学的行走方式，而这恰恰最符合教育规律、最适合学生个性发展、最能解决课改核心问题——教与学方式的改变。了解越深入，将生本教育引进宁山的想法越强烈。于是，2009年我们聚焦课堂，把“生本课堂教学模式的构建”作为校本教研总课题，开始研究并探索有效提高课堂教学效益的方式。初期，我们仅在起始年级开始语文学科的实践。我们将开展生本教育的一些思考与做法，以《致家长一封信》的形式下发给了当年起始年级家长，由他们自由选择报名，就这样产生了首批两个生本班级。说实话，当时的心里也是惴惴不安的。孩子的六年时光逝去就不会再来，我们的改革不能以牺牲孩子为代价，我们要做就必须做好，以负责任的态度、不动摇的努力还孩子一个自由呼吸、自主成长的空间，为孩子的终身学习和发展积蓄力量。因此尽管有很多人不理解、不支持，甚至泼冷水，我们还是决定坚持走“生本”之路。我们从转变观念入手，组织全校性的生本理念学习，使教师懂得学生的潜能是无限的，教师必须学会放手，让学生自己去发现真知，真正成为课堂的主人。道理好懂落实难。让几十年唱惯了“主角”的教师另走一条新路，否认自己以往的经验，不啻一次痛苦而美丽的凤凰涅槃。

【陶继新】生本教育的核心，就是以学生为本。可是，不少教师并不认同这种理念。在他们看来，教师之教为本，学生之学为附。于是，在教学的时候，很少考虑学生有没有积极性，学习有没有高效率。其实，在教师的引导下，学生是完全可以学好的。纵观目前中国一些课堂教学改革的典型，他们的课堂上学生成了学生的主人，学习的效率大大提升。看来，您下决心进行生本教育的实验，毫无疑问是正确的。特别可贵的是，尽管阻力非常大，您还是下决心进行生本教育实验。我想，这其中有一个关键性的因素，那就是您不希望孩子小学阶段学习与生活得不幸福。想想现在的小学生，有些并不喜欢听教师上课，可是，他们还必须端坐在教室里，活受罪似地听老师讲课，当然也就不可能收获很好的学习效果了。为了孩子们的幸福，就要改变这种教学状态。其实，任何改革的起始阶段，都是有阻力的。是安于现状，还是大胆改革，当是考量校长有无良知、是否真爱学生的一个重要指数。

【张　莉】的确，这是对校长良知的一种考量。实际上我所在的宁山路小学，有着深厚的文化底蕴和凸显的办学特色。在名校的光环下，一直以来生存无忧。但这种在惯有动力下的匀速前行，不是我们追求的发展方式。我们特别希望找到一个新的生长点，与时俱进，促进学校的可持续发展，实现教师的专业素养提升和学生的幸福健康成长。而生本教育正是我们寻找到的最合适的抓手。

【陶继新】这是很多名校的一个共性，因为有了很多光环，有了很大名气，有了很高的知名度，所以，担心改革会出现某些问题。另外，有的名校还有一种妄自尊大的情结，排拒其他学校，特别是那些由薄弱学校变成优质学校的经验。在这种情况下，校长要想大刀阔斧地进行改革，除了需要良知外，还需要勇气与智慧。

【张　莉】行动，源于对教育本质的追求。作为校长，在教学改革和特色创建中必须要有敢为人先的精神和脚踏实地的态度。而勇气，源于对当前教育现状的一种自我思考，对生本教育理念的考证。担当，则源于宁山教师团队给予我的力量。

【陶继新】您说的“考证”让我感到，您的勇气不是匹夫之勇，而是一种智慧之勇，责任之勇。现在各种各样的教育教学改革模式太多了，甚至出现了鱼龙混杂的情况，没有考证的跟风，往往会出现问题。所以，必须考证。考证既是对自己负责，更是对学生、教师及学校负责。

【张　莉】面对当时的生本实践，很多人是持观望态度的。但值得欣慰的是我们并不是孤单前行。领导的支持、推动；专家的把脉、指导；教师的克难、奋进，都给予我们强大的力量，支撑着我们在生本之路上越走越稳、越走越远。在推进过程中，我们还大胆改革，改变以往以分数定优劣的评价方式，把形成性评价与学生自我评价相结合，尊重孩子的认知水平，不打扰孩子的成长，“静待花开”。

【陶继新】领导的支持，给您带领教师进行生本教育提供了支撑。人们之所以不敢改革，一个重要的原因，就是担心考试成绩因改革而下降，因为它会引发一系列的不良反应：上级领导批评、学生家长有意见、社会信誉度降低等。“静待花开”说得好！虽然评价方式转变了，但照样会有花开，甚至还会鲜花怒放。

师生和谐　享受课堂

【张　莉】即使是在“静待花开”的初始阶段，但暗香已令我们心醉。学生在轻松、自主、和谐的课堂中收获了一份尊重、一份自信，在这种安全的课堂上，学生的潜能得以最大化的释放。他们无论是在知识的广度和深度、思维的敏捷和活跃方面，还是在搜集和综合处理信息的能力、获取新知识的能力和水平方面，都远远超出平行班级。孩子们的成长与变化，让我们不得不相信生本的魅力。

【陶继新】考试成绩是考查学生学习优劣的一种形式，但并不是唯一的形式。不过，只要学生在课堂上学习快乐且高效了，考出好成绩，当然是水到渠成的事情。山东潍坊的韩兴娥老师，两周教完一本教材，其余时间就让学生大量阅读，这种“海量阅读”不但没有影响学生的考试成绩，而且让学生有了极大的学习热情。学生的学习状态，与其考试成绩，特别是幸福指数是紧紧联系在一起的。学生在“轻松、自主、和谐的课堂”中学习，何止可以考出好成绩，还会培育好习惯，进而形成健全人格。

【张　莉】我特别愿意走进生本课堂，因为那是一种享受。倾听生命拔节的声音，感受教学相长的喜悦，见证思维火花的碰撞。学生强大的学习本能是我们成人意想不到的。他们有五花八门的识记生字的方法：

> 大房没盖好，牛儿进来了——牵；
>
> 用手把一千朵花放在白色花瓶里——插；
>
> 贝壳咬掉虫子的脚——贵

【陶继新】只有学生活跃起来了，课堂才有生气，听课才有享受的感觉。这样，不但学生学习的效果好，心理也好起来了。比如您上面所说的“五花八门”的识记生字的方法，则是让学生快乐学习的一种方法。小学教育，不能只关注智育，心理健康教育也十分重要。建立专门的心理咨询室有必要，而课堂教学中让学生快快乐乐地学习，更是提升学生心理健康指数的有效方法。

【张　莉】生本的孩子是阳光的、向上的、积极的、快乐的，这也正是我们学校教育要给予孩子的一种良好心理品质。在生本实践这个过程中，我们欣喜于孩子的成长，更欣喜于教师的变化。面对生本，教师由最初的茫然、摇摆逐渐变得自信、坚定。孩子们的点滴进步，不仅使他们有了成就感，更增添了一份责任感。看似不见自我的课堂，其实背后隐含着他们的极大付出。

【陶继新】尽管开始的时候教师对生本教育心存疑虑，因为固有的教学惯性与思维，让他们没有心理的认同，不敢冒然而动罢了。可是，当他们发现这种教育下的课堂孩子收获更大、也更快乐的时候，也就自然而然地认可了。因为他们从心里也是希望课堂上孩子能够学到更多东西，学得更加快乐的。事实是最有说服力的，教师也是最相信事实的。所以，他们的心理转化，与学生的积极学习，就有了一种内在的和谐与互动，也就有了更加高效、也更加幸福的课堂。

【张　莉】课堂是主阵地。课堂高效了，学校的素质教育得到了全面落实。更重要的是，在学习过程中构建的和谐的师生关系、家校关系进一步促进了学校的发展。今天回过头来看，我们当初的选择是正确的。

【陶继新】这是一种良性互动，课堂高效，促进师生和谐；师生和谐，又促进课堂高效。师生、生生以及家校关系的和谐，则有效地促进了学校的发展，也让学生更加快乐与幸福。

【张　莉】学生的快乐与幸福就是我们最大的幸福。五年来，与“生本”一路牵手同行，我们收获了太多的惊喜，感悟了太多的教育真谛。生本教育就如同一粒神奇的种子，在宁山生根，发芽，开花。现在我们由课堂生本延伸至活动生本、管理生本。生本理念贯穿着学校教育的全过程。

【陶继新】有种就有收，可是，如果不种呢？为什么有的就是不种呢？这说明一个问题，作为校长，就是要敢于播种，就是要播种良种，然后再带领教师与学生去探索与收获。

聚一帮好人，做一桩好事

【张　莉】一个人的力量终归是有限的，群策群力才是制胜的法宝。我特别喜欢中育教育发展中心的“聚一帮好人，做一桩好事”的管理理念。在宁山做校长，我是幸福的。因为我的周围有一帮肯做事、善做事、能成事的伙伴，他们的执行力、创造力令我叹服。从他们的工作状态中，我也能感受到他们的幸福，这应该是源于我们人本式的管理模式，给每个人以最大的空间，尽情发挥个人的智慧，实现工作能量的最大化。

【陶继新】“聚一帮好人，做一桩好事”说得真好！只有校长是一个好人，才能出现“德不孤，必有邻”的景观。这里的好，不只是有品质之美，还要有公正、正气之心，不然，就很难形成“不令而行”的执行力。当然，也需要您所说的有一帮肯做事、善做事、能成事的伙伴，不然，很难形成一种凝聚力。我一直认为，从本质上说，人是向善的，而学校创设一个向善的环境，向善者就会越来越多。这样，才有安全的工作环境，才有工作上的高效率与高效益。

【张　莉】在实际工作中，我们是在追求一种向善、向上、向美。这是一种姿态，也是一种觉悟，恰如我们国学教育中老子所倡导的“上善若水”思想。俯下身来做教育，全身心地服务学生，才能让学生在幸福中健康、快乐成长。

【陶继新】老子之所以说“上善若水”，因为水是“利万物而不争”的。不争者，不争名利也，是处“众人之所恶”的境地里的。其实，越是这样，学生与教师越尊敬校长，校长也就越能得到师生的拥护。

【张　莉】在学校里，完美的教师不存在，完美的校长更不存在。但这种不完美不代表没有思想、没有个性。有个性的，就必然有缺陷。所以在管理中，我更注重从细微之处入手，努力挖掘每一位教师的独特价值与潜能，保持尽可能多的心灵沟通。同时也要让教师更多地了解我的内心世界，彼此宽容，进而实现彼此的成长。

【陶继新】一个人的个性，从某些方面说是优点，从另一个方面说是缺点，关键是从什么视角来看问题。况且，一个人的个性是很难改的，此之谓“江山易改，本性难移”也。正是因为这样，校长就要如您所说，要宽容，要从教师的个性中，看其优势之处，发挥其独具的潜能，这样，他们就有被认可被欣赏的感觉，也有了自我价值实现的成功感。

【张　莉】人是生产力中最活跃，也是最重要的因素，打造一支优秀品牌教师团队，任重而道远。我们一方面“请进来”，充分利用中国教育学会实验学校的优势，每月定期邀请全国知名教育专家、特级教师来校授课讲学，与专家零距离接触，使教师更多地了解教育的前沿信息，锤炼教育思维的深刻性，触发教育灵感的敏锐性。另一方面“走出去”，到广州、上海、北京、山东等地学习考察，参加全国性的教育教学研讨展示活动，引领教师开阔视野。并通过“教师读书俱乐部”经常性开展推荐送书活动，让教师在阅读中积淀，使之成为“有思想的教育者”。据不完全统计，五年来，我们共请进专家四十余人次，派出教师二百余人次，送书千余册，自编国学校本教材、教师教学随笔十余本，使教师在学习型组织中，不断突破自己的能力上限，创造出真心向往的学习成果。

【陶继新】你们请来的专家，不但有理论水平，还有实践经验，听他们的报告，对于提高教育教学水平，无疑可以起到很好的作用。而外出学习，不但开阔了眼界，也可以用“他山之石”，来“攻”自己教育教学“之玉”。读书，特别是读好书，不但可以提高教师的文化素养，还可以提高其思想境界。因为好书之中就蕴含着真善美。这些，都是在不断地向教师传输正向能量，让他们逐渐形成研究教育教学的好习惯，并让教师感到自身价值提升的意义。教师心灵境界与教育水平的提升，自然带来的是教育教学质量的提升，而从中受益的，当然也就是学生了。

弘扬国学　古为今用

【张　莉】从2002年开始，我们着手国学教育的探索与研究，并将“培养有民族文化根基的现代人”确定为我们的培养目标。学“国学”读“经典”，就是致力于向学生传达国学的魅力与先贤的智慧，引导他们用优秀的传统文化作为生命的底色。我们将国学纳入课表，编写了适合学生年龄特点的国学校本教材六册，每天早晨有雷打不动的诵读时间、每周二下午有国学校本课、每月有国学大讲堂、每学期有学生诵读评价，定期召开展示会，并成立宁山国学书院，吸纳教师、家长、学生中的国学爱好者，以共同体的学习方式，在共同愿景下潜心研究国学经典的深刻内涵，提升宁山师生的国学素养和践行能力。

【陶继新】国学经典有着持久的生命力，会对孩子形成终生的影响。国学教育不一定是立竿见影的教育，可是，随着时间的拉长，它的作用就会逐渐地彰显出来。孩子学习国学经典，特别是有了一定的积累之后，他们的言行会更美，他们的写作水平会提高。因为国学经典中既内蕴着丰富的思想内涵，也弥撒着优美文字的种子。大凡在小时候有过经典诵读的孩子，特别是有过大量诵读的孩子，到了中学、大学乃至进入社会后，小时候种下的经典种子就会破土而出，显现其独特的力量。在某种意义上说，进行国学经典教育，是对孩子终生有益的教育。

【张　莉】十年磨一剑，“国学”现在已成为宁山的一张文化名片。长期的经典阅读，学生增长了许多自然、历史、科学知识，丰富的名人励志故事，使学生情操得到陶冶，文学素养得以丰富、提升，人文精神浸入血脉。多位全国知名特级教师、教育专家来校授课后，都盛赞我们学生的博学慧智，感叹学校国学教育的成效。我们还将国学教育与生本实践有机结合，探索国学与礼仪、国学与写作演讲、国学与数学、国学与体育艺术等诸多领域的兼容并蓄，丰富教育资源，拓展教育领域，改革教育方式，提升教育效果。学校的民乐、鼓韵、花绳等表演社团，深得学生、家长的推崇。每年学校举办的“我与经典同行”国学文化展示周，更是彰显了宁山学子在诵读、体育、艺术修养等方面的不凡特质与实际效果。

【陶继新】小孩子对于国学经典的感悟力，往往是大人始料不及的。也许有人会说，他们对这些“之乎者也”的老古董的意思根本不懂，让他们诵读有何意义？其实，他们根本就不了解孩子。孩子诵读经典，更多的是形象图像记忆，而且记得快，忘得慢；大人则不然，更多的是抽象记忆，而且记得慢，忘得快。所以，中国的国学大师，几乎没有一个不是在小时候大量诵读经典的，此之谓“童子功”也。关键是，当下的不懂，并不等于未来无用，因为它已经根植到了孩子的心里深层，只要有了条件，就会喷薄而出。你们的学生身上，已经初步显现了国学经典的力量，相信未来这种力量会显现得更大。随着时间的推移，经典能量则会历久弥新的。

【张　莉】国学经典有很深的文化蕴含，它直指人的心性。因此，我们将国学教育融于各项活动之中，与知识传授、能力培养“无缝对接”。我校有两个国学教育品牌践行活动：一是“宁宁山山”集贴争章。宁宁、山山是两只小蚂蚁，是我校的形象娃娃。她们是在全校师生征集活动中产生的，征集的过程就是一次优秀品德的教育过程。我们从学习、劳动、合作、生活等多角度激励、赞美、赏识学生，光荣贴的魅力和影响力为学生带来了进步与成长，宁宁山山身上所蕴含的坚强、勇敢、诚信、健美、团结、坚忍不拔、自强不息等品性越来越多地在学生身上得到体现。二是“六阶梯”培养计划。我们根据小学生年龄特点和教育规律，因材施教，分级培养，科学设计与精心实施了一年级入学礼、二年级入队礼、三年级岗位礼、四年级十岁礼、五年级义工礼、六年级毕业礼为主题的系列教育活动。教育主线与国学精神融合，相得益彰，贯穿小学教育始终。

【陶继新】国学教育品牌践行活动将国学中迄今仍然有着生命价值的内容对接到现在小学生的日常行为之中，并且赋予其新的呈现形式，产生了良好的效果。其实，国学经典中的很多内容，并不因时间的逝去而消解了它的价值，而是有着永恒的意义。比如您上面所说坚强、勇敢、诚信、健美、团结、坚忍不拔、自强不息等品性，以及不同年级的礼仪活动，都有了古为今用的妙道。就说诚信吧，现在恰恰出现了一些问题，国人诚信指数下降，呈现出每况愈下的态势。这不但让中国人自己感到忧心忡忡，也在国际上损害了中国人的形象。孔子说：“人而无信，不知其可也。”对于诚信教育，儒家文化中可谓源远流长。如此美的品质，我们为什么不大胆地继承与光大呢？从这个意义上说，你们开展的国学教育品牌践行活动，就更有了积极与现实的意义。

【张　莉】国学教育让每位教师对教书育人有了新的思考，有了新的行动，取得了新的成效。“古为今用”后，我们在教育理念、教育内容、教育方法、教育成果、科学考核与评估等方面实施了全面创新。从国学组到国学书院，从一个人的单打独斗到一个团队的合力前行，十年来，随着国学教育的广泛、深入推进，国学教育队伍不断壮大。国学大师的引领，领导班子的激励，以老带新的方式，团队学习的方法，群策群力的作用，最大限度地激发了每位教师的潜能，使教师个人与团队能力明显提升，骨干教师层出不穷，青年教师进步显著。全校上下，潜心研究国学经典，使瑰丽厚重的国学焕发出鲜活的时代光彩。在成就学生的同时，也成就了教师，成就了学校。

【陶继新】《论语》就是国学经典，其间的教育思想，直到今天，依然闪烁着光彩，甚至走向了世界。那么，研究这样的国学经典，不但可以让老师们在教学中更好地古为今用，还可以在日常的生活中处于生命的和谐状态。国学经典《周易》中的很多思想，让我们今人赞叹不已。比如“二人同心，其利断金；同心之言，其臭如兰”，不就是谈了团队合作精神吗？所说的“积善之家，必有余庆；积不善之家，必有余殃”，不是在倡导人们向善吗？其实如《尚书》《诗经》《大学》《中庸》《孟子》《道德经》《诗子》等书中的精华，也是不胜枚举。取而为我们所用，何乐而不为呢？你们不但明白这个道理，而且付诸行动，并且收获了成果。真是值得庆贺啊！

尊重天性　呵护童真

【张　莉】我们坚持做我们能做的，一切用心说话。教育不再是师道尊严，而是和谐共生。我们尊重学生的天性，鼓励学生特立独行，让他们享受童趣、享受好奇、享受游戏，学生自然敢想、敢闯、敢试，有一股初生牛犊不怕虎的劲头。宁山的学生是自信的，他们敢于向“不可能”挑战；宁山的学生是主动的，他们善于规划自己的未来，并为之付出艰苦的努力；宁山的学生是有责任感的，他们懂得做人要讲诚信；宁山的学生是忠诚的，他们有过树立团队精神的良好训练；宁山的学生是热爱老师的，他们在老师的爱中学会了感激；宁山的学生是爱父母的，他们懂得爱自己的父母应该胜过父母爱他们。

【陶继新】孩子有两个大的特点：一是天真而敢于挑战。教育，不是磨灭这种天真，而是呵护这种天真，珍惜这种天真。教育也不是磨灭这种挑战精神，而是张扬这种挑战精神。不但要尊重这些特点，而且要为孩子更加快乐地成长提供支持。二是有着一颗真善美的童心。孟子说，“良知良能，人生而有之。”孩子的真善美也是生而有之。教育的重要使命，就是让这种固有的美质进一步提升，而不是让它变质与变形。为什么有些孩子的这两大特点不那么明显甚至褪色了呢？责任不在他们，而在教育者。学校为孩子提供的不只是知识，也不只是道德说教，还有其儿童生命不断提升的内在心灵能量。你们在这方面进行了有益的探索。不但很好地保护了儿童的天性，而且比较全面地构建了儿童成长的精神领域。

【张　莉】我读过一本书《窗边的小豆豆》。小豆豆所在的“巴学园”特别令我向往。我希望我们的学校也成为一所充满魅力、让所有学生神往的“巴学园”。这里，是孩子的天堂，他们健康快乐，追逐着花一般的梦想和未来；这里，是教师的乐土，他们敬业奉献，享受着平凡中的幸福与美丽……

【陶继新】孩子有他们心目中的乐园，但有的时候，教师却没有看到这片美好的园地，而是为他们设置了很多行为上的限制与心理上的栅栏，所以，让他们缺少了快乐，所谓的乐园无处寻觅。这并不是说不在孩子养成教育上下功夫了，而是如何要在让他们既养成良好习惯又快乐生长的层面着力追求。“天命之谓性，率性之谓道”与“玉不琢，不成器；人不学，不知道”和谐共生，才是孩子生命成长的最佳方略。

打造品牌　追求梦想

【张　莉】宁山路小学是一块老字号的教育品牌，如何提升品牌的核心价值，进一步发挥它的附加值作用，是需要我们长期思考的一个命题。随着教育现代化步伐的加快，宁山无论是在校园文化建设、课程改革上，还是师资培训、学生培养上，都要进一步地优化和提升，因此我们举全校之力打造着以“人本”为核心的特色学校品牌。

【陶继新】宁山路小学之所以能够打造成以“人本”为核心的特色学校品牌，至少有三个原因：一是它有一以贯之以人本教育的传统，也有不断的传承精神。二是您这位校长与领导班子有浓浓的人本思想。前一段时间去你们学校采访的时候，我已经有了切身的感受。三是教师以至学生也认同了人本管理，并在这种管理中享受到了人本的幸福。可以说，天时、地利、人和，三者兼备啊！

【张　莉】每个人的心中都有梦，特色创建的过程也是宁山人追梦的过程。宁山的校训是“从平凡到杰出”，这不仅是我们对孩子成长的期待，也是我们对学校明天的憧憬。未来的宁山，一定是师生共同成长，将梦想照进现实的“文化场”，是学生倾心、教师幸福、家长向往的“巴学园”。

【陶继新】你们在追梦的路上，心里有一个美好的理想；你们也行走并构建着你们的“文化场”与“巴学园”。我们相信，工作、学习与生活在宁山路小学的教师与学生会更幸福，家长会更满意，社会信赖度会更高。

（完稿于 2013 年 11 月 12 日；作者：陶继新、张莉。）

创建师生成长的精神家园

——江苏省海头高级中学的智慧之旅

［刘兴法校长简介］

刘兴法，江苏省赣榆县人，1990 年毕业于苏州大学，本科学历，中学高级教师。连云港市“五一劳动奖章”获得者，连云港市优秀教育园丁，连云港市优秀教育工作者，连云港市“建构式生态课堂”领航校长，赣榆县首批名校长，赣榆县名师等。先后在《中国教育报》、《上海教育教科研》、《江苏教育》、《历史教学参考》、《教育评论与研究》等各级各类报刊发表学校管理及教学论文多篇。他坚信：校园中的成长，是群体中每一个人的健康成长，是身体的成长，知识的成长，也是心理的成长。每一个学生都应该善于寻找自己的位置，调整自己的情绪，自立自强，做自己的主人。他坚持：一名幸福的教师，一定是心中有梦有追求的教师。要把千万个天真、无知、调皮、淘气的学生都培养成现代化事业所需要的合格人才，教师必须发挥艺术家的天才、设计师的精明、诗人的热情、哲学家的冷静、发明家的机敏，还要具有像工农一样吃苦耐劳与苦干实干的精神。他坚守：要适时走在师生的前方，做其思想的引导者；适时伴在师生的左右，做其行动的护航者；适时留在师生的身后，做其心灵的守护者。

编者按：在深化素质教育、推进新课程改革的进程中，江苏省海头高级中学领导班子以“与时俱进，奋发有为”的精神状态，以“时不我待，只争朝夕”的工作作风，积极融入教育转型大局，以办好人民满意的教育为己任，锐意进取，教育教学质量得到全面提升。

多年来，该校以“海纳百川，争创一流”为海中精神，以“以人为本，和谐共进”为办学理念，以“培养阳光学生，塑造活力教师，打造书香校园，建设幸福海中”为办学追求，倾力打造师生的精神家园。今天，让我们透过刘兴法校长的讲解，一起来体验该校追寻知识与智慧的幸福之旅。

凝聚师生精神

【刘兴法】作为一所位于农村的普通四星级高中，师资水平和学生素质都一般，如何提高教师的业务素养，提高学生的学业水平，是摆在学校工作中的头等大事，升学率是学校不可回避的问题，怎样办出一所有品质的学校，让学生、家长和社会满意，是我们办学首要关注的问题。

【陶继新】这不但是你们学校要面临的问题，也是很多地处农村的高中所面临的问题。关键是，因条件不好而安于现状，还是不甘落后而积极改革。这些年你们大胆改革，不但升学率有了大幅度的提升，更重要的是，你们得到了家长与社会的认可，学生有了良好发展的态势。可以说，海头高中已经成了一所优质学校。

一、开设“人文大讲堂”

【刘兴法】我觉得，要想改变一所学校，首先要改变一所学校的精神；要想改变一个学生，首先要改变学生的人生观；要想改变一个教师，首先要改变教师的价值观。作为一所农村高中，我觉得我们在关注升学率的同时，更应该关注学生的成长和教师的发展、学校内涵的提升。我们首先从德育着手，以德育立校。我们开设“人文大讲堂”，定期对学生、教师进行人生观、价值观的教育，邀请校内外、县内外以至省内外的专家学者、劳动模范、创业成功者来校与学生、教师面对面进行交流，效果明显。为充分调动学生的积极性，激发学生的潜能，我校建立了富有特色的海中大舞台，宗旨是“海中大舞台，人人展风采”，让学生利用课间、周末进行演讲、歌舞等才艺展示活动，通过展示来激发学生的学习热情，提升学生的素质。我校利用每周 1 小时的班会课，让学生充分讨论社会的热点、学生在学校面临的实际问题，对理想、前途、爱国、爱家、做人等问题进行讨论，整个过程由学生自行组织，充分讨论，不回避任何的热点、矛盾，学生从中明白很多道理，释放了生活中、学习上的压力。

【陶继新】思想决定行动，人格决定境界。你们通过“人文大讲堂”等有效的载体，持续不断地提高教师与学生的精神境界，这是你们超越自我、创造奇迹的内在力量。有的高中师生，迫于高考压力，往往精神不振，也不快乐。可是，在你们学校里我却惊喜地发现，师生采访与讲学时，总是昂扬着一种向上的精神面貌，流动着一种特别乐观的幸福情感。师生也在为提高教学与学习效率而努力，但不是以牺牲师生幸福为代价的教与学，而是让教师与学生更好地成长的优质的教育活动。你们大课间的海中大舞台，真的是尽展了学生的风采。尽管没有事先准备，可学生依然自告奋勇地走上舞台，快乐而又激情地演唱。而从学生听众那里爆发出来的一阵阵热烈的掌声，承载了更多的快乐和愉悦。在这样的环境中教学与学习，该是何等的幸福啊！我想，学习，不应当成为学生心力交瘁的一场又一场的苦役，而应当成为他们获取知识与智慧的幸福之旅。而海头高中，则让这种幸福之旅变成了现实。

二、构建四大工程

【刘兴法】我校提出办学的四大工程：培养阳光学生，塑造活力教师，打造书香校园，建设幸福海中。我们认为，学生的发展是学校发展的主体，而教师的发展决定着学校的发展。只有幸福的教师才有幸福的学校，也只有幸福的学校才能培养出幸福的学生。我们特别重视对教师的思想引领，让教师有尊严地工作和生活着。坚持正面引导、教育教师，学校不在任何场合公开批评教师。通过树立榜样引领教师发展。每学年都要评选出一大批优秀教师（占教师总数的75%以上）。如星级教师、星级班主任、星级服务标兵、星级教研室主任、学生心目中最喜爱的老师、班主任，三八红旗标兵，十佳模范佳侣等各类十佳教师，建设学校“星光大道”，把这些优秀的教师在校园各个显著的地方展出，既能够激励大部分优秀教师快速发展，又能够促进一小部分教师以他们为榜样，尽快成长。

【陶继新】一个幸福的教师，会在有意无意间将这种幸福传递给学生，从而让学生也幸福起来。而幸福与不幸福，对于学生学习效率的提升与健康人格的塑造，起着至关重要的作用。而如何让教师更加幸福呢？你们进行了有益的探索。教师是知识分子，特别有尊严感。平时的评选优秀老师，虽然也可以让有的教师产生自豪感；可是，在很多学校里，那只是比例很小的个别人，更多的教师是不能享受这种荣誉的。你们让这么大比例的教师评上优秀教师，让他们走上“星光大道”，从而让大多数教师有了尊严感与自豪感，进而大大提高了他们工作的积极性。一个团队中，大多数人积极向上的时候，也就形成了一种群体的积极氛围，让整体环境也积极向上起来。况且，那些今年没有评选上优秀教师的老师，也会奋起直追，争取明年榜上有名。这种你争我赶的气象自然会凝聚成一种精神能量场，并带动学生也走向奋发有为的追求境界中。这就是学校精神文化的力量，就是你们学校之所以又好又快发展的精神内核。

【刘兴法】我们提出，让教师专业水平得到充分发展是学校给予教师的最大福利。学校成立教师专业发展指导中心、课程发展中心，设立学科教研室，设立学校科研处，为教师专业进行规划、引导、指导。定期邀请专家为教师开设教科研讲座，鼓励教师走出去，到国内外进修学习。设立教科研奖金、青年教师发展基金，鼓励教师在教学的同时加强教科研。学校积极争取省市县一些重要教科研活动，为教师专业发展搭建平台。仅去年，我校教师开设的市级及以上公开课数量就占全市一半以上。

【陶继新】几乎所有的教师都有很大的发展潜力，可是，如果不关注这种发展潜能，不为其提供必要的发展机会，这种潜能就有可能慢慢地沉寂下去。更重要的是，这样下去，教师的精神状态也萎靡不振了，对学生传递出来的也少了正向的能量，学生的学习状态也不可能更好，自然也不可能取得优秀的成绩了。你们为教师专业成长提供了很好很多的平台，让他们的潜能尽情地发挥出来，从而感受到成长的幸福感。这样，他们的教育教学水平提高了，向学生传递的幸福能量也多了。所以，学生学习的时候也就有了积极的状态，也就有了比较好的学习效果。看来，让教师专业发展既是为其提供了最好的精神福利，也是为学生成长提供的最为有益的精神支持。

【刘兴法】我校虽然是一所农村高中，经济条件一般，但是学校不但在工作中为教师的发展搭建各种平台，而且在生活中切实为老师提供全方位服务。开通校车，接送教师上下班，接送教职工子女上学；为教职工提供低价净菜，开办低价超市，设立校内银行，针对我校年轻教职工人数多的特点，学校为教职工子女建设儿童乐园，向全体教职工提出“有难必帮”的承诺，让教师安心工作，快乐生活。

【陶继新】教师工作太忙，又没有多么大的权势，很多想做的事情，是力不从心的。如果学校对此不予以关注，他们也没有权力去追究学校的责任，因为更多学校认为本该如此。你们尽其所能，在教师的生活等方面为他们解除了后顾之忧，让他们不但享受到了生活上的优惠待遇，更在精神上享受到了优惠待遇。人都是有感情的，更何况有知识有良知的老师呢？他们会因此感激学校领导，最为直接的表达方式，就是努力工作，回报学校。那么，这种自愿自觉的行动，也就自然让学生大大受益了。

三、构建文化圣地

【刘兴法】我校在抓教育教学的同时，还注重师生精神家园的打造。学校建立了教研室书吧、班级图书角、教师书吧，举行读书沙龙、读书竞赛活动，营造浓厚的读书氛围。邀请特级教师、作家、教授到学校开展系列读书交流活动，组织学生开展读书竞赛、经典诵读、名著赏析，让师生与名家“零距离”交流，让师生体验文学魅力，组织教师“唱红歌”比赛，庆元旦文艺汇演，“激情演讲”、“成人仪式”、“毕业典礼”、“开学典礼”、“校园辩论会”等各种活动，都由学生自己组织。丰富的活动使学生的能力得到快速提高。在省市县组织的演讲、辩论、才艺展示、中学生素质大赛等一系列比赛中，我校学生均取得了优异的成绩。在2012年江苏省“校园心理剧”优秀剧目评选活动中，我校编排的校园心理剧《谣言止于智者》荣获省特等奖（全省特等奖10个）和最佳剧目奖，是全省中学仅有的获此殊荣的学校。

【陶继新】学校是文化的圣地，读书，当是让这片圣地更具文化品位的最佳方式。好书之中，不但摇曳着智慧的光华，也流泻着思想的要义。大凡多读好书者，都会从书中汲取生命的营养，从而提升自己的思想与文化品位。你们让师生沐浴书香，就是让他们更有文化味，让学校更有文化气象，真正成为文化的圣地。

你们开展各种各样的活动，至少有四个好处：一是让学生的情感得以尽情地宣泄，一些心理问题在活动中烟消云散；二是一些在学习中未必是佼佼者的学生，却有可能在活动中一展风采，进而增强其自信心与自豪感；三是拉近了师生与生生之间的感情距离，即使平时有点意见或矛盾，也多在活动中得到化解，从而让学生轻装上阵，更好地学习与生活；四是参与一些活动并获得奖励，可以提高学校的知名度与美誉度，增强了集体荣誉感。

学生成为主人

一、学生自主管理

【刘兴法】学生自主管理是我校创新管理的又一个举措。学校设立了学生校委会，校长助理、德育助理、教学助理、后勤助理，同时，各个科室和年级都分别设立自己部门的助理，成立学生自主管理委员会，让学生全面参与学校的各项管理工作。向全体学生公开各个层级的助理、自管会成员的信息，每周、每月定期召开相关学生座谈会，这样，既可以让学生了解以至于理解学校的管理意图，锻炼学生的能力，更重要的是能够切实地收集到学生对学校的意见和建议，以便及时改进管理举措，更好地为学生服务。这也是我校“以生为本”教育理念的体现。

【陶继新】学生，不只是学习者，更不是学习的奴隶，还应当是学校发展的关心者、支持者、管理者。这不但体现了“以生为本”的教育理念，也提升了学生的管理能力。其实，在很多时候，学校领导与教师漠视了学生的这种管理能力，如果在适当引导下，放手让他们参与学校管理，往往可以产生很好的效果，甚至有些学校领导解决不了的问题，通过学生会等学生的组织却可以自主地解决。这不但有利于学校的发展，而且也让学生产生了自信心与责任感。而有了自信与责任之后，不但可以做好工作，还会生成一种积极学习的能量，从而提升学习的成绩。

二、课堂还给学生

【刘兴法】教学质量是学校的生命线。在我省深化素质教育、规范办学的大背景下，如何提高教育教学质量是我们不能回避的问题。课堂是提高教学质量的主阵地。近几年，我校经过不断探索，大胆尝试，探索出了既符合学校实际又能够大面积提高教学效益的“蓝色课堂”，颠覆了传统的课堂模式。我们提出了“先学后教，以学定教，以学促教，能学不教”的核心理念。坚守“相信学生、解放学生、依靠学生、发展学生”的灵魂。突出“民主与平等、自主与合作、探究与生成、个性与发展”等基本内涵要求。建构出“学案先行，自主质疑；同伴互助，合作交流；互动探究，讨论生成；拓展延伸，迁移运用”的校本化教学模式。在实施过程中，我们坚持以“学案”、“教案”、“巩固案”为抓手，精心设计“教学案”，突出学生的学习思路，突出教师的学习过程指导；坚持“设计”示范、“展示课”示范、建立以宿舍为单位的学习共同体的引领；坚持学科教研室组织的每日教学研讨活动，引导教师不断反思，提高课堂效率，让教师把课堂还给学生，让学生真正成为课堂的主人。

【陶继新】学生，应当是真正意义上的学习者，可是，传统的课堂教学，却使学生变成了知识的被动接受者。在教师一味灌输下，学生成了知识的容器，成了被学习者。这样，不但学习效率低下，而且心灵也受到了严重的伤害。可是，又有多少人敢于颠覆这种课堂呢？你们敢！而且一往无前地走下去了，而且在破解一个个困难的时候，也收获了一个又一个的成功。昨天到你们十多个教室里考察的时候，真为孩子们那种指点江山的课堂景观而感动！学生在特别亢奋的学习状态中，无不跳跃着快乐的音符。当学生有了自我探索的能力又不断走向成功之路的时候，他们也就拥有了更多的自信，也就拥有了“我是学习的主人”的意识。其实，学生是有自学与探索能力的，课堂本来就应当是以学生学习为主的地方，是地道的“学堂”。当真正地将课堂还给学生，将学生的主动权还给学生的时候，创造奇迹也就不再是什么神话，而是一种“道法自然”的常景了。

【刘兴法】在教学方式上，我们注重根据学生的认知能力和心理特点，注意学生的个体差异，要求教师采取灵活多样的教学方式，要求教师少讲、学生多说，规定每一节课教师讲授时间不得超过三分之一，而用大量时间让学生在课堂上进行生生交流、质疑，合作探究，交流展示，让教师跟着学生的思路组织教学，让学生唱主角。课堂由原来教师的“独角戏”变成了师生共同参与的“众角戏”，由“一言堂”变成了“群言堂”，由“满堂灌”变成了师生、生生间的“互问”、“互动”和“互论”，学生的特长、潜力得到一定的展示和拓展。在学习方式上，我们的课堂已经没有讲台，没有安静端坐的学生，学生或站、或坐或在教室中来回走动，学生变成了小老师。他们动手、动口、动脑，有的板书，有的讲解，有的质疑，有的交流，有的评价。这种自主学习、合作探究的学习方式，基本取代传统课堂“满堂灌”的学习方式，极大地提高了学生的学习兴趣，激发了学生的学习潜能，促进了学生自身素质的发展。这也是我校在生源非常一般的情况下学生成绩能够大幅提升的根本原因。

【陶继新】“一言堂”是只有教师一个人讲，老师累得精疲力尽，学生听得昏昏欲睡，课堂教学只有老师一个人有积极性、有动力，而大部分学生没有学习的主动性和积极性，所以效率很低。而你们的课堂变成了师生、生生间的“互问”、“互动”和“互论”，主要是让学生自学，学生在自学中不明白的问题通过小组互助来解决，互助不能解决的问题由全班来解决，只有全班解决不了的问题才由老师来解决。这样老师就退到了最后一道防线，走投无路，被逼上梁山，逼上讲台，才千呼万唤始出来。所以老师在课堂上真正讲的东西很少，更多的是组织、引导学生学习，老师的很大作用就是调动学生的学习积极性和动力，让每个学生都成为“动车”，让每一对师友都成为“小动车组”，而不是拖车。当每个学生都有了积极性的时候，就构建了一个大的动力系统，学习效率就会大大提高，身在其中的学生也就有了真正的快乐感。

提升道德境界

一、养成良好习惯

【刘兴法】习惯决定命运，细节决定成败。养成一个良好的习惯，能够使学生终身受益。我们学校所有卫生全部由学生自己打扫，没有雇人帮助打扫卫生。学校虽然没有一只垃圾桶，但是整个校园卫生整洁。我们要求学生坐有坐相，站有站样，要求学生离开座位的时候，要随手把凳子整齐地摆放在课桌下；中午全部回宿舍就寝。就寝时，要求学生提前 5 分钟在床上看书，组织学生开展“我爱我家”活动，让学生把宿舍当成自己的家；教育学生爱护学校的一草一木，把学校当成自己的家；教育学生每次回家都要为父母至少做一件事情；教育学生注意穿着和个人的卫生习惯，特别注重引导学生加强个人的品德修养。

【陶继新】只要到你们校园里转一圈，就会为洁净的地面而赞叹不已。如果不是您事先介绍，我是很难想象整个学校竟然连一个清洁工都没有雇用啊！这说明一个问题，良好的习惯是可以养成的。为什么会出现遍地的垃圾？是因为学生随手扔垃圾造成的。如果学生不扔呢，不就没有垃圾了吗？所以，你们在让学生不扔垃圾上下功夫，让学生明白养成良好卫生习惯的好处，并将这种意识有效地变成了学生的一种习惯。其他不也是这样吗？中午回宿舍睡觉，这在很多高中很难做到，认为这样会耽误学生的学习时间。可是，当没有比较旺盛的精力学习的时候，学习的时间虽然比较多，却很难达到良好的效果。你们让学生午睡一个小时，看起来让学生少学习了一个小时，可是，下午的学习效率却大大提升。午睡能不能形成习惯呢？你们的实践证明，不但能，而且并不困难。这告诉人们一个道理：在一般人看来做不到的好习惯，只要让学生明白其中的道理，同时施以有效的方法，是完全可以做到的。而良好的习惯一旦形成，就等于为学生储存了一笔良性成长的资本，这笔资本还会随着时间的推移，不断增值，到了一定的生命节点上，则可以随即提取“利息”。

二、注重榜样引领

【刘兴法】在对学生进行德育的过程中，我们还特别注重榜样的引领，在学生中开展“十佳卫生标兵”、“十佳文明学生”、“十佳孝星”、“十佳助人模范”、“十佳助理”等各类十佳评选，每年举办优秀学生的展示活动，让每一个学生找到自己的闪光点，让每一个学生找到自己的位置，让每一个学生找到自己的学习榜样。在各个班级中开展各类竞赛，每月评选成绩优秀团队、常规达标团队、宿舍文明团队、跑操优胜团队，在升旗仪式上，为优胜团队隆重授旗，让获奖团队发表获胜感言，以此有效地激发学生在团队中的合作、竞争意识，培养学生的集体荣誉感和责任心。

【陶继新】身边的榜样最容易学，因为它是真实的，是努力之后也可以成为榜样的。同时，榜样也应当是多元的，不应当只有学习的榜样，而应当辐射到方方面面。这样，不但榜样多，而且可以相对全面地提升学生的素养。比诸个人，团队榜样的力量更有能量。它会增强学生的集体荣誉感，增强他们的团队意识。《周易》有言："二人同心，其利断金；同心之言，其臭如兰。"当学生都在为争创优秀团队而努力的时候，他本人也就融入了集体之中，也就参与到了自己发展、别人也发展的良性竞争之中。

构建多彩课程

【刘兴法】2011 年，我校成功创建江苏省普通高中首批课程基地——海洋文化实践课程基地，这是全省首批 31 家中仅有的一个位于农村高中的课程基地，并在 2012 年学科基地中期视察中，成为全省 10 家优秀等级中的一个。课程基地建设是江苏省教育部门适应教育转型实施的一项创新举措，目的在于优化教育教学环境，变革教育教学方式，搭建素质教育平台，培养能够适应时代要求的创新性人才。我校在这项探索中走在全省前列。同时，建设德育课程基地——根土馆，对学生进行爱祖国、爱家乡、爱父母的思想教育，让学生不论走到哪里，都不忘父母、家乡，不忘自己的"根"。在校内开设劳动课，使每一个班级、每一个学生都有自己的劳动基地，把学校每一个角落的一花一草一木都让学生来管理；教育学生走进社区敬老院，开展尊老敬老活动；组织学生走进工厂、农村、渔场，体验生活；组织学生走进社会做义工，学会担当社会责任。

【陶继新】看了你们的海洋文化馆，真是惊叹不已！在一个农村高中，竟然创建了这样一个高规格、多品种的海洋文化馆，确实太不容易了，况且，其中的很多标本，是家长赠送的，是师生自制的。走进馆中，很多海洋物种都可以尽收眼底。这对学生更好地了解海洋文化，起到了一种直观的教育效果。

根土馆很有创意，也特别用心。它留下的只是一瓶瓶的家乡之土，而栽种下的却是热爱家乡、怀念母校的一份份深情。人生之于世，是要有根的，是要有本的，本立才能道生。这样的德育，就有了地方特色，就烙印上了海头中学的精神，也更有了长效性。

【刘兴法】依托省课程基地建设，我校积极开发“活动发展课程”。开设特长活动课，英语特色班、宏志班、海事预科班、艺体特长班，给学生个性发展提供广阔空间；开设特色活动课，定期组织“海之声”广播站、“海之恋”合唱团、“海贝”文学社等几十种学生社团活动，学校根土馆、海洋馆的大部分展品都是学生自己动手创作的；学校定期开展“海之韵”艺术节、“海之帆”体育节、“海之星”科技节等海洋文化系列活动，不断丰富学校的校园文化。学校还积极组织阳光体育大课间活动，让学生在大课间“把旗帜举起来，口号喊起来，身体壮起来”，每到大课间，学校领导、老师和学生一起坚持跑操，无论严寒酷暑，从不间断，每一名同学3年下来累计要跑近1500千米，这样既锻炼了师生的体魄又激发了师生工作、学习的激情，更主要的是磨炼了师生的意志。

【陶继新】学生多有特长，积极开发“活动发展课程”，会让学生的特长更好地开发出来、展示出来。开发特长，会让学生感到自身拥有的潜力；展示特长，会让他们产生自信。同时，它让相对单一的学校生活变得丰富多彩，让中学生活更具生命的活力。

你们大课间的跑操堪称一道美丽的风景，师生在跑操的时候，已经不只是强健身体，还有了一种精神气场。在这种气场里，人的萎靡之气会消退，向上之心会张扬。这对调节情绪，增强阳光心理，也会在无形中起到不可小觑的作用。学生学习效率的高低，是同健康与情绪的优劣紧紧联系在一起的。看来，你们的大课间跑操，不只是让师生更加健康，同时，也在无形中提高了学习的效率，以至提高了学习的成绩。

学生个个成才

【刘兴法】本着“人人有才，人无全才，因材施教，个个成才”的育人观，学校在充分调研的基础上，建立了“发展定向、管理定样、效益定量”动态教学管理系统，力争使每一位学生都能得到最大限度的提升。动态教学管理系统中学生的发展方向是：让10％的学生成为拔尖人才，实施优越计划；让30％的学生成为突出人才，实施优胜计划；让30％的学生成为专业人才，实施优势计划；让30％的学生成为技术人才，实施优选计划。四个层级的计划组成长效分层提升的“1333”目标工程。我校在努力提高学生文化成绩的同时，根据学生不同学习素质，开展分层次教学。在2013年高考中，我校体育、美术、音乐上线本科数全市最高。我校与江苏省海事职业技术学院合作开设海事预科班，为地方经济发展服务。

【陶继新】“因材施教”由儒家先师孔子提出来已经两千多年了，迄今仍闪烁着耀眼的光彩。人是生而有异的，加之家庭、学校与社会的影响，就更是各有千秋，所以，对学生不能统一要求考上一类大学，也不应当统一要求考取职业学院。适合的才是最好的，针对不同学生的情况，采取不同的教育，并为其规划未来的人生方向，才是真正以学生为本。你们的“1333”目标工程，正是认识到“因材施教”的重要性，科学地分析了不同学生的不同发展区域，为其提供了适合各自发展的教育。不管学生未来上什么样的大学，不管以后做什么工作，都会因为你们现在教育的有效性而对他们的人生成长起到重要的支撑作用。

领导示范引领

【刘兴法】教育的灵魂在创新，管理的关键在落实。在学校管理过程中

"重理轻管"，淡化自己领导者角色，充分发挥领导者的示范引领作用，要求老师做到的，领导班子一定会率先垂范，全体领导班子带头读书，每月读一本教育教学管理方面的书籍，每学期组织领导班子开展学校管理研讨会，带头深入教学一线上课、听课、评课，领导为教师、学生做好服务，在质量评估、评优评先过程中，所有领导与教师一视同仁。这几年，领导班子成员都能够坚持推门听课，给老师上示范课，与老师同场参加业务考核。对师生反映的问题，能够在 2 个小时内及时予以解决，对不能及时解决的或无法解决的问题，要及时当面向师生解释清楚，力争创造条件在一周内予以解决。每学期利用假期组织班子成员召开学校发展论坛，梳理上学期工作得失，规划新学期工作思路，保证学校管理工作与时俱进，更有针对性，以便更好地为师生服务。

【陶继新】在与您及其他学校领导交流的时候，我有一个深切的感受，你们不是将领导当做官的，而是视作一个服务的机会。有了这种理念，在任何时候，就不是高高在上，去做"人上人"；而是与教师在一起做"人中人"，而且，是带头工作、努力向上的"人中人"。读书如此，教学也是这样，做其他工作也一样。老师们为什么那么自觉努力地工作，除了他们自身的觉悟高之外，与你们学校领导的服务意识强不无关系。况且，你们不是只说不做者，而是既说又做者，甚至不少时候是不说就行动在老师之前者。领导干与不干，好与不好，教师个个心知肚明。你们干得好，做得好，他们自然而然的也就"学而时习之"了。教师有什么意见与建议，也会主动积极地提出来，因为他们相信，你们不但不会打击他们，反而会感谢他们，并尽快地给予回应与落实好的。于是，就有了领导与教师内在的一种互应，一种共同努力发展的和谐。

感谢教师奉献

【刘兴法】学校这几年取得的成绩，要特别感谢我们的老师，我始终带着一种感激的心情对待我们的老师。我校有一支特别能吃苦、特别能战斗、特别能奉献的教师群体。他们在农村这样偏远地区，安心工作，乐于工作，舍小家为大家，不计报酬。我们的班主任爱生如子，一心扑在工作上，有时顾不上自己的孩子。我们的科任教师，对学生悉心指导，循循善诱，做学生的良师益友，有时顾不上自己的家庭。我们的后勤工作人员，精心为师生服务。作为校长，我很感激我们的老师，是他们的辛勤付出，才有了今天的成绩。我没有理由拒绝他们的热情，没有理由不和他们并肩前行，相信，通过海中人的共同努力，海头高中的明天会越来越好。

【陶继新】当海中快速发展且得到人们认可的时候，您没有将功劳收在自己的名下，尽管其中您的作用很大。这种谦虚的精神，定然会如《周易》所说“劳谦，君子有终，吉”的。而且，您的感激之情，不但是真诚的，而且也确有道理，没有一支兢兢业业、奋斗不止的教师团队，海中是不可能发展到今天的。不过，我还要说一点，一个学校的发展，不是校长一人之功，也不能没有校长的智慧，只有校长及学校领导与教师心心相连、共同努力，才能创造教育的奇迹，并在未来的发展中“更上一层楼”。

（原载于《中国教育报》，2013 年 10 月 17 日，第 4 版；作者：陶继新、刘兴法。）

山西：有一条美丽的“小河”

——赏析太原市后小河小学琅琅读书声的内涵

[王素萍校长简介]

王素萍，中小学高级教师，心理咨询师，太原市后小河小学校长。曾获山西省劳动模范、山西省十大知识型先进个人、山西省学科带头人、山西省教学能手、山西省特色学校卓越校长、太原市十大读书明星等称号。

长期致力于小学生学习障碍心理问题、学习潜能开发、阅读能力培养等多项研究，多项课题获国家一等奖。常年在《太原晚报》、《德育报》等媒体开辟《王老师把脉》、《享受成长》、《阳光少年》等专栏，发表文章70余篇，出版专著《学习潜能开发16周》，并多次应邀到各地讲学。

现兼任中国教育学会小学教育专业委员会理事、中国中小学教育评价委员会理事、中国中小学图书馆委员会理事等职。

编者按：“积水成渊，蛟龙生焉。”十多年来，太原市后小河小学通过“书卷气”工程，回归教育本源，强化教学快乐互动。把师生共读、亲子共读，变成一种享受温情、享受成长、享受幸福的强大精神气场。读完对话，强大的冲击力使人久久难以平静。其气夺人、其行豪壮、其情澎湃。让我们感到成长、成才的“加速度”在此展现。

上篇：书香小河

一、校长应是爱书人

【陶继新】不久前，我走进你们的学校，扑面而来的是独具特色的“森林书屋”。很欣赏您的森林理念：在学校，一定要把根扎得深深的，根深才能枝繁叶茂，走向社会，才能像雄鹰一样自由翱翔于蓝天。我想，学校教育本身，不是题海的平台，不是考试的囹圄，更不是生源的争夺，而是文化的圣地、育人的摇篮。你对此是怎么想的?

【王素萍】我喜爱静静地读书。寒暑假，一连几天把自己关在家里，一边品茶一边看书，是那样的惬意与充实；节假日，常常和爱人身着情侣装登上郁郁葱葱的山顶，丈夫摄影我读书；学校里，我喜欢听那一浪高过一浪的读书声，觉得那就是孩子们和老师们生命成长拔节的吟唱。自己和老师、学生及家长都成为书友，一直是我做校长最大的愿望。说来也不怕您笑话，老师们那个时候管我叫“书虫”；校务会上，说着说着就说起了书；教研活动中，吵着吵着就吵成了书。做校长就应该是师生读书的“发动机”，能够在学校不断掀起读书的“风暴”。

【陶继新】一个领导的喜好，常常影响下属的价值取向。您把自己和教师们同等视作普通的“书友”，就等于把教育的一个最基本的原则——平等，把握住了。您和“书友”，是怎么坚守下来，又快乐下去的呢?

【王素萍】我从 1995 年开始做校长。那个时候，主要是受两本世界 500 强企业文化教程的影响。一本是《第五项修炼》，一本是《创建学习型组织》。引领师生奔向智慧的书香地带，让每一个学生都成为读者，让教书人成为读书人，让学校成为真正读书的学校，是我的理想。带着这样的梦想，我们进行了近 20 年的坚守，形成了以一个核心价值观“享受成长”为主体，以两项主题——“让校园干干净净充满书卷气息”、“让师生快快乐乐体验生命成长”为腾飞双翼，以“学会学习、学会做人”为目标，“一体两翼两目标”，“读”领风骚的学校文化体系，使书籍成为了学校中的学校。

我觉得这些年最大的收获，不是学校成了名校，而是学校的老师都成了书友。想想吧，当同事和你“谈笑有鸿儒，往来无白丁”的时候，当教学过程不再是心力交瘁的苦役的时候，我们就能在学校读书的原始功能和激情的幸福境界中，“享受成长”。

【陶继新】“享受成长”说得好！每位师生都在成长，但有快有慢。如果在成长中不快乐，这样的成长一定是慢的，即使当下快一些，以后也会慢下来。如果有“享受”则大不一样。因为这里的享受，是精神享受，它会使品质不断优化，知识不断丰富。不管是教学，还是学习，都会收获创新求索的累累硕果，都将成为追求幸福、获取智慧的文化之旅。

二、教师都是爱书人

【王素萍】我们小学是女教师成堆的地方。从 1995 年我们学校第一届通宵读书节开始，“读书的女人最美”便成了我和老师们的约定。我觉得让校园书香浓郁，要引领老师们在营养丰富的书籍中寻找人生的方向、坚守人生的尊严、充实人生的智慧。这对于女教师来说，便能在婚姻、家庭和事业中，淡化世俗的浮躁和功利，享受强大的精神支撑。而更重要的还是还校园以本来的安静，还教师以本来的宁静。

【陶继新】现在社会上浮躁之风盛行，功利之心蔓延。拥有宁静心态的教师，有的也喧嚣起来。而读书，特别是读好书，则可以抚平教师浮躁的心灵。有了好心态，则会有宁静以致远的境界。这不但会让教师的心灵回归到本位，还会让学生的心灵也优化起来。

【王素萍】原来老师们忙得没有时间读书，成天在备课、赛课、考题中挣扎。所以，我们最初的读书活动，就是通过“滋养心灵教师读书工程”，确定了“书友”的“规定动作”：每周一次的集体学习，每月一次的读书沙龙，每学期一次的赠书活动，每个假期的大充电，每年一次的全校读书报告会……从克服教师浮躁情绪开始，营造了一个静静的学习场。这些“规定动作”多年来没有一点衰落的迹象，书籍成为学校送给老师们、老师们之间互赠的最好礼物。几年来，学校为教师集体赠书每人 30 余本，共计 5000 余册，咬文嚼字式的精读成为学校最具人气的活动，学习成为工作的常态。

【陶继新】静静的学习场是一种氛围，一种习惯，一种文明的层次。这种感觉，不是管理和被管理的传统关系，而是一种新的“以文会友”、“以友寻文”、“以友辅仁”的平等关系，教师们适应了这种氛围，就会自觉按其氛围出场，就会形成“文质彬彬”、“其乐融融”的君子之风，就会改变话语方式、思维走向、生命状态与幸福指数，使学校成为文化圣地。

【王素萍】我们组织了听一百场报告，读一百本好书，品一百节好课，集一百篇案例，写一百个教育故事的“五个一百”活动。每位教师讲述一个故事，十个、一百个故事汇聚在一起，讲的人和听的人也就拥有了更多的故事，分享着越来越多的体验和感受，就产生连绵不绝的巨大影响力和魅力。

【陶继新】“五个一百”活动开展得太有意义了，听一百场报告是与读书相得益彰之事。一个人的成长，需要读万卷书，也需要行万里路，还需要听高人语。听名家报告，则是听高人语。这些名家所讲，有些可能是其生命精华的浓缩，有些可能会对教师产生久远的影响。人是需要生命提醒的，而必要时的提醒，可以让人有一种豁然开朗的感觉，甚至有可能改变人生的命运。

【王素萍】所以我们年年支出十多万元，选派教师外出学习，外出学习也成为学校对老师的最高奖赏、最大福利。我们还利用双休日、寒暑假组织了十多次全校教师大行动。我们集体走近魏书生、李镇西、冯恩洪、周宏、翟鸿燊、蔡林生……走进杜郎口、永威、蒙牛、右玉等地，节假日老师们常常受邀去参加儒学研究、领导干部讲学、企业家讲课等多种培训，许多老师还上网易公开课，听世界级大师的公开课，老师们学会了跳出教育看教育。

【陶继新】我查阅了你们学校多年的读书档案，按一年计算，老师们在"小河书友"网络、"学习与研究"文本、"读书沙龙"交流、"分享成果"展示等四个互动平台上就发表文章1000余篇。你们在自己的声音中感悟读书的力量，这种正能量使研究之气蔚然成风。

【王素萍】是的，学校领导、老师、学生、家长形成了四个良性互动，读书成了"每天知道一点点"、"每天进步一点点"、"每天快乐一点点"的"幸福循环"。

【陶继新】这三个"一点点"，看似很小，其实很大。因为每天一点点汇聚，就会形成大的知识网络，以至凝聚成智慧。也正是在这个过程中，师生每天感受到自己越来越拥有文化的快乐。文化是可以"化"人的，在这个不断"化"的过程中，才有因读书而成长的幸福感。

【王素萍】其实，这样的"循环"开始并不自觉。不能学以致用，不能知识迁移。于是，我们倡导读书与动笔结合的"手到"，读思结合的"心到"，读书与创新结合的"身到"，这样的"三到全息"读书法。开始教师不太喜欢写作，甚至心有畏惧。我们通过《教师科研周记》、《责任储蓄卡》及《读书笔记》，学校领导像批学生的作业一样"全批全改"，激发读写的热情。几年下来，每个老师都有大大小小的笔记本十几本，计数十万字。

【陶继新】真正快乐的人，会在有意义的生活里，享受它的点点滴滴。不读书的老师，是写不出好文章的；因为没有大量的优质语言的积累。即使写，也必然词不达意，语不流畅。如果只读，而不写作的话，就少了生命精神收藏。读书与写作，是教师生命成长的双翼，缺一不可。而读与写一旦成为教师的审美追求，为师者也就从读写中体会到特殊的幸福。

【王素萍】我们设计了《教师专业发展目标自我设计书》及《教师专业发展目标对照书》，引导教师反思做了什么、成效如何、原因是什么？读了什么书，有哪些感想体会？正在研究什么问题，是怎样做的？形成了一份最为真实的《教师成长档案》。我们制定了《创建学习化教研组考核细则》，一个人掉队全组都要受影响，考核优秀的团队所有成员获得学校奖励的读书卡，这成为老师们最兴奋的事。

老师们的读书从四个不同的角度都经历了四个阶段。即心态上：浮躁——淡定——投入——享受；方法上：泛读——选读——品读——精读；形式上：赠书——藏书——品书——出书；角色上：读者——思者——悟者——作者。老师们经历了“读者”小得，“思者”大得，“悟者”了不得，“作者”不得了的心路历程。

【陶继新】“学而不思则罔”，您所说的“思者”大得是很有道理的，如果只读不思是不会有大收获的。“悟者”了不得这种说法说得就更好了，自己感悟的东西，超越了知识，就有了智慧的含量。有智慧者，则会看清一般人看不清的东西，就能从容地解决问题，并能从中体会到乐趣。“作者”不得了也是经典之语，真正能够将所读所思所做进行感悟和总结形成文字，则是一种思想升华。它会让生命留下永远的记忆，还会将自己的这种思想结晶传递给其他教师进行借鉴。这种思想碰撞，会产生智慧的火花，会形成一种优质的研究领域，身在其中，就会自觉不自觉地成长起来。

中篇：感动小河

一、研究激发灵感

【王素萍】我们提倡教师要能“自己行走”，要有沉静、扎根下去的精神，坚持问题的研究。“发现问题——分析问题——解决问题”是我们评判教师读书的依据，把工作中的问题作为学习的起点，从打造学习化教研组、精英工作室开始，展开行动研究。

【陶继新】基于问题的研究是最有价值的研究方略之一，实施学习共同体是增强学习力的学校管理策略。

【王素萍】“我读一本好书、我培养一个好习惯、我转化一名学困生”的“三个一”是我校读书活动中的一个小活动，小活动之所以持续5年之久，是因为我们看重它的过程，看重沉下心去做每一件事的状态。

【陶继新】教师只要沉潜下去，于平凡中发现意义，做教师的感觉也就出来了。许多被认为是琐碎的、不屑去做的日常工作就能变得津津有味，就能增添教育的智慧。对诸多的教育现象有了审视的坐标，善于用自己的心灵去捕捉和留住美好、成功的碎片，用真诚的文字，将平淡如水的岁月定格为永恒。

【王素萍】我们把教育教学反思形象地比作“留一只眼睛给自己”。“基于学生特点的学生学习习惯培养的策略研究”，培养观察、注意、自理、想象、推理、自控、求异、创造、自学等九种习惯。在获得全国“九五”课题一等奖的基础上，出版了《小鲤鱼跳龙门——潜能开发16周》专著。关于学困生的转化，开展了“走进心灵塑造心灵”的行动研究，启动了“以思维导图为载体，构建‘121’课堂教学模式的研究”。

【陶继新】叶圣陶先生说：“教育是什么？往简单方面说，只需一句话，那就是养成良好的习惯。”同学之间成绩有高下，往往不是智力差异，而是习惯有区别。而小时候习惯的养成是最佳期，抓住这个时期，大都产生事半功倍的效果。

【王素萍】学校有四位老师取得心理咨询师资格，开设了“心语书屋”。大胆尝试用图画心理学、树木人格投射测试、意象对话、心理量表等方法，对学生及家庭教育把脉、诊断、分类，制定针对性的方案。我们尝试“SQ3R”学习法，率先引进“思维导图”、“快速记忆”的自主学习法。通过阅读对学生进行“大声、大胆、大气”的自信心训练。尤其是对注意力有缺陷的孩子，要求每天进行15分钟的大声朗读净心训练，从阅读入手解决学习困难的问题。

【陶继新】让孩子变得聪明的办法，不是补课，不是增加作业，而是阅读、阅读、再阅读，让学生充分享受阅读的愉悦。

【王素萍】一位妈妈来咨询，近来孩子常和自己顶牛。经了解，孩子上六年级后学习压力较大，加上妈妈对孩子升学的焦虑，造成孩子的逆反心理。老师送给妈妈一本孩子最近读的书，让妈妈回去后读。开始的时候，妈妈疑惑不解，没几天，就高兴地打来电话，她和孩子通过亲子阅读，母子矛盾很快得到了化解，并和孩子成为书友。

【陶继新】孩子们行为上或学习上有些偏差，主要是心灵不够舒展，教师就要像孔子那样“因材施教”，给予他们温暖是最重要的。当学困生在自己的手下转化后，那份喜悦是无法言表的。况且，学困生是弱势群体，对他们的关心与帮助，也体现了老师的高尚人格。

【王素萍】关于启动学生自信系统，我先后写过三套校本教材送给老师、学生及家长，分别被《做阳光少年》、《享受孩子的成长》、《王老师把脉》、《太原晚报》、《山西妇女报》、《德育报》等媒体进行了为期两年的连载。

【陶继新】爱默生说：“自信是成功的第一秘诀。”学生拥有自信，也就拥有了走向成功的可能。自信在任何境况下都是一道绚丽的风景，学生一旦拥有了自信，就会创造超越大人想象的奇迹。

【王素萍】我们从左右脑功能及多元智能等最新的脑科学入手，从中发现不少学困生是右脑的功能强于左脑，于是着手思维导图学习方法的研究。思维导图又叫心智图，就是在研究左右脑区域功能的基础上，达到“全脑通”的高效学习法。即把颜色、图像、符码的右脑功能，迁移到左脑，不但增强学生学习的兴趣，还使学生掌握分析、判断、联想等系统的学习方法，变单一的直线思维为多向的发散思维，从而提高学生的注意力、记忆力及创造力。

【陶继新】思维导图学习的研究意义很大，特别是对于孩子。大脑是一个巨大的智慧源，由于开发不好，特别是右脑开发不好，导致了学习效率低下，以至走向厌学的道路的例子比比皆是。我的外孙女跟着赵宏老师学习经典，其中就有右脑开发的内容。她背诵经典特别快，比如《大学》、《中庸》等，用不了多长时间，就会背得滚瓜烂熟，而且学起来不但不是负担，还乐趣无穷。相信你们的研究，不但会增强学生的记忆力，还会让他们爱上学习，享受学习。

【王素萍】近年来，开展了“学练结合、读写同步”的课题研究，提出“低段起步，系列训练，整体结合”的三学段系列训练模式，形成了“精读——略读——群文阅读——读写迁移”的课程构建新体系。通过以读带写，以写促读，学练结合，读写同步，使阅读、写作、思维三者融为一体。

【陶继新】你们探索的同题比较阅读、同一作家相近风格作品阅读、同一母题作品阅读、同结构、同写法、同体裁作品阅读、观点相左的作品阅读、今古互文阅读、翻译作品比较阅读等方式，会拓宽学生阅读和写作的视野，使学生真正爱读书，善写作。

【王素萍】学习中，老师们有了“没有不能发展的学生，每一位学生都是等待打磨的砖石和期待雕琢的璞玉”的坚定信念，使每一个学生都享受到老师“期待”的幸福。

【陶继新】老师们不轻信，会求证，有了科学精神。同时以人为本，尊重他人，又有了人文精神。一个用自己的思想行走的教师，其生命定会精彩纷呈。

二、书友温情校园

【陶继新】您的校园里流传着“那都不叫事”、“这是我的责任”，我感受到了书友们形成的一种特有的“精神特区”。

【王素萍】是的，有一位教师，家校相距 20 多公里，每天往返近 3 个小时。巧的是，她家门口有一所区重点小学，那里的校长给她高待遇，重用了她，她待了两月又回来了。问她为什么，她泪珠滚下，拉着我的手说：“校长，这不是离家近和待遇问题，我习惯了这里的氛围，离不开我的书友。”

有的老师把淘气的孩子带回家中，像自己的孩子一样对待，为他记录成长笔记，为的是使多年所学的心理学知识得以验证，找到切实可行的转化学困生的办法。有的老师帮扶的学生从小学到高中长达十几年，成为了学生的知己和人生导师。

几年中，下乡支教的教师达50余人次，足迹遍及全省各地；骨干教师勇于承担课题，成为校园专家；校园义务劳动，老师们便会主动把老公或男朋友叫来；为了搞好一次教研活动，老师们一人一碗面皮探讨到夜里12点多……一批批真正意义上的名师成长起来了。

【陶继新】王校长，你讲起老师们感人的故事，一桩桩一件件如数家珍，看得出您非常喜爱这样的教师群体，痴迷于这样的生活。您看到了蕴藏于教师身上的巨大的生命潜能，看到了学生更好成长的美好前景。

【王素萍】陶老，正如您所说，像水一样的人性温情成了小河教师职业素质的底色，成了老师们特有的精神“合格证”。今天的“小河人”敬畏水文化、传承水文化，体现了学校“滴水的坚韧、溪水的纯洁、河水的宁静、海水的包容”的核心价值观，并且将孔子誉为“似德”、“似仁”、“似义”、“似勇”、“似智”的水文化尊为学校文化的道德之水、人格之水、发展之水。

下篇：美丽小河

一、打开心灵之窗

【王素萍】教师读书，影响了教学，影响了学生。只有师生共读才能拥有共同的语言和共同的生活密码，心灵才能够息息相通，才能拥有打开孩子心灵之窗的钥匙。学生的阅读主张是“阅读”一定要是“悦读”，学生一定是悦读者。

【陶继新】我欣赏您所说的“悦读”。古人说得好：“布衣暖，菜根香，还是读书滋味长。”快乐莫过于读书啊！读书习惯的养成，不是长大成人之后，而是在孩提时代。这个时候爱上书，往往可以终生与书为伴。当有了书这个好朋友之后，就不只是当下快乐，还会一生快乐。

【王素萍】学生的"悦读"是指从兴趣与需要出发，指向学生精神的建构、促进人格完善的阅读。我们启动了 6 年读 100 本书行动计划，实施了"书香浸润成长"工程，构建了以经典文化阅读、学科文化阅读、大主题文化阅读、年级系列阅读等为主要领域，以课堂、班级、亲子、自主等为主要阅读形式，以展示、星级阅读评价激励机制为主要支撑的学生阅读文化生态。

【陶继新】学生的悦读不仅涉及语文学科，还涉及数学、科学、历史等学科。让孩子们在文化的视野中观照这些学科，知识会变得美丽起来。

【王素萍】我们长期坚持清晨一诵、午间一读、晚间一省、每周一课、每班（人）一集及每学年一节的"六个一"，还把每周三定为"小河读书日"。通过"童话月"、"诗词月"、"人物传记月"、"科普知识月"等主题读书活动，形成了学校的传统特色。

【陶继新】当学生有了自信心与自豪感，不但会在自己的爱好特长领域里摘取成功之果，还会将这种情绪延伸到学习之中，从而提升学习的成绩。你们让孩子如此收获读书的成果，久而久之，读书就会成为学生的一种习惯，一种追求，一种不可缺少的精神享受。

【王素萍】我们邀请名作家来校举行"小读者 VS 大作家对话"活动，秦文君、梅子涵等孩子们喜爱的诗人、小说家、学者走进校园。为了放大这一课程资源，我们把握"期待——活动——延伸"的链条效应，整体策划。譬如与科幻作家杨鹏的见面会：见面前，引导孩子们提前阅读他的作品，撰写"在星球大战中寻找飞翔的力量"心得体会。见面后，通过对话、互动探究作者创作的心灵历程，对书籍进行深层次的思考。见面结束，描述与作家亲密接触的情景，给拍摄的相片写文字纪念，阅读作家推荐的好书……又意味着新一轮阅读热潮的开始。

【陶继新】读书也是需要一种场，这些活动，为学生读书提供了一个很好的精神场，它让读书变得更加热烈，也更有情趣，因为孩子喜欢活动，特别是在活动上能一展风采时，就会更加高兴。

【王素萍】我们主张“图书馆”一定要办成“读书馆”，学校的“若水读书馆”是孩子们最向往的地方。我们将每周一节的阅读课搬到图书馆去上，将课外阅读纳入课程表，使语文教学走出了只读一本书的怪圈。

【陶继新】你们把图书馆占座儿的学生多不多看作学校素质教育的重要组成部分。杜绝了光藏书不借书、光开架不阅览、光参观不使用的现象。无论在学校的哪个角落都有学习的氛围，学生处处都看到书和正在学习的人，他们就会觉得学习是日常生活的一部分，每个学生就成为了真正意义上的“读者”。

【王素萍】我们要求孩子们围绕童话、亲情、生态、民俗等主题开展“大主题阅读”。每个学生在完成《红领巾阅读银行》的基础上，每学期至少完成两次“阅读报告”来进行交流。《读书采集》、《书海采贝》、《精彩书册》、《好书大家看》这些漂亮的书名是孩子们的阅读报告，是孩子们写作的“自己的书”。

【陶继新】这是融推进、指导、积累、表达于一体的读书交流形式，是读书活动中由一本儿童文学书孕育而成的“延伸书”。出书、成为作家，这是很多学生的梦想，你们圆了学生的梦。尽管没有正式书号，可在孩子看来，这就是“自己的书”，是他们最美好的精神成果。

【王素萍】学校的读书节、艺术节、科技节、英语节、体育节及智慧园的“五节一园”活动，是学生展示的大舞台。在读书节上获奖的门类就有上百种，全校 2000 多名学生人人都能捧上大奖状。每年我们“小河八大家”——“小小安徒生”、“小小李白”、“小小司马迁”、“小小朱自清”、“小小哥白尼”、“小小曹禺”、“小小华罗庚”及“小小曹雪芹”等，涌现出一大批“明星”。

【陶继新】孩子捧着“成果”回家，得到长辈的赞扬。这期间同学们的兴奋与愉悦，绝非一般的美味食品和奖金所能比拟的，学生在自己爱好的领域里尽情驰骋，沉浸其中乐而忘返，校园就会出现“明星辈出”的景观。

【王素萍】最令我们欣慰的是学生的读书欲望，三年四班的王元新同学把高中的历史书读完。四年级的不少同学能一口气把自己喜爱的书名写出上百个。四年级贾文旗同学读过的书是满满四箱子。五年级赵舸言同学节假日几乎是在图书馆或书店度过的。三年级学生捧起《时间简史》，五年级学生读完《史记》……

【陶继新】阅读是快乐的，热爱阅读的孩子是最美的天使。最伟大的童书里隐藏着人类最深奥的智慧、最美丽的情愫和最高贵的精神。童书是最美丽的种子，受过童书熏陶的人，会收获幸福完整的生活。

二、编织美好生活

【王素萍】我们从经典诵读中寻求智慧的元素，把“孝、悌、忠、信、礼、义、廉、耻”人生八德教育，作为“中国红”——根文化教育，开展了“读经典书，做有根人”的实践活动。探索出以“诵、写、画、演、践行”为载体的经典诵读之路。两千多人的琅琅读书声回荡在校园上空，成为校园文化建设一道亮丽的风景线。

【陶继新】“仁义礼智信”迄今仍然不失为精华，忠孝思想是精华，要大力提倡发扬。不懂孔子则不懂中国文化，也很难明白中国政治、经济发展状况背后作为意识形态的本质性支配力量。如果我们数典忘祖，不学经典，不继承优秀传统，还算中国人吗？“国学”思想的陶冶，对于塑造孩子的美好心灵和一生的成长，都有着极其重要的意义。

【王素萍】经典文化中蕴含着真善美，读多了，真善美就流进孩子的心里。要真正形成学校的特色，课程是最为关键的一环。我们除了开展多年的读书课程外，还有“三句话”人生课、才华展示课、八德宣讲课、八大家评价课、优雅风范的礼仪课、合作探讨的研究课，日做十件事、养成十种好习惯的养成课、坚持十种体验的实践课、锻炼思维的围棋课、非物质文化传承的面塑课等等，构成综合性的生活化成长课程，同时形成了科学探究类、综合实践类、阅读口语类、劳动生活类、艺术体育类和道德公益类等六大类非书面作业，把仰望星空的权力还给了孩子。

【陶继新】这样的课程其实就是学生的道德场、学习场、教育场。德育对于学科教学不是渗透，而是融合。道德出志向，志向出探索，探索出智慧。理想、志向、自主、参与、合作、互助、扶弱、责任、真诚、感恩、自信、竞争、创新等等，都是良好的学习品德。课堂作为学生探索学习知识的场所，其道德实践就是对探索学习的有力支持，课堂就成为践行道德教育的基地。

【王素萍】假日阅读早已成为一份特殊的休闲文化大餐，我们提前设计好“假期读书——实践活动计划”。老师们形象地把它称作“眼睛变成放大镜”活动。它要求学生们像学者一样通过一个个的“课题”，在图书馆里查阅和获得立体、全面的知识，然后再去同实践相结合，进而形成能力。孩子们眼中的“小事”做出了“大文章”。看似平静而有序的生活，还真让他们挑出了许多“刺”。如“关于公交站牌指示不清问题的调查与研究”、“市民闯红灯的问题研究”、“校门前拥挤的调查”的公共交通问题；“校门前摊点食品卫生问题的研究”、“山西面食的调查”的公共饮食问题；“关于废旧电池的回收问题的研究”、“节水问题的研究”的环境保护问题，还有“校园安全问题的研究”、“小学生上网问题的调查”……我们感到小学生中蕴藏着“大潜能”。

【陶继新】我们眼前有牛顿，身边有爱迪生。每一双童眼都用敏锐的目光搜索着有价值的研究问题，每一颗童心都渴望发现的问题能够得到更多人的认同。“经历了就会被感动，行动了就会有收获。”孩子们研究的结果并不重要，过程已成为宝贵的成长经历，改变着他们对自己、对生活、对社会的认识。

【王素萍】我们学校就是得益于此。调查表明：上学期看过5本以上课外书的占到85%，感到自己有进步的有95%，对今后学习有信心的占到80%。有了良好的学习心态和自信心，就能克服各种困难。具有自我成长意识、习惯和能力的学生将来的发展无疑也会更有优势。

我记得一位离异单身母亲哭着打来电话，她在校读书的儿子给她打电话说：“妈妈，如果你感到寂寞的话，你就读书吧，读书就不会寂寞了。”读书后，她感觉头顶上猛地撑开了一片温暖明亮的天空！一位劳累一天的父亲，晚上回到家坐在沙发上就睡着了，是懂事孝顺的孩子将他的鞋子脱下，并端来热水为他洗了脚。是孩子帮妈妈走出自卑，是孩子监督父亲戒掉网瘾拿起书本……

【陶继新】孩子们懂得了人要成为太阳去照耀别人，而不是等待别人来照耀自己。我们欣喜地看到，是读书与实践让这些孩子与同龄人相比，站在更高的平台上审视亲情、责任、生命这些严肃的命题。

有了书香小河之“源”，才有了感动小河、美丽小河与幸福小河之源源不断的“水”。正因为“上善若水”的品质，使后小河小学拥有了“夫唯不争，故天下莫能与之争”的美丽。你们的生命之真、心灵之善、声音之美，不正说明了这一点吗？

（原载于《中国教育报》，2013 年 10 月 9 日，第 4 版；作者：陶继新、王素萍。）

燃烧激情的镜头在移动

——天津耀华中学精彩回放

［任奕奕校长简介］

任奕奕，特级教师，耀华中学校长，国家教育部校长培训中心优秀校长高研班学员。曾获首届全国教育改革创新杰出校长奖和全国百强特色学校“十佳创新校长”称号，天津市五一劳动奖章获得者。

2007 年当选为中国数学学会理事，2008 年当选中国教育学会高中教育专业委员会常务理事，2011 年当选中国人才研究会超常人才专业委员会副理事长，2012 年当选国家一级学会“创新人才教育研究会”常务理事。

编者按：陶老师与任校长的对话，鲜活的感觉分明像摄像机镜头在移动。先是全体会、风采墙、搭舞台，次是定教改、抓课改……在这些镜头被移的轨迹中，我们发现任校长举着真理，从管理活动着手，叩响教学的门环，激发教师积极进取、斗志昂扬。她经营的学校非常适合教师的发展，适合学生的成长。不仅显现出自己鲜明的风格，还可以说是一个校长成熟的标志。不难看出改革的成功，总是认准那些善于思考，善于发现，善于创新的人物。

镜头之一：全体会——释放能量

【陶继新】任校长，上次去你们学校采访，当晚虽然没有见到您，可是，您所安排接待我的几位主任的热情与真诚，却着实打动了我。第二天又见到一些老师，虽不相识，却无不流露出“道法自然”的友善与热诚。采访您的时候，您也对你们的教师称道不已。看来，拥有一支德才兼备的教师队伍，当是耀华中学这一百年名校越来越有生命张力的重要原因。

【任奕奕】首先感谢陶老师百忙之中来到耀华，在全体会上为老师们奉献了一场精彩的讲座。可以说耀华的全体会已经成为学校文化中的“品牌”。每一次全体会都会给与会者很多的震撼和感动，它所产生的力量是由教师群体的学识积淀、精神依托以及学校情结等诸方面作为支撑的。

近几年，在耀华老师们中间流传着一个与中央电视台“我要上春晚”节目相仿的说法——我要上全体会。全体会作为教职工全员参与的活动，在学校文化建设中发挥着重要作用，但如果全体会始终都是“领导一人讲，教师全体听”的灌输模式，全体会便难以成为将教师愿景与学校目标相统一的载体。我们力图将全体会的话语权交给教师，让它成为老师们凝心聚力、分享智慧、提升理念的舞台。

三年间，耀华的全体会已经汇集成了一本厚重的“书”：“年度最喜爱教师”颁奖会，“卅载春秋桃李意/心系杏坛耀华情”老教师风采录，“在体验中成长/在感悟中升华”德育活动展示，“初为人师/一展风采”新教师汇报会，“砥砺共勉/任重道远”青年教师出师会，“学校文化在我心中”以及学期末的“向全体耀华人致敬”……每一次全体会，发言、主持和宣讲的主角都是来自同一个校本学习型组织的老师，作为校长，我每年仅是在学期开学初向大家汇报自己的想法。

全体会让教职员工在高品质的学习活动中进行着深度互动和反思性对话，

从而又形成了一个更紧密的校本学习型共同体。在这个过程中，新的能量建构产生出来，这样就形成了新的能量积累和补充，在不断积累和补充中，学校的能量建构日复一日、年复一年地不停轮回，学校势必就走上了朝气蓬勃的质量提升之路。

【陶继新】校长在全校教职工大会一人灌输式的讲话，一次两次尚且可以，如果久而久之，特别是所讲没有新意与激情的话，教师就会对参加这样的会心存抵触，对校长也会产生不好的看法。可是，有的校长还是一如故我地重复着“昨天的故事”，于是，教职工大会就成了校长一个人的独角戏，也成了与校长离心甚至相抵触的一个载体。不过，我觉得您是可以讲好的，您有思想，有文化，也有激情，不会重蹈上面所谈校长的覆辙。可是，您没有如此去做，而是让教师成为全体会的主角。

原因是什么呢?

因为您有一个理念，认为全体会是教师为主体的会议，主人就应当是他们。那么，主讲也就应当是他们。这种信任感，会让教师真切地感到自己就是学校的主人，就应当在全体会上讲话。当有了这种意识之后，老师们就会为在这样的场合展示自己而进行全力以赴的准备。当一个个成竹在胸的教师走上讲台的时候，当然也就有了异彩纷呈的表现。这会在这些教师心里积淀下一笔丰富的精神财富，那就是更加自信，更加自豪，也更加努力地教学。而那些没有在全体会上讲话的教师，也会跃跃欲试，争取机会展示自己的能力与水平。其实，人人都有展示的欲望，只不过有的校长将教师的这种欲望给压抑了而已，甚至认为全体会上讲话是校长的专利，与自己毫无关系。可是，深层次里，还有一个东西在教师心里跃动，那就是我不是学校的主人，我只是被管理者。这种消极的心理，还会迁移到平时的教育教学工作中。当没有了主动性与积极性之后，也就会在无形中滋生出倦怠情绪，甚至会对学校产生不好的印象，更为可怕的是，还会将这种情绪有意无意地传递到学生那里，从而影响到他们的成长与学习。

【任奕奕】陶老师您说的对，我总觉得作为校长其实首先是所有教师的学生，在这种心态下校长才能逐渐地努力在某一方面成为教师的“教师”。每次这样的全体会，我都会认真地“听”，欣赏地“学”，会后还要深入地“想”，积极地“做”。因为校长不太可能对所有的工作都能逐一地听取汇报、检查落实，但是在这样的会上，大家都把最有效果的工作状态，最值得反思的工作教训真实地、有说服力地表现出来，这就是最好的工作汇报，也是对后续工作最好的督促和动员。同时，每一位老师任教的年级不同，班级不同，面对的学生认知结构和培养目标也不同，因此也不可能把各层级学生的教育工作都了解到极致，但是耀华这种全体会的形式使得老师们以做学生的心态学习同侪的经验，然后创造性地运用到工作中，进而生成新的经验，成为同伴的老师。

学校作为学习的场所是促进学生心智开发、教师成长成熟的地方，学校应当是大海，而非养鱼池，师生是空中的鹰而非笼中的鸟。教师在这样的会议上，在共同的实践中相互影响，学识在增加，智慧在增长，志向、气度也随之清晰和宏大起来，在会学习、会共享的学习型团队中，在共同的执著求索中成长。

【陶继新】正是因为认真地“听”，您才能够从教师所讲中了解到更多的信息，感受到耀华中学蒸蒸日上的气象。同时，这也是对教师的欣赏与尊重，他们也才能从您那里感受到您的真诚与信任。这会在教师心里生成一种积极向上的力量，感到在耀华中学工作是幸福的。您欣赏地“学”有谦虚之美。《周易》八八六十四卦中，谦卦就特别好，因为“有大者不可以盈”，才“授之以谦”的。您从教师岗位一路走来，今天依然管着教学工作，可是，身为校长之后，您并没有将自己置身于教师之上，而是真诚地向他们学习。孔子说：“好学近乎智。”是啊，您向教师学习，不但没有降低自己的身份，相反，还会使自己更具智慧。您的深入地“想”同样重要，“学而不思则罔”嘛！正是通过“想”，才能汲取老师所讲之中的精妙之义，才能生成学校发展的思路。积极地“做”是归宿。没有做，前面的所有一切都将失去意义。其实，所有的大教育家，除了具有理论水平外，更多是做出来的，孔子、孟子、王阳明、陶行知、叶圣陶，以及苏霍姆林斯基等，都是教师，也都是校长，他们都是做出来的。没有“做”，再多的理论都会成为空中楼阁，失去价值。在“做”中，您会发现新的美景，也会发现新的问题。正是在这个过程中，您会让美景更美，也会让问题逐一解决。我想，这恐怕是名校长必须行走的教育历程吧。

镜头之二：风采墙——唤醒教师

【任奕奕】在耀华中学，有这样一面独特的墙板，名为“耀华教师风采墙”。凡教龄满 20 年者，都会以最灿烂的照片，发自内心的教育体悟，荣登其上，没有级别之分，也无须华美装饰。这面墙从它出现的那一天起，就成为耀华园最具人气的地方之一。学生们留影要以此为背景，毕业生回校也要先来此拍照，领导们视察工作也聚集在此体味耀华老师们的教育心声。“德行为上，学品至真”、“教学的艺术在于激励、唤醒、鼓舞”、“每次进步都是在写自己的历史”、“把简单的事做彻底，把平凡的事做经典”、“勤勉砺书卷教学相长，爱心育桃李杏坛芬芳”、“且行且珍惜”、“教学必须先‘合格’，再追求‘风格’”、“阅读，省思，正德，分寸”……句句箴言，彰显着教师们对教育的赤诚热爱，书写着耀华人对教育的执著求索。

【陶继新】“耀华教师风采墙”让教师的风采尽显！教师为了真正显示风采，不但要将自己的最好的形象展示出来，还要将自己的“座右铭”留下。您上面所写的那些经典话语，真是太精妙了！言为心声啊！言的背后，还有这些教师的心理，更有这些教师与之呼应的行动。孔子说：“力行近乎仁。”没有行，何有仁？没有行，何有信？看来，教师这些座右铭化作文字的同时，也成了一种见证。其他老师，包括学生，不但要听其言，而且还要观其行。

这些知行合一的老师，也就在学生中有了真正的威信。于是，就有了您上面所说的学生以此为背景的合影留念。因为这种留念中，有因自己教师的优秀而自豪的感觉，也有“学而时习之”的内在向往。因此，这面墙就有了文化，有了思想，成了耀华中学一道美丽的人文风景。

镜头之三：搭舞台——培养人才

【任奕奕】耀华有不少名师大家，但还有许多刚刚走上教师岗位的年轻人，我们认为教师队伍建设是教育工作中具有战略意义的基础工程，为此耀华成立了“君达教师学校”，开展系统的培训。

“君达学校”取自耀华第三任校长赵天麟（字君达）。我们引导青年教师作“个人发展规划”，在参加工作三年内的青年教师中开展构建“芝麻开门”个人教育资源库的活动。为了给青年教师创造展示和锻炼自我的平台，学校还举办教龄1～5年的青年教师教学基本功考核，组织青年教师赛课活动。对每年新进校的大学生进行上岗前的“职前培训”、第一学期末的“初为人师一展风采”汇报、第三个学年结束时召开“小荷才露尖尖角”青年教师出师汇报会。

君达学校的培训思路和架构可以用“三格三环三维”来表示。一是搭建“三格”层次——新教师的入格培养，青年教师的升格培养，骨干教师的风格培养；二是铺设前进的“三环”道路——以教学基本功为方向的外环路、以教学策略为方向的中环路、以教学思想为方向的内环路；三是提供发展的“三维”空间——理论、理念的学习空间，教育、教学的实践空间，才华、特长的展示空间。

【陶继新】新教师初入学校，大都希望自己能够有所发展，有的还希望能够成为名师。可是，不少教师几年之后却是激情不再，理想不再，职业倦怠了。这当然有其自身的原因，可是，学校也有不可推卸的责任。因为有的学校没有触动教师发展的那根琴弦，让他们原有的激情慢慢地消解了。一个又一个教师进取心的消解，会形成一种倦怠场，会让更多的教师不思进取，形成倦怠情绪。您超越一般校长的地方在于您知道一个起码的常识：每一个教师都有发展的需求，都有成长的潜能。满足这种需求，开发这种潜能，就会让教师更好更快地成长。当教师不断成长，且从中感受到幸福的时候，就有了终身发展的可能。发展是一种巨大的动力，不断地发展，就有不断的动力。动力越大，发展越快；发展越快，动力也就越大。这种良性运转，会让更多的教师创造教育教学的奇迹，也会让他们更热爱教育，更热爱学生。当然，学生也会爱上这样的老师。越来越多的教师有了这种上进的热情后，学生的成长不也就成现实了吗？学校不也就越来越有品位了吗？

不同的教师，会有不同的发展趋向，有的会慢一些，有的会快一些，有的在这方面异军突起，有的在那方面小荷初露。所以，每一个教师还要制定符合自己生命成长特点的成长规划书。有发展目标与没有发展目标是不一样的，有行动与没行动也是不一样的，有一个群体发展场与没有一个群体发展场也是不一样的。你们让每一个教师都有了规划，也为他们提供了群体发展的场域，于是，每个教师的发展也就有了水到渠成之势。

镜头之四：敢担当——教育责任

【任奕奕】是的，每一个教师都有发展的需求，都有成长的潜能。当我们选择了教师这个职业之后，其实也就选择了一条终身求索的道路，这不仅仅是受过高等教育的人的本能需求，也是国家赋予承担育人大任的教师的职业精神。选择教师这个职业，不仅是从学生时代走向工作岗位的谋职生存需要，更决定着他应承载“担当国运、不负重托”的教育责任，标志着他承接了“视生胜子，关爱负责”的人生使命和选择了“终生奋斗、不懈求索、树人立德”的工作追求。

【陶继新】“担当国运、不负重托”的教育责任，折射出了耀华中学教师的人生境界。当一个人有了远大的目标，有了宏大的志向之后，就会为其所从事的事业矢志不移地走下去，并会取得比较理想的成绩。而学生也会从教师那里汲取生命的能量，也会从小立下大志，努力学习，走向更好的未来。

特别喜欢耀华“勤朴忠诚”这一校训。没有“勤”，就不可能“成”，正所谓“业精于勤”也。这个人与那个人最终能不能成功，往往不在于智力上的差异，而是由勤与不勤决定的。“朴”很有精神品位，“见素抱朴”，才能“少私寡欲”，才能在精神上有更大的追求。古代谈的“忠”，有的时候，不但有忠诚之意，也有尽力的意思。一个优秀的教师，不是三心二意地教学，而是全心全意地教学。“诚”是一个人品质高贵的必备品质。《中庸》有言：“诚者，天之道也；诚之者，人之道。”而且还说：“不诚无物。”而教师的“诚”德，有着一种自然之美，“如恶恶臭，如好好色”也。这种品质，也会影响到学生，从而让他们也具备这种美好的品质。

镜头之五：定教改——变与不变

【任奕奕】当今的教育改革不是在教育思想的废墟上重建，而是在人类文明的积淀中不断发展，教育到现在到底有哪些改变？其实我认为教育是在“变与不变”中前行。应当变的一定要改，那是进步；而不能变的就应当固守、坚持。回归教育本源将使我们永远能有一种不竭的动力，多年来对孔子教育思想系统学习的经历告诉我，孔子的教育思想和教育方法持续两千多年而不衰，早已成为全人类的精神财富。我校将孔子的教育方法凝练成十个短语：因材施教、循序渐进、温故知新、启发诱导、学以致用、教学相长、相观而善、长善救失、藏息相辅、互磋互学。在老师们探索课程改革的过程中，在不同学科背景、不同教育对象的教学实践中，运用这些教育方法产生了许多好的教学案例，同时也取得了优秀的教育成果。课程改革也是一样，绝不是在全盘否定中重新开始，当我们回顾中国优秀文化中的教育方法时，不难发现新一轮课程改革提倡的许多理念都暗合了这些历久弥新的教育思想。

【陶继新】变革需要勇气，固守则要智慧，在一般人看来已经过时甚至守旧的东西，往往却是穿越时空亘古不变的真理，您所总结的孔子的教育思想与方法则是属于需要固守的教育真理。看来，《论语》与《学记》这些古代的经典，有着极其丰富的教育智慧，直到今天，依然闪烁着特殊的光辉。休说没有落伍，即使是所谓的西方先进教育思想，也难以超越，甚至有不少是从这些中国的教育智慧中汲取了精华的。

镜头之六：转能量——相互信任

【任奕奕】学校的日常工作中有显性课程，还有大量的隐形课程。不论是怎样的课程，都应该把“育人为本”落实到行动中，而育人目标的达成就是在建立教育信任。

建立教育信任是实现优质轻负最重要的智慧之一。教育信任是从自我到他人范围逐步扩展的教育激励的弥散过程。我们力求在建立教育信任的同时产生群体聚力，正向的学校文化本身就充满着校内人与人之间的信任，而这种信任也同时产生学校、教师团队、学生团队的不同集团的群体聚力。这种教育信任是源于学校历史传承的优良传统，基于丰厚的学校文化之上的。

【陶继新】“建立教育信任”说得好！没有信任，就不可能有好的教育。这种信任，是广义的，有师生之间的信任，也有生生之间的信任，教师与教师之间的信任，以及师生与学校领导之间的信任。要想构建教育信任系统，就要人人都真诚待人，尊重人，相信人。同时，您所说的“优质轻负”确实是一种智慧。因为要想有好的质量，就需要有优秀的人，特别是优秀的校长与教师，不然，就很难有优秀的学生。同时，学习不应当是学生心力交瘁的一场又一场的苦役，而应当是学者不断地获取知识甚至智慧的快乐之旅。孔子所说的“知之者不如好之者，好之者不如乐之者”可谓至理名言。“乐”不是没有价值的瞎玩，而是有着审美情结的学习享受。只有这样，学校形成的群体聚力才有持久的可能，才有生命的张力。

【任奕奕】学校里在教师引领学生求索的过程中，特别要求教师与学生之间具有充分的教育信任。在每一个集团中，被信任者期望的信任获得满足后就又产生了对团队的责任，把师生的负责行为转化为群体的负责，然后又转化为信任，这样群体中的信任越多，责任心就越强，在这种富有群体聚力的环境中学习就会富有激情，敢于探险，勇于质疑，在群体规范中课程也会显得愉快宽松，富有探索，在师生行动透明中风险愈发的小，关系自然密切，师生的相互信任也随之增强，相互付出信任时毫不犹豫，在教学活动中师生的内心阳光普照，充满活力，自然就趋向一种高信任高团结、多激励少风险的教育情境。当信任成为一种激励，信任生成为勇气，激励就化作了被信任者（师与生）无穷无尽的动力。

【陶继新】师生之间的互信可以产生很大的教育能量，因为“亲其师”，才能“信其道”。不少学生之所以喜欢某一个学科，并取得很好的成绩，往往是从喜欢某个教师开始的。而信任，当是这种喜欢的主体元素。而且，当彼此之间建立了信任关系后，还会生成一种和谐向上的积极氛围。在这种氛围里学习与工作的人，往往有比较大的创造力。因为心灵的自由与彼此的信赖，恰恰是创造力勃发的内在动力。而当有了创造力，取得了可喜的成绩后，又会形成自信心。自信心又会为创造奇迹插上飞翔的翅膀，从而让人变得更有生命的活力。

镜头之七：重技能——拓宽课改

【任奕奕】我们在课程改革的进程中提出“给问题解决更多方法，给学生发展更多机会，给学校教育更多可能”。以拓展型课程为例，我们借鉴美国

STEM 学科集成战略思想，开设了科学、技术、工程、数学综合型课程——技术与创新，将工程教育、技术教育融入科学与数学的课程研发，将学生学到的零碎知识与机械过程统整为探究世界相互联系的不同侧面，让学生在一定的学习情境中提高设计能力与问题解决能力。该课程需要四个学期完成。前两个学期学习技术，后两个学期学习发明创造。在技术学习的两个学期中，我们将精益求精的精神品质培养贯穿于有限的具体技术形式的学习过程中，极其的精准，成为每节课不同技术形式学习的共同要求。后两个学期学习发明创造，我们的目的是帮助学生建立一种信心，一种“我也能够发明创造”的信心。通过有限的发明技法的学习，让每个学生都有发明设计，现在首届学习这门课程的 90 个学生中已有 17 人成功地取得了国家发明专利授权证书。

由这门课程的开发实例，我想谈的是学校课程文化的建构有从过程到理解性，从协商到互动性的两个特点。这样的文化化课程与工具化课程不同，更为关注文化实施的过程与学生的理解，而不单纯地关注预设精确的目标及提高目标的达成效率。使学生在理解的基础上自觉地建构文化，生成文化，关注灵魂、精神与意义，强调对学生的陶冶、解放与生成。

【陶继新】你们所开的这些综合型课程，是很多高中学校不能开、不敢开或不想开的课程，这自然会占去很多高考必须课程的时间。可是，却由此培养了学生的素养与品质，特别是让学生体会“终生技术进步的本质”，以及建立“我也能够发明创造”的信心。这些在当下有时可以显现出成效，有的则未必。可是，它对学生一生的发展，却奠定了一个很好的基础。人的成长是需要多种生命元素的，学校在学生时代为其提供更多有益的“营养”，未来才能构建更加美好的“生命大厦”。而且，还有一个人们忽略了的问题，那就是这些技术甚至是高要求的技术操作，不只是让他们掌握某些技术，获取某些奖励，生成某些自信，还会让他们变得更加聪明。中国有一句古语叫“心灵手巧”，很多人没有解透其中的奥妙，这当是一个大智慧。因为“手巧”与“心灵”是有内在联系的。大凡“手巧”者，也会变得“心灵”。这种智慧的互通性，会让学生学习成绩更优秀，未来发展更有潜力。

镜头之八：同心圆——生命飞跃

【任奕奕】耀华创办人庄乐峰先生在学校创办十年之际曾提出“盖今日之校风，即他年之民德。青年之坚强意志，在沉着不在浮嚣。国民之程度提高，在充实不在虚美。欲为爱国之士，必先为有用之人。本校以勤朴忠诚为校训者，使人人脚踏实地、身体力行。庶几耀华学生，自有其为耀华学生者在。”每每品读，感悟历久弥新。

现实中的每一所学校都有义务通过创造不同的实践平台，激励、引领、巩固、促进，拓展学生执著求索的空间。耀华中学拥有厚重耀目的历史、德艺双馨的教师、独特丰富的文化，所有的这一切都让我的内心升腾起一份责任：耀华要为学生的发展画无数个同心圆，这无数个同心圆的圆心指向的是教育目标，不同的半径标识着学生不同的需求，不同的心理，不同的认知基础下的生存状态，而这不同的圆周又是学生在学习生活中的不同路径。学校如果是平面的，这组同心圆可多可少，可大可小，但终归是若干个圆，学校如果是立体的，这原本无数个同心圆就可能变成了圆心在一条直线上的圆柱、圆锥、圆台……变换中浸润着学校文化。

【陶继新】为学生的发展画无数个同心圆，就能让不同的学生都能各尽其力，有所发展。其实，学生有着巨大的发展需求，也有着巨大的发展潜力，只不过有时候这种需求与潜力被学校漠视甚至扼杀了而已。相反，你们为不同学生的发展提供舞台与契机，就有可能让不同层面的学生都能有一个大的生命飞跃。

耀华创办人庄乐峰先生所言，振奋人心，鼓舞斗志！“在沉着不在浮嚣”说得何其好啊！现在社会浮躁之气几乎无所不在，可是，当这种风气成为学校主流的时候，就没有教师的“淡泊以明志”，也没有了学生的“宁静而致远”。“在充实不在虚美”的告诫真好，不管是教师，还是学生，追求虚荣的外在之美，都不可能让生命更有价值，只有不断地充实自己，丰富自己，特别是在精神层面不断地成长，才会让生命焕发出光彩。“欲为爱国之士，必先为有用之人。”学习的目的性已在其中：不是为了个人荣华富贵，而是为了让国家更加昌盛。但只有愿望是远远不够的，必须从当下做起，掌握更多的知识与本领，才能在国家需要的时候，成为真正的有用之才。谆谆之言，如在耳畔，让人奋进，也让人思考。

【任奕奕】是的，任何一个对社会进步、科学发展做出较大贡献的人，都有一个强大的精神世界。于敏，耀华 1944 届毕业生，两弹元勋，中国氢弹之父，献身共和国国防科技事业，殚精竭虑，功勋卓著。40 年间他必须隐姓埋名，没有鲜花，没有掌声，不能公开发表学术文章，甚至连名字都是绝密，我们难以体味其中的寂寞和艰辛。

越来越厚重的耀华校史，成了耀华中学的一笔巨大财富，成了师生成长的精神能量。那些肩负民族重托和强国责任的耀华人，对学习工作孜孜以求的“勤”，对功名利禄宁静淡泊的“朴”，对国家拳拳报国的“忠”，对事业精益求精的“诚”，都深深地感染着一代代学子，并化为心灵的力量融进耀华学子的血液，帮助他们树立“奋发有为，光耀中华”的人生信仰，激励他们将宝贵的精神财富代代相传，在耀华的历史上书写更加光辉的篇章。

耀华学生不唯上、不唯书，思维活跃，敢于创新，勇于担当的精神特质，成为他们升入高校和工作后不懈努力和厚积薄发的内驱力。

【陶继新】于敏的精神感人至深！他是耀华中学的骄傲，也是中华民族的自豪。“勤朴忠诚”这四个苍劲有力的字，当是他的精神化身。你们的校史馆，用图片与文字的方式，记载了这些校友的生命历程与精神追求，所以显得大气而又富有内涵，步入其中，总让人有一种高山仰止且又激情满怀的感觉。这里面所记载的辉煌，并没有画上句号，相反，还有一个长久的延伸空间，因为它还会为未来的耀华增添新的辉煌。

镜头之九：变定位——校长角色

【任奕奕】教育是充满理想的事业，是需要不断求索的志业。作为一名数学教师，我时常在思考一个问题，充满青春活力的学生，每天在学校法定性和制度性的课程中学习那么多的公式，掌握那么多的知识，对他的人格健全究竟起多少作用？作为校长，我时常感到困惑，我们的教育在忙于“教什么”、“怎么教”的时候，是否因为走得太远，而忘了为什么而出发？大众生活的功利化和情绪化，使学校教育不知不觉间失去了一些美好的东西。

当下校长的角色，总让我联想起儿时读过的经典——《西游记》。一个中学校长，有时应如唐玄奘，诚实善良，包容宽宏，历经九九八十一难，矢志不渝，是一个坚守信念执著求索的领军人；有时应如孙悟空，变化多端，闪转腾挪，七十二变屡建奇功，是一个不畏强势、机智勇敢的精英；有时如猪八戒，热情憨直，知足常乐，知错就改；有时如沙和尚，踏实本分，谨言慎行，一心向善；有时如白龙马，心甘情愿，辅佐帮衬，不计劳苦……如今的教育大环境，历练着一线校长在多重角色中不断转换着、应对着、完善着，历经冷暖甘苦、磨难考验，不懈不休，不断求索。尽管身处转型中的社会，身处变革的时代，但变换的是时代，不变的是精神；变换的是环境，不变的是心境；变换的是角色，不变的是追求。

【陶继新】您关于校长角色定位很有见地，校长当是一所学校的领军人物。而这一人物必须有明晰而正确的前进目标，不然，就会走错方向，非但不能让学校更好地发展，反而会让学校每况愈下。而有了明晰正确的目标，并不一定能够抵达这个目标，因为在行进的路上，还会有这样那样的困难，见难而退，中道而止，还是知难而进，勇往直前，当是考验校长的意志与品质的试金石。孔子说：“君子遵道而行，半途而废，吾弗能已矣。”我在采访老师的时候，他们说您有一种特有的韧性，困难再大，也从不放弃。您的这种精神与意志，形成了一个品牌，也生成了一种能量，它让老师们也矢志不移地走向前方。孙悟空、猪八戒、沙和尚以及白龙马，各有优点，也各有缺点，这恰如一所学校的老师群体，各不相同。作为校长，应当认可这样一种事实，也应当有包容之心。因为他们的优缺点中，也有性格的因素。如果从性格上看，某个方面可能是优点，而从另一个方面来看，则可能是缺点。校长就要多看教师的优点，善于扬长避短，这样，教师队伍才能和谐相处，才能各得其所，共同发展。

【任奕奕】是的陶老师，我经常在工作中告诫自己，一名教师走进学校的大门，如果能够心情愉悦地把她的学识积累、精湛教艺和高尚师德展现给她的同事和学生，就是这所学校的成功，也是校长的欣慰，更是学生的幸福。所以我总要问我自己，耀华校园里的老师们是不是能够体会到超于一己之私的教育的幸福感？耀华的老师们是不是真心实意地在与学校同呼吸共命运？

我相信每个老师都具有潜能。如果说一个学校“藏龙卧虎”，龙就应该让他腾飞，虎就应该让他奔跃，学校要创设一种人人想干事、人人能干成事的学校氛围，校长要通过科学的管理让教师拥有幸福感，让学生具有成就感，让师生都有主人翁责任感。

浙江大学原校长竺可桢先生的一席话是否能让我们回味大学前的中学教育呢？“大学教育之目的，绝不仅是造就多少专家，而尤在乎养成公忠坚毅，能担大任，主持风气，转移国运的领导人才。”

当下，我们每一个做校长的人，最向往的大都是要尽一个中国知识分子的责任，不媚时，不曲学阿世，留下一点对教育有益的东西。我们如果在任何环境下，都能做到不降志，不辱身，不追赶时髦，也不回避危险，那就真是一个高尚的人，纯粹的人，脱离了低级趣味的人，一个有益于人民的人。

【陶继新】读了您这段话，让我感叹不已，也对您更加敬仰。教师从学校所体会到的幸福感，不应当固化在物质层面，而应更多在精神领域，它应当是“超于一己之私的”。因为幸福的要义，不但与心灵的快乐相联系，也与人格的高尚紧紧和谐为一。那么，如何让“藏龙卧虎”之地的耀华中学的师生能够龙腾虎跃呢？方略非止一端，而您说的“主人翁责任感”是重要的一条。不是压抑师生创造的才能，而是为其提供尽可能多的机会与平台。让他们有用武之地，为学校争光，且实现自己的人生价值。对于校长来说，这需要气度，也需要智慧。在某种意义上说，校长的气量有多大，学校的名师就有多少；校长为教师提供“飞翔”的舞台有多高，教师就能飞得有多高。不过，这个飞是不能疏离思想人格的，所以，非常欣赏竺可桢先生所说的话，学校教育的要义，应当是培养更多担当大任的大德大才之人。而您所说的“不降志，不辱身”同样令我感动。一个卓越的校长，不但要看其有多么大的管理才能，更要看其有没有支撑这所学校的精神人格力量。降志以求，辱身而为，也许可以升官，也许可以发财，可是，真正的仁者，从来都不是“以身发财”的。在当今这个社会上，能够守持住一个有良知的知识分子的操守，全心全意地为学校的发展去奋斗，该是何等高尚啊！

（原载于《中国教育报》，2013 年 9 月 12 日，第 4 版；作者：陶继新、任奕奕。）

开好灵魂的花　结好人生的果

——探解赤峰市田家炳中学名优之秘

［杨俊青校长简介］

杨俊青，蒙古族，中共党员，1969年生，中学高级教师，毕业于内蒙古民族师范大学。现任赤峰市田家炳中学校长（原内蒙古师范大学锦山实验中学），赤峰市第十六届人大代表，多次受赤峰市人民政府记功奖，荣获“优秀校长”称号，被教育部中国教师发展基金会评为“全国科研杰出校长”。坚持“办有灵魂的教育，创高贵幸福人生”的办学信念，践行“创质量品牌强校，建北方文化名校”的办学追求，彰显了“大师精神，书院气派”的办学特色。

编者按：赤峰市田家炳中学（原内蒙古师范大学锦山实验中学），被中国教育学会评为全国名优学校。其名优的神话传奇当然和升学率有关，但真正的实质在于办学追求的高品位与高境界。他们以创新求发展，以育人求质量，关注精神内涵，坚持人文引领，通过实施“33311”工程，形成了一条适合当今时代发展的办学理念与实践之路。为此，陶继新先生专程赶到这所学校进行采访，并通过QQ与杨俊青校长进行了一场对话。现将主体内容摘录如下，以飨读者。

【杨俊青】我校始建于 1958 年，原名为锦山中学，2001 年更名为内蒙古师范大学锦山实验中学，2004 年因香港慈善家田家炳先生捐资建楼，故更名为赤峰市田家炳中学，是田家炳在全国投资的第 76 所中学，内蒙古的第 1 所田家炳中学。学校现占地面积 89 000 平方米，建筑面积 55 000 平方米；有教学班 75 个，学生 4 200 人，在编教职工 305 人。是“赤峰市名学校”、“自治区示范性普通高中”，2012 年被中国教育学会评为“全国名优学校”。

【陶继新】你们学校之所以成为名校，不是因为规模大，而是因为有内涵、发展好。其实，你们学校地处经济欠发达地区，生源并不太好，可是，教育教学质量却相当好。形成这种教育品牌，要比一般学校付出更多的努力。也正是因为这样，才称得上真正意义上的名校，才更有其典型意义，才有了一定的美誉度与信赖度。

【杨俊青】是的。我们在 2012 年的教代会上，曾经认真地总结了我校的发展历程和成功经验。总体上说有以下四条最为关键：一是先进的文化和办学理念是学校发展壮大的灵魂；二是开拓进取、务实创新的干部教师团队是学校发展的关键；三是艰苦奋斗的创业精神是学校发展的力量源泉；四是和谐的内外部生存环境是学校发展的保障。

【陶继新】您谈到的这四条走向成功的经验，其他学校也可以“拿来”为我所用。我特别欣赏你们艰苦创业的精神，在你们那片土地上，创造奇迹，没有艰苦奋斗的创业精神，是绝对不可能的。这让我想到抗日战争时期的西南联大，条件非常艰苦，可是，却造就出了一批大师级的人物。这说明一个问题，精神的力量是巨大的。不管学校条件如何，只要有一种努力向上的精神，就没有克服不了的困难，也没有不取得成功的理由。

【杨俊青】是的，纵观全国任何一所成功了的名校，世界上任何一个成功了的企业，包括取得巨大成就的每一个人都离不开这一条。离开了艰苦奋斗的创业精神，离开了学校的文化，再先进的理念都是空中楼阁。正因如此，我们把艰苦奋斗的创业精神作为学校发展和创新的动力之源、精神之源，使之成为激励教师创业、学生成才的一笔精神财富。艰苦奋斗的创业精神也已经成为了我校的核心精神。

【陶继新】其实，苦与甜本来就是一双孪生兄弟，没有苦，哪里有甜？这是一个生命规则。有的人不了解这个规则，一味地享受，可是，最终非但没有了享受，而且会更苦。你们确实有点苦，可是，当一次又一次收获成功的时候，所有的苦都变成了甜。况且，即使是平时一般人认为的苦，你们也已经习以为常了，甚至有了以苦为乐的精神。有了这种品质，名校也就自然而然地诞生了。

【杨俊青】您说得太好了。就是凭借着这种创业精神，我校从一个只有500人左右的小学校，拓展到4000多人的办学规模，从生源大量流失的一所全市下游学校，一跃成为全国名优学校。短短几年，我们实现了规模发展、品牌打造和建设名校的三个跨越，成为一所文化底蕴深厚、办学质量优异、办学特色鲜明、办学水平优秀的人民满意度和信赖度较高的优质高中，初步实现了自治区质量名校的办学追求。

【陶继新】种下优质发展的种子，必然会结出优质教育的果实。这也给人们一个启示：优质的发展，不在于学校所处的方位好坏，也不在于其原有的基础如何，关键在人，在人的精神与品质。你们学校从校长到教师，从教师到学生，都有一种积极向上的精神，都有一种自强不息的品质，所以，创造“神话”也就有了水到渠成之势。当学校越办越有品位的时候，你们的社会声誉也会越来越高，生源也会越来越好。这会给教师与学生一个巨大的鼓舞，让他们更有自信。有了自信，学校不但可以保持原有的名气，还有可能迈进“更上一层楼”的境界。

不怕吃苦　锤炼意志

【杨俊青】学校留给学生的内在文化和精神品质是我们最引以为豪的，也是学生得以受用一生的精神财富。社会发展到今天，独生子女身上所存在的性格和心理缺陷，已经不仅是一个个人问题，而且是社会问题，如果处理不好，就会影响到一个民族、一个国家的未来。在高中阶段，每个孩子都面临着被社会选择的现实，上一个什么样的大学，选择一个什么样的方向和学生的未来人生息息相关。在这种情况下，培养学生吃苦的精神、坚毅的性格、专注的品质，高中当是最为关键的时期。所以，再苦不能苦孩子的观点应该辩证地看，我认为，在高中阶段，让孩子苦一点，就是对孩子的未来负责。

【陶继新】有很多人问我，您是怎么取得这么大的成就呢？我说，不能说有什么成就，只是取得了一点儿成绩。如果问在其间起关键作用的是什么？我就会说，吃苦。我是在郓城一中上的高中，那个时候简直苦不堪言。就说吃吧，从来没能吃饱过一顿饭，好多次差一点儿要饿死了。可是，正是那个时候，锤炼了我的意志，让我知道，再大的苦也能受，受过之后，才知道今天的生活是何等的甜。即使今天条件很好了，我也不会奢侈浪费，也不会骄傲自满，而是持之以恒地努力工作与学习。所以，才结出了这个小小的果，才有了这份挥之不去的甜。现在的高中生，不可能再去受这样的苦了，不过，在可能的情况下，让他们吃些苦、受些罪，会为他们一生的成长积累下一笔精神财富，会让他们不但可以考上理想的大学，更会有一个美好的未来。

【杨俊青】陶老师的亲身经历和事业上所取得的巨大成功就是一个很好的例证，这更加坚定了我们的办学信念和信心。我们在孩子中灌输苦学教育，为每个孩子确立大学目标和人生追求，来激励每个孩子不断进取。高中阶段，是一个人的价值观、人生观和世界观形成的关键时期。度过一个什么样的高中时代，拥有一个什么样的高中生活，对一个人来说非常重要。那么，办什么样的教育，办一所什么样的学校，坚守什么样的教育信念，培养什么样的人才，都是一个校长要认真思考、认真解决并且必须解决好的大问题。在这一点上，我们可以自豪地说，我们已经形成了自己的办学思想和体系。

【陶继新】“学海无涯苦作舟”，这一名句几乎人人皆知。那么，什么是苦学？这是一个很有意义的话题。多年的经验告诉我，所谓的苦学，就是不要计较生活上的艰难，也不惧怕学习中的困难，要学会克服困难，直至享受破解困难的精神愉悦。这样的话，在面临困难的时候，学生就会一往无前。看来，苦学并不等于天天加班加点，也不等于天天学得很苦，恰恰相反，学生要加强锻炼身体，要有一个健康的体魄、快乐的心境，这样，学习的时候，才有足够的精力，也才有真正的高效。同时，要让学生体会到，苦的后面就是甜，当下受点苦，未来就能更美更甜。如果能够会学、善学以至乐学的话，就是更高境界了。孔子不是说自己是“发愤忘食，乐而忘忧，不知老之将至”吗？我自己也感到每天学习已经是一种莫大的快乐、莫大的享受了。就此，我还和魏书生合写了一本《享受学习》的书呢！

【杨俊青】陶老师所言太好了，苦学不等于死学，苦学也不等于独学，更不等于唯学。学习，是一个大的概念，它应该包括三件事，即：做人、做事、做学问。不能仅仅理解成学习课本，那样的高中教育就太狭隘了。苦学，其实是一种心无旁骛和全力以赴的学习状态，是一种以苦为乐、苦中求乐的境界。

【陶继新】您谈到的学习的概念非常好，这也是我一贯的观点。如果只学文本之道，不会做事，做不好人，就不可能成就事业，甚至一事无成。也欣赏您说的苦学的状态与精神，当一个人心无旁骛和全力以赴地做一件事情的时候，即使在别人看来比较苦，其本人却只是投入其中、乐在其中呢，因为进入他所求的那个状态了，也就有了以苦为乐、苦中求乐的精神境界。我很有这种感觉，三十年来，极少休息，即使除夕上午与春节下午也要在编辑部看书与写文章，可是，我自己却乐在其中啊！

大师精神　以人立人

【杨俊青】当然，仅有苦干实干的精神也是不行的。小到一个人、一个学校、一个组织、一个团体，大到一个国家、一个民族都需要自己的思想、文化来支撑。文化是血脉，是灵魂，是DNA。因此，我们高度重视学校的文化建设，把学校的文化建设当作生存之基、动力之源和发展之本。为实现这一点，我们对学校的文化革故鼎新，在学校的办学宗旨、办学目标、办学追求、办学策略等方面进行了大胆创新，特别是在学校愿景、目标、核心价值观建设上着力最多，形成了一整套先进的文化体系。通过几年的努力，学校办学品位显著提升，“大师精神，书院气派”的学校文化逐渐形成。“以人立人，以文化人”的理念正在成为实际行动；“信仰、仁爱、责任、创造”的大师精神，已经成为我们的校园精神。简单、阳光、和谐、温暖成为我们人际关系的主流；积极、明朗、和美、向上成为我们的人文环境。健康向上、追求卓越、相互包容、彼此温暖，已成为我们这个集体的人格写照。先进的办学理念、管理理念、教育理念和教学理念，已经成为我们学校的文化血脉，形成了“质量”和“文化”两大特色。品牌意识、名校标准、文化品位已经深入人心，精致校园、文化校园已经成为我们的一大亮点。

【陶继新】“学校文化”，是支撑学校发展的关键性的能量，我有一个讲座题目，就叫《文化建设：学校魂兮所系》。因为文化的本来要义就是以文化人，优质的文化，可以在“随风潜入夜，润物细无声”中改变师生的生命状态。“大师精神，书院气派”就是很有品位的精神文化。学校，就应当有一种书院气派，就应当有一种文化气息，它可以抵制外界的喧嚣，也可以过滤心灵的污物。在这种宁静的环境里，才能有大师的横空出世，才能有学生的锦绣前程。

【杨俊青】是的。如何构建一个先进的文化体系，怎样建设一个富有高度、深度、效度的学校文化，让全校师生昂扬向上、积极进取并乐此不疲，成为学校传承文化的血脉，教师教育人生的动力之机，学生人生的精神之源，关键在于学校核心价值建设。经过几年的探索和努力，我们形成了用大师精神统领学校文化的基本理念和文化体系。我们把“创造高贵幸福人生”作为办学宗旨，让“尊严、高贵、幸福”成为学校每位师生的生命价值追求。“走近大师，与大师对话，走进经典，与经典为友”，为全校师生树立了精神高标和文化榜样，让师生们仰望星空，提升人生境界和生命追求。为此，我们请德艺双馨的启功先生题写了校名，请学贯中西的季羡林先生题写了校训，请“杂交水稻之父”袁隆平先生题写了田中学子培养目标，请原《人民日报》社社长邵华泽先生题写了校风，请“祖国母亲”丁榕老师题写了教风。并通过建大师书屋，立校训碑，塑大师雕像，悬挂大师塑像，存藏大师著作，以大师事迹撰写校本教材，用大师的名字命名教学楼，命名班级，命名读书节、读书月等一系列措施，充分挖掘了大师的教育资源，以人立人，让全校师生沐浴在大师们精神和人格的光辉之下，时刻受到大师们的精神熏陶，从而提升了他们的精神境界和人生追求。

【陶继新】你们的这些文化，拉近了学生与大师的距离，让他们感到，大师就在自己身边。高中阶段正是崇拜偶像的时候，身边的大师，更能成为他们学习的榜样。学生不但可以学习这些大师的治学精神，更重要的是学习大师的做人之道。真正的大师，仅有学识是远远不够的，也是行之不远的，而大师的为人之道，是一点一滴地渗透到学生心灵深处的。这就等于在他们的心里播种下了大师精神的种子，并会悄悄地扎根、发芽、开花与结果。这不但会让学生在学校里学习好，做人好，还会让他们在步入大学、走向社会后，同样不断地学习，力所能及地去做对社会对人民有益的事情。从这个意义上说，它比你们现在的高升学率还有价值，还会对学生的终生成长有利。

【杨俊青】通过对大师们生平事迹的研究和学习，我们发现他们身上都有一种难能可贵的精神品质。正是有了这种精神品质的支撑，所以，无论逆境还是顺境，无论成功还是失败，他们都会以乐观的精神面对，以积极的态度进取，以博大的胸怀包容，以仁爱的心灵处事，以负责的勇气担当，以创造的价值回报。这种品质可以用四个词来概括：信仰、仁爱、责任、创造。我们把这种品质称为“大师精神”。正是这种大师精神支撑着他们取得了令人瞩目的成就，也正是这种精神，使他们成为一个人格高尚、精神富足、灵魂高贵、人生幸福的大写的人。因此，我们把“大师精神”确定为我们的“校园精神”，并用以指引全校师生。

【陶继新】“信仰、仁爱、责任、创造”，何其好啊！教育是需要信仰的，为了这个信仰，可以百折不挠，可以屡败屡战，当然，最后也一定是转败为胜。仁爱，属于中国儒家的核心思想，孔子不是说“仁者爱人”吗？在学校里，老师要爱学生，学生也要爱老师、爱同学，以及“老吾老以及人之老，幼吾幼以及人之幼”。而且，要有责任感，要有使命感，不管是教师的教学，还是学生的学习，不能只为了自身价值的实现，还要将这种价值扩大化，让他对教育、对社会有用。为此，就要努力工作与学习，就要去大胆地创造，去做出更大的贡献。

【杨俊青】是的。做一个有信仰、懂仁爱、讲责任、能创造的田中人，已经成为全校上下的共同追求。中国正处在转型时期，受拜金主义、享乐主义、自由主义等一些错误思潮和意识形态影响，人们的思想、境界、追求正面临着前所未有的挑战，信仰缺失、道德沦丧已经成为这个社会的一大危机。教育，作为社会的最后一块净土，更应该坚守我们的道德底线，更应该坚定自己的信仰。毫无疑问，培养有信仰、有追求的人比任何事情都有价值，这一点，就和前面提到的学校培养什么样的人的问题紧密相连。这是一个必须解决好的大问题。

【陶继新】做任何事情都要有一个本，中国第一篇教育学的论著《学记》的最后说，“三王之祭川也，皆先河而后海，或源也，或委也，此之谓务本”。而开篇则开宗明义地说办学的目的是“化民成俗”。看来，你们关注的就是教育的根本问题，这些问题解决好了，其他问题就会迎刃而解。当下有的学校一味地抓分数，忽视人格与道德教育，其结果是分数有了，人格没了；有的甚至连分数也没考好，因为有很多时候，人格是与成绩联系在一起的。你们学校恰恰相反，不但培养的学生人格健全了，考试成绩也越来越好了。

【杨俊青】是的。我们的教育要遵从人道，澄明人性，亮美人心，陶铸人格，滋养人生。要让学子因我们的教育而生出人性的芽，长出人情的叶，树起人格的骨，开放灵魂的花，结好人生的果。因此，我们要让每个田中学子都牢记国学大师季羡林先生为我们题写的“珍爱生命、崇尚智慧、守护道义、追求幸福”的校训。让我们的学子珍重自己，珍爱他人，开启智慧，养育精神，守护人道，匡扶正义，追求拥有高贵之精神、幸福之生活的人生境界。

【陶继新】这个校训真好！生命只有一次，可是，现在个别学生却视作儿戏，珍爱之则有了特殊的意义。知识重要，可是，如果生不成智慧，其作用则小之又小，所以，应当崇尚。道义尤其重要，不道义之事屡屡发生，每每向社会敲响警钟。而道义感的形成，则应始于学生时代。追求幸福的要义也不是局限于个人的快乐与满足，而应当是心灵的澄明与精神的高贵，这样，才能让自己幸福的时候，也让更多的人获得幸福。

书院气派　以文化人

【杨俊青】为了实现这一办学追求，立足学生高贵幸福人生的高度，陶铸学生人格，培养学生情操，让每个学生成为知识基础和学习能力、人文素养和科学精神、传统美德和现代意识兼备，精神丰富、人格健全、个性鲜明的优秀中学生，袁隆平院士为我校题写了“书生意气、科学精神、人文情怀、国际视野”的学生培养目标。为了实现这一目标，我们确立了“33311”具体培养指标，即“读 30 部经典名著，听 30 场名人报告，观看 30 部经典影片，考入 1 所理想大学，具备 1 项享用一生的体艺特长”。通过几年来积极的探索和努力，我们已经收到了很好的教育效果。

【陶继新】经典名著中不但摇曳着智慧的光华，也流泻着思想的要义，认真地读过 30 部经典名著之后，就会在不知不觉中提升自己的智慧指数与思想含量。名家所讲，不少是其生命的感悟，有时会让人有“听君一席话，胜读十年书”的感叹，甚至由此点亮未来的人生。能够听30场名人的报告，受益之多，可想而知。通过经典影片，学生可以展望另一片文艺的天空，会因有强烈的视觉冲击与独特的内容而生成别样的感怀。这些似乎与学习课文没有直接的联系，可是，往往可以起到平时课堂学习起不到的作用。况且，这对学生一生的成长，都会产生比较深远的影响。

【杨俊青】走进经典，与经典为友，努力实现以文化人，养育精神，灿烂生命。我们坚信，读书是最好的教育，书籍是最好的大学。一个人的读书史，就是一个人的精神发育史。一个人读书的品位，就是一个人的精神品位。因此，我们始终致力于书香学府建设，把读书工程作为校长工程来抓，努力实现学校有书香气，教师有书卷气，学生有书生气。确定学生推荐书目50部，必读书目30部，每周设置两节阅读课，确保每天半小时全校阅读，每天一篇读书笔记，定期开展读书报告会、读书演讲会，每年举办读书节，评选奖励“钟书小博士”、“钟书班级”、“钟书年级部”、“书香家庭”，让读书成为母校留给学子的胎记。

【陶继新】阅读是可以从本质上改变人的生命走向的，它会让人真正成为有品位的文化人。阅读之于学生当下的学习也起着重要的作用，特别是大量阅读经典且有一定背诵量的学生，大多会形成属于自己的优质语感，于是，其话语方式、思维走向、写作水平，也因其文化的承载而有了品质。于是，对于学习学科知识，特别是学习语文，就有了很大的助推作用。而且，语文能力素养的提升，还是可以不断延续的，甚至有可能延续终生，让整个人生充满文化情趣与思想内涵。

【杨俊青】以人立人，大师精神，让全校师生仰望星空，为学生确立人生高标和文化榜样。以文化人，与经典为友，开启智慧，养育精神，灿烂生命。近年来，我们在学生培养策略、途径上进行了积极的探索。坚持以养成教育为基础，学习教育为重点，读书教育为特色，构建了系统的德育体系。通过校园大舞台、经典诵读、校本培训、才艺展示、学生社团活动、15公里远足、高一学生入学军训、百日誓师、毕业典礼和开学典礼等仪式教育，让学生拥有一个丰富而有意义的中学时代。“形象素雅、举止文雅、谈吐儒雅、气质高雅”已经成为田中学子的特质。

【陶继新】你们在学生中举办的这些活动与仪式，对于锤炼学生的意志，开阔他们的视野，提升他们的思想境界，培植他们的合作精神等，都起到了很好的作用。而且，这些活动与仪式还会凝聚成一种气场，一种精神，在学生中流转，并生成正向的能量，推动学生不断地向前行走。有些活动与仪式还会成为学生终生的铭记，镌刻在他们的生命记忆里，并产生着持久的影响。学校，不应当只是课堂学习的地方，还应当有更多的丰富多彩的生活，特别是有意义且让学生感动的生活，让学校为他们留下最为美好的印象。

养育精神　灿烂生命

【杨俊青】关于如何处理好育人和教书的关系，在当下追考的高中现状，特别是像我们这样承载着众多家长和学生升学愿望的学校，是需要一定的勇气和智慧的。是否会影响高考，是否会耽误学生的前途，这也成为很多家长和教师所担心的问题。实践证明，育人是基础、是目的、是根本。我们始终把培养人、发展人、为学生的终身发展和幸福人生负责，作为我们一切工作的出发点和落脚点。育人比教书更为重要，育好人，更能促进和提高教好书。换句话说，让学生读书、做人、做事更能促进教学质量的提升。通过几年来我校对升入大学学生的跟踪调查显示，我们的学生更具有发展的后劲。

【陶继新】有的人认为，育人与教书，学知与成人，是一对矛盾。诚然，在“应试教育”的逼迫下，有的人放松甚至放弃了育人，只关注学生的学知了。有的时候，也许可以让这些学生考出比较好的分数来。可是，由于没有内在动力的支撑，学生的学习能量大多很难持久，特别是进入大学之后，就更是不在成人上下功夫了。只有才而无德者，终究是要被社会摒弃的。其实，更多时候，育人与教书、学知与成人是和谐统一的。你们就是一个最好的例证。你们在育人上下了很大的力气，有的时候还会影响学生学习文化知识的时间，可是，学生的学习成绩非但没有下降，反而呈现出逐年上升的趋势。更重要的是，他们有了持久的发展动力，有了更大的发展潜能，有了终生受用的精神与能量。

【杨俊青】是的。学习书本知识只是学生在校学习的主要任务之一，成长才是根本目的。没有健康的体魄，就不会有健康的心灵，更不会有高贵幸福的人生。精神上的富有和心灵上的丰盈，离不开健康的体魄做基础。因此，在办学实践中，我们每天保证一小时的阳光体育运动，“坚其志、强其骨、厚其学、风其神”。成长生命，拥有一个健康的体魄，也是学生和学校必须完成的主要教育任务之一。特别是我们的跑操活动，学生精神饱满、队伍整齐、动作一致，更是一种很好的锻炼身体、培养团队精神、张扬学生精神的形式。走进田中的操场，跑操已经成为学校一道亮丽的风景。

【陶继新】健康是生命之本，以牺牲学生健康换来的高考成绩，不但不可喜，反而很可悲。生命的成长是离不开锻炼的，你们保证学生的锻炼时间，且让学生在锻炼中感受群体的斗志与精神的向上，这不但可以强健身体，还会提升精神能量，而精神能量之于学生的身心健康，则可以超越单纯锻炼身体的效果。再说，当学生身体健康与精神饱满的时候，学习的效率也更高。长久的健康与持久的高效，取得好的学习成绩也就在情理之中了。所以，你们让学生锻炼的时间长，锻炼的方式好，正好符合了学生学习的规律，也符合了学生优质发展的规律。

【杨俊青】新时期的教育是一个世纪难题，近年来，我们进行了一些有益的尝试和积极的探索，从培养目标到教育内容，从教育方式、途径到教育评价方法，都有所发现和收获，形成了一个以“33311”为培养目标、以人文教育为重要内容、以读书为主要教育途径、以行为修养为标志的“人生教育”框架。

【陶继新】你们的这个探索太有价值了！学校教育，如果没有有效的人生教育，那就不可能真正培养出对社会有用的人。这需要教育担当的精神，也需要科学研究的水平，还需要与之相应的行动。你们破解了这个难题，不但让你们的学生受到了良好的人生教育，还希望让更多学校的学生得到相应的教育。

（原载于《创新教育》，2013 年第 5 辑；作者：陶继新、杨俊青。）

让学校充满精神能量

——临猗中学个性品质与内涵发展解码

[陈富强校长简介]

陈富强，中学英语高级教师，山西省英语学科带头人，山西省教育学会理事，三晋名校长，运城市劳模。

编者按：近年来，山西省临猗中学以构建先进校园文化为载体，引导师生立德修身，启智开慧，为学生终身幸福和发展奠定了良好的基础。同时，陈富强校长在探索中找到了精神理念的实质，把握了教育管理中的精髓。前后几年的时间，迸发出从中低音到高音的转化，呈现出闪亮而巨大的辉煌。有力地促进了学校的内涵、特色、和谐发展。学校先后荣获“山西省德育示范校”、“山西省文明学校”、“山西省新课程改革先进校”、“全国最具内涵发展特色校”、“全国中学生社会实践教育先进学校”等殊荣。今年4月，陶继新先生应邀去学校作专题报告。在深入调研后，又多次和陈富强校长围绕学校发展做了深入交谈。现将部分内容刊载如下：

坚持文化引领——凝心聚力

【陈富强】 教育的两大目标：一是教人聪慧，二是使人高尚。多年来，我一直在学习、思考、探究并践行着。培养什么样的人，如何去培养，才能使学校办出特色，是我追求的最高境界和情怀。为此，我们确立了“面向全体，优化个性，为学生终身发展奠基”的办学宗旨。为了使这一理念落地生根，我们坚持以先进文化为引领，以师生的“道德文明建设”为抓手。创新管理，优化队伍，激发潜能，提升内涵；创建有文化的校园，塑造有品位的教师，培育有个性的学生。逐步构建起了“科学与民主、宽松与和谐、大气与包容、勤奋与求实、尚真与唯美”的向上、进取、和谐、人文的校园文化。她像一面旗帜，将全校师生紧紧地凝聚在一起。对师生的发展起着潜移默化的作用，对师生的生命成长起到了熏陶、引领和激励作用，有力地促进了学校内涵的发展。

【陶继新】 两大目标确定得好！“教人聪慧”，并不是说不教知识了，也不是说知识不重要，而是因为有比知识更重要的，那就是聪慧。有知识不一定聪慧，而聪慧一定会有知识。孔子之所以说“智者乐”、“智者不惑”，是因为人一旦有了聪明智慧后，会对世态万象有一个很好的认识，从而了断烦恼，智慧地解决各种各样的问题。即使工作很忙，依然乐此不疲，始终有一个很好的生命状态。“使人高尚”更为重要，因为这是人之生存与发展之本。爱因斯坦说：“无论是教堂还是学校，在他们行使其真正的功能限度内——都是使人变得崇高。”儒家经典《大学》的开篇则说：“大学之道，在明明德，在亲民，在止于至善。”而且还说：“自天子以至于庶人，壹是皆以修身为本。”你们的教育，恰恰与这些教育思想不谋而合。况且，现在学生思想道德问题比较严重，选择在其崇高人格上下功夫，不正是抓住了教育的根本吗？

【陈富强】 学校文化犹如学校的灵魂，是凝聚全体师生的粘合剂，是学校发展活力的源泉。没有过程的“转化”、“操作”与“积累”，这一切都只能是纸上谈兵。

2005年我挑起了校长重担，深感责任重大，未敢懈怠，决心以精神文化为先导，着力塑造真正属于临猗中学的精神之魂——人文和谐、团结协作、敢为人先、开拓创新的团队精神；爱生如子、爱校如家、倾心事业、甘做人梯的奉献精神；立足前沿、走进心灵、严谨执著、立德启智的治学精神。

学校坚持“强师德、塑形象”的做法。围绕“爱与责任”这一主线，通过师德演讲、师德宣誓承诺、学生评教、家校联谊和“老师，我想对你说”等系列主题班会；通过师徒结对、教学技能展示、老师承包学生相伴成长等多种途径，倡导“乐道守正，力行致远”的教风，有力地促进了师德师风建设。

学校坚持开展“每周一次小学习，半月一次大学习，一月一次思想交流碰撞”活动。大家采取谈体会、言感悟、学典型、剖个案，举办读书沙龙等形式，不断诠释和传播着“爱与责任”、“道德文明”、“励志感恩”、“团队力量”等主题，这些正能量的不断注入，净化了教师的心灵，提升了教师的内动力。

学校坚持用先进文化引领发展。近5年来，先后聘请了全国著名演讲家彭清一教授，中央电视台《百家讲坛》栏目主讲、河南大学王立群教授，台湾著名爱国人士、国学大师朱高正教授，“教育·中国”演讲团首席讲师邹越老师（先后四次深入我校），全国十大演讲家蔡朝东老师，著名教育家冯恩洪老师、龚正行老师，全国著名教育心理学家陈纪英老师（先后六次来我校）等一批在全国享有盛名的先进文化领跑者来学校做客，为师生做报告、搞培训。所涉及的内容有：励志感恩、责任与义务、爱与奉献、行为规范、团队力量、道德礼仪、文明规则等。由于坚持不懈地开展这一活动，师生如沐春风，道德情操得到了陶冶，精神世界得到了充实，做人做事的品位也得到了提升。

【陶继新】精神文化与物质文化、制度文化共同构筑成学校文化，而精神文化则是学校文化的灵魂，是支撑学校发展的核心元素。比如您说到的“爱与责任”，就极其重要。没有爱，就没有教育，一个不爱学生的教师，是一个不合格的教师；一个不懂爱的学生，也不是一个合格的学生。当校园里充满爱的时候，人与人之间就和谐了，和谐是有精神能量的，和谐也是生产力。同时，责任与爱也是紧紧地联系在一起的。教师爱学生，就有责任教育好学生，不但要让他们学好知识，还要让他们习得智慧，更要让他们形成高尚的人格。这些孩子，是中国的未来与希望，现在对他们的教育，既是为了他们当下的学习，也为其未来的发展。有了这种责任意识后，教师教育教学的时候，就必然会循循善诱，因材施教，“乐道守正，力行致远”。学生有了责任后，就不会只是盯着成绩，还要锻炼好身体，养成良好的习惯，塑造健康的人格。因为他们现在在校学习，不只是为了自己能升上一个理想的大学，也不只是为了父母，还要为了祖国的昌盛。精神动力会让一个人拥有持之以恒的能量，而这种精神动力，恰恰是来自责任感与使命感的。

只有理念与思想是不够的，还要有与之相应的行动，因为任何理念与思想如果不内化到师生的心里，都起不到真正的作用。你们邀请全国一批有知名度的专家学者为师生开设讲座，无疑是一种很好的内化方法。这一场又一场的报告中就蕴含着巨大的精神能量，也会自然而然地渗透到师生的心里，进而形成一种积极向上的精神力量。这种精神的“转化”，必然会使学校呈现出蒸蒸日上的喜人景象。

【陈富强】在精神文化的统领下，我们着力构筑“环境文化、行为文化、制度文化、网络文化”四柱并立的校园文化新格局。“环境文化”：春风化雨，润物无声。文明路、和谐厅、感恩苑、励志广场、文化长廊……如诗如画的诗情校园，现代一流的教育设施，优雅人文的学习环境，四季如春的醉人景色，催人奋进的墙壁走廊激励启迪语，无不给师生以精神感染。整个校园，一草一木都在说话，一砖一墙皆蕴灵魂，每个角落都给人以感悟，每个场所都充溢着文明。"行为文化"：立德修身，学做真人。学校坚持以活动为载体，分年级、分阶段、分步骤、分内容在全校开展了"文明道德伴我行"、"好习惯与我同成长"等主题活动。活动的开展，使学生做人有了标尺，做事有了规则；懂得了尊重，学会了珍惜；树立了自信，远离了娇气；克服了邪气，形成了正气。置身校园，目睹着一张张笑脸，耳闻着一声声问好。人与人团结共处，人与自然和谐共存。偌大的校园，散发着人文温馨、文明向上的芬芳，感人肺腑，沁人心田。"制度文化"：以人为本，机制激励。本着人本理念，为不断增强教师责任意识，我们制定了备、讲、导、批、考、研系列常规要求；为倡导教师团队合作，增强参与意识，完善出台了"蓝青计划"、"名师工程"；为不断增强教师的创新意识和奉献精神，我校成立了"学科专家组"，设立了"教学突出贡献奖"、"教科研卓越成果奖"等奖项。这些制度的运作，让教师以主人翁姿态参与其中并发展自己，与规矩同行，形成了严谨执教的方略。"网络文化"：联络世界，沟通你我。我们还特别注重校园文化渠道和空间的拓展，建起了校园网站，开通了校园网络，实现了"班班通"交流；成立了"心理驿站"咨询室、校园广播站、各种社团组织；建立起了"教师个人工作室"，实施了"网络教研"。今年下半年，将启动与名校"手拉手"联谊，分派一批教师赴全国各地名校任教锻炼，同时，将通过多种渠道和形式，架起与名校名师名家沟通交流的桥梁。

【陶继新】环境文化犹如一个人的外在仪表，给人以直观的印象。而且，"仪表"中也有内涵，也有文化。你们学校里的环境，不但美，而且处处点点都有文化。它不只是一种物质的外在形态，而且因其附着了文化而有了特别的韵味，从而让学生身在其中，不知不觉就受到熏陶。不但美在其中，也有了一种向上的精神气场。在谈到行为文化时，您特别关注了立德修身，学做真人。是啊！要想立德树人，就要在一言一行中彰显德的修为。孔子说："言行，君子之枢机，枢机之发，荣辱之主也。言行，君子之所以动天地也，可不慎乎？"那么，就是要做一个真人，而不是"巧言令色"之徒。真诚当是一个优秀人士的基本品质，正所谓“诚者，天之道也；诚之者，人之道也”。所以，言语不好不行，只说不做也不行。因为大家不但要“听其言”，而且要“观其行”。知行合一，才能形成真正的行为文化。关于制度文化，几乎所有的学校都在谈这个问题，可是，有制度不一定有文化，有的学校制定了一整套的制度，而且装订成册，那只是一本闲置的文本，而没能内化到师生的心里。所以，文本所载，师生并不知道，也不认可，这当然形不成制度文化。你们的可贵之处在于，制度是师生制定的，也已内化到了师生的心里，文而化之了。这样，更多的时候，不需要领导去指挥，而是制度在行使其无声的权力。谈到网络文化，除了您所说的内容外，还有一点特别重要，那就是要有健康的网络意识，不但要在网上过滤掉那些不良的内容，而且要在老师，特别是学生的心里过滤掉那些无用、小用，特别是有害的信息。网络从其诞生那一天起，就是一把双刃剑，用得不好，是会伤着自己或他人的。有了健康的网络意识，且有了健康的网络行动，就可以让师生在这个广阔的世界里，有一种“天高任鸟飞，海阔凭鱼跃”的感觉。

践行道德文明——陶情养性

【陈富强】有位哲人说过：“一个知识不健全的人，可以用道德来弥补；一个道德不健全的人，却不能用知识去弥补。”老子讲：做一天人，就要有一天道德。中华民族五千年悠久历史，不仅创造了灿烂的文明，而且积累了诸多传统美德。在当今，仍然演绎着更为丰富的内涵。道德文明素养，是一个中学生道德水平、文化修养、交流合作、做人做事的体现，而我们的教育，往往重视了“教”，而忽视了“育”。改革开放以来，科技的进步，人民物质水平的提升，中西文化的交融，使学生生活逐渐优越、思想逐渐开放，但同时也会使学生产生唯我独尊、任性自私、礼节匮乏、不懂珍惜、不懂尊重、不善合作等不良品质。学校不再是一方圣土。基于这一认识，从 2009 年开始，我校隆重启动了“文明道德进校园”工程：成立了由“学校、家庭、社会”三方联动，“班级、年级、学校”三位一体，“教师、学生、服务管理者”三级覆盖的管理组织体系；制定了临猗中学道德文明教育活动方案；出台了引领活动长效规范运作的诸多细则；规划了各年级丰富多彩的系列化活动流程。以小博大，循序渐进地拉开了“道德文明进校园”的大幕。

【陶继新】“道德文明进校园”的大幕拉得太有必要了！最近，看梁晓声的《文明的尺度》，很是感慨，他在文章的结尾写道，“我感觉可能是文明在西方，传统在台湾，腐败在大陆”。尽管说得有点尖锐，可是，中国文明在世界上已经不被特别认可却是一个不争的事实。我们中国不是要走向世界吗？不是要自立于世界民族之林吗？而文明的低下，让这种美好的梦想很难实现。是不是就一定不能实现呢？不是的。公民的文明素养，不是一天两天就能形成的，也不是靠几个文件就能解决的，而是要从学生抓起，学生就是未来的公民，学生的文明程度高了，未来中国公民的素养也就高了。如果每个学校都从学生抓起，都讲道德文明，未来中国的公民不就文明了吗？不就“文明在中国”了吗？你们的“文明道德进校园”工程，当是放眼未来的一项大工程。更加可贵的是，你们不但有详细的方案，更有落实方案的具体行动。道德文明不是一道遥不可及的虚幻的风景，如果扎扎实实地做，一天一天地做，教师与学生甚至家长都做，就能形成一种道德文明的气场，就能全面提升人们的道德文明素养。

【陈富强】推进过程中，我们坚持从大处着眼，小处着手。立足校园，放眼社会。从身边事、身边人抓起，注重良好文明道德、良好行为习惯的孕育和培养。一是坚持用“小主题”体现“大理念”。各年级坚持每周一个“小主题教育”，涉及学习、生活、做人、做事、尊师、爱校等十多个模块，每周每一模块的具体内容由学生共同参与制定，内容虽然很微小（如不说脏话、讲究公共卫生、当天作业当天做完等），但形成习惯就是一种美德。二是坚持用“小行为”折射“大灵魂”。一滴水能映出太阳的光辉，学生中一些不文明的言行，是其灵魂深处道德缺失的表现。学校十分重视督查信息的整合与反馈，全校师生几乎都加入到了“义务督察员”的行列，学生每天的学习、生活、做人、做事，全天候的点点滴滴行为轨迹，都是考评考核学生是否践行道德文明的依据。每周的班会上，都要通过揭示本班本周出现的“问题”，让大家谈危害、谈体会、谈感悟、谈收获，在思想交流碰撞中，知荣辱、辨是非。三是坚持用“小课堂”剖析“大社会”。学科教学结合各自特点融入渗透，或解析社会热点、难点，或品味古老文化，或鉴赏现代文明，或争辩事件功过，学生在知识的海洋中领略和体味着人生的多彩，审视和探索着社会的百态，明大理，陶美德。四是坚持用“小典型”进行“大教育”。注重正面引导，正能量输入。通过校园内身边人、细微事，开展优秀班级、优胜团队、“校园之星”等评比竞赛，用典型引领，让道德文明与学生同结伴、共成长。我校高二学生牛昱凝失去母爱，父亲残疾，家有 80 岁祖母，但她不自暴自弃，不甘沉沦，16 岁女孩自强自立撑起家庭一片天，而且在校也是个好学生，并被评为山西省 2012 年首届“十佳美德少年”。五是坚持用“小践行”释放“大情怀”。学校小社会，社会大学校，学校、家庭、社区、工厂、公共场所处处是学生践行道德文明的场所，时时事事都会留下一个人立德修身的踪迹。学校特别重视各种活动的引领，让学生在体验践行中去感悟、升华、释放情怀。感恩活动，在家帮父母干一些力所能及的家务活；教师节，给老师一声祝福问候；班级内，同学间的一次真诚帮助；校园外访英模的一次心灵洗礼；入社区社会调查的一次震撼；车间田头父辈创业的一次艰辛体验；公共场所的一次让座……这一切，让学生在融入大社会的同时，践行做人的道德准则，升华人文的道德情感。

【陶继新】老子说：“天下难事，必作于易；天下大事，必作于细。”道德文明是大事，可是，在实际操作中，却要从易处、小处着手，这样，才能以小见大，才能终成大观。

“小主题”体现“大理念”是很有道理的。良好习惯的养成，不是一朝一夕的事情，而是要经常做，甚至天天做。习惯养成具有“重复性”的特点，有人认为要连续重复 21 次，才能形成一种好的习惯。你们的“小主题”，就有这种“重复”的特点。日复一日地做下去，就会在学生的心里形成一种思维定势，认为这样做就是应该的，最终感到是自然的，甚至是美好的。“小行为”折射“大灵魂”也很有特点，学生对平时行为中的一些不太文明的“小行为”，已经习以为常了，甚至有的老师也认为没有什么大不了的事。可是，正是这些不良的“小行为”，才积聚成了很大的品质问题。将这些问题摆出来，让大家认识到它的危害性，并找出不再重蹈覆辙的做法。渐渐地，这些“小行为”就会少了，以至于绝迹了。“小课堂”剖析“大社会”是通过已有道德文明的文本，让学生认识到前人是如何讲道德文明的。中国古代有很多这方面的鲜活的事例，让学生“学而时习之”，就可以起到比较理想的效果。“小典型”进行“大教育”的作用是巨大的，因为这些“小典型”就在学生身边，实实在在，触手可学。牛昱凝同学的事迹，可以让同学们感动，也会在他们那里形成一种精神向往，并很好地学习，从而让自己也有了精神的力量。“小践行”释放“大情怀”很有意义，这让道德文明素养的形成从学校走向了家庭，走向了社会。而在这些实践场所里，更容易激起学生的感想，也更容易形成文明的品质。现在学校教育的一个弊端，就是教育场太单一，太狭窄，而让学生走向家庭特别是社会后，教育场大了，教育的内容也丰富了，体验也更有价值了。

【陈富强】我校“道德文明落校园”工程的实施，提起了师生的精气神，校园里处处洋溢着“人文、友爱、诚信、勤奋、团结、向上”的和谐气氛。教风好了，学风好了，校风好了，学生中一些陋习正在得到遏制和杜绝。活动的开展，也无形中影响到家庭，如学生读书习惯的养成也带动了家长的读书热情，学生行为习惯的养成也影响和感染了家长的一言一行。我校每年举行的家校联谊会，几乎无一位家长缺席。许多家长来信，深情地说：“许多事是孩子教育了我们，我们应该向孩子学习！”活动的实施，在社会上还引起了较大的关注，学校的社会声誉反响良好。我校先后荣获“山西省德育示范校”、“山西省文明学校”等殊荣。今年，学校又被评为“全国最具内涵发展特色校”。

【陶继新】道德文明素养之于人，具有如影随形的特点，也多有很强的辐射力。可以这样说，一个孩子，可以影响一个家庭，甚至扩展到更大的范围。而一个家庭，又会扩而广之，对社会产生影响。从这个意义上说，你们不但让学生自身养成了良好的道德素养，而且也让这种道德文明有了更大的影响力。因此，你们获得如此多的荣誉也就在情理之中了。

锤炼教师队伍——提升内涵

【陈富强】教师承担着教书育人的重担，打造师德高尚、业务精湛、敬业爱岗的教师团队，是学校成长发展的需要，是培养新时期合格人才的需要，更是我们的责任和义务。朝着这个方向，我校确立了以提升教师“三种能力”（即：教师掌握与运用学情能力，教师专业素养能力，教师教学技巧与艺术能力）为目标的队伍培养与发展方略，寓教育于日常教学活动中，关注“智商”的发展，更注重“情商”的变化。我总认为，学情是学生学习态度、思想动态、学习策略、价值追求的综合体现。脱离了学情的教学，必然会造成“师”与“生”，“教”与“学”的脱节，产生“两张皮”现象，教学将失去针对性和亲和力。教师缺乏高屋建瓴的专业知识的引领和启迪，教学将会产生盲目性，失去了创新和生成。没有艺术和趣味的教学，必然会失去感染力和渗透力。

【陶继新】学情的研究至关重要，因为每一个学生都是不一样的，不仅学习水平高低不一，性格习惯也多不一样，只有了解了这些情况，才能让所有的学生学有所得，以至有比较大的收获。提升教师的专业素养是一个老话题，也是一个非常重要的话题。大凡专业水平高的教师，多能游刃有余地进入到高境界的教学场景中，并让学生感到学习不但不是困难的事情，甚至还会在获取知识的过程中，有一种豁然开朗的感觉，并对教师产生一种敬佩感，从而抵达“亲其师”而“信其道”的境界。教师教学技巧与艺术能力提升了，可以让教学具有审美的况味。1985 年，我去上海采访于漪老师，就感到她的教学已经进入到了一种高品质的审美境界。她有一般老师不具备的文化底蕴，也有随即生成的教学技巧，且呈现出一种语文教学特有的美质。学生听她上课，完全是一种艺术享受。而这种感受，还会增加人的幸福指数。这需要长期的学习，也需要长期的“修炼”，但只要用心，就一定会有奇迹出现。

【陈富强】围绕着教师“三种能力”的培养，我们坚持用“赢教八款”促提升。1. 师徒结对。学校提供平台，举行隆重的“拜师”仪式，明确师徒结对职责，确定双向责任承诺。坚持师徒共学习、共教研、共备课、徒跟师随堂听课、定期交流沟通，达到师徒共赢。2. 岗位练功。我们要求教师在职业岗位中练内功，强素质。坚持政治和业务理论学习，坚持做下水作业、单元检测题、十年高考题；坚持写教学反思、教学随笔、教学故事；坚持听课学习制；坚持以班主任为核心的科任教师定期学情分析制，有力促进了教师的内涵提升。3. 说研磨课。学校充分利用“说、讲、议、评、思”一条龙教研机制，各年级每周都安排有 2～3 节研磨课，先说课再讲课，大家共同评议，再改再讲，这样反复的“研磨”与思想交流碰撞，使教者和听者都得到了提高。4. 技能比武。每年的 3 月和 9 月是我校的“课堂教学月”，学校坚持雷打不动的课堂技能比武大赛，教师人人参与，学科层层选拔，学科教师和学科专家共同评议，最后确立“教坛新秀”、“教学能手”、“课改标兵”。5. 达标过关。每年组织一次教师“课标理念、考纲考点、教材教法”达标过关考试，成绩记入教师成长档案。6. 学生评教。设计并印制课堂教学反馈卡，举行学生座谈会，将学生建议及意见整理后反馈给教师。与此同时，学校还进行了家长的评教评校活动。7. 构建交流互动平台。通过举办“教学沙龙”、“讲题竞赛”、“教学片段”处理与设计、读书报告会、师德演讲会、教学观摩等活动，学校给教师提供平台，让他们展示自我，充实自身。8. 走出去学，请进来导。近年来，学校先后分批派出教师200余人次赴全国各地学校取经，教师学成后都要写出学习收获及感悟，进行传达与移植。同时，学校还先后聘请黄冈、北京、上海等地名校老师来我校为教师上示范课，并围绕教学问题，传经验，共商榷，同教研。“赢教八款”的实施，使学校学术风气浓了，教研风气正了，教师中比学赶超、协作向上、争创一流的局面日趋形成。

【陶继新】“赢教八款”当是教学制胜的八大绝招。比如说研磨课，一个“磨”字，道出了研究之细之深之多。它不但有个体的深入备课，也有群体的研究切磋。某个教师有了好的方略，不是独自享用，而是让参与其中的所有教师分享。其实，分享的不只是教学内容与方法，还有精神与思想。当人人都会分享，以分享为乐时，就会形成一种团队力量，正所谓“你有一个思想，我有一个思想，分享之后，每个人都有了两个思想”。你们的教师何止有了两个思想，而是有了N个思想。这样，老师们才能更好地进步，而最大的受益者，当然是学生了。同时，有的教师所讲也许会有不足甚至错误之处，大家坦诚地指出问题，给这位教师及时的帮助，会让其更好地提高教学的水平，而且还会由此密切教师之间的关系。

特别欣赏你们的学生评教活动。一个教师教学水平的高下，教学态度的好坏，学生是最清楚不过的了。不是说以学生为本吗？不是说学生是学校的主人吗？让他们评教，更能看出教师的优劣。而且，学生在这个过程中，也有了主人翁意识。而且，还会由此培养学生“吾爱吾师，吾更爱真理”的品质。教师之教，学生理应拥有评价权。教师则从学生的评教中，发扬优长，改正错误，从而让教学更受学生的欢迎，让自己更具优秀教师的品位。

【陈富强】为了弘扬名师精神，激励教师人人朝着名师方向努力，从2010年起，我们启动了首届“我最喜爱的老师”和“师德标兵”评选活动，建立了“学科导师制”，制定了导师晋升标准及评选入围办法，成立了学科专家组，一批批骨干力量充实其中，发挥着指导引领作用。学校通过文化长廊、橱窗、校报等媒体大力宣传名师事迹，树立名师风范，使追求名师成为人人的一种羡慕和向往。

【陶继新】现在，一些教师的倦怠情绪有上升趋势，而你们的这些活动，则给教师的生命注入了新的能量，让他们感到不应当停止不前，而应当不断前行，去追寻更加美好的前程。而教师的这种激情，折射在他们的生活中，也反映在他们的教育教学中，于是，学生也从教师那里，感受到了生命向上的律动，也有了积极的向往。

坚持管理创新——挖掘潜能

【陈富强】众所周知，教育管理就是为师生成长服务，如何挖掘管理潜能，提高学生综合素质，为他们终身发展与幸福奠基；怎样才能焕发管理魅力，点燃教师的工作激情，引领教师以真诚与大爱履行岗位职责，是学校管理者的终极目标。教育教学活动是一种无形的智力劳动，离不开教师的能动性和创造性，“教书”与“育人”双肩挑的重担不等同于一种机械劳动，它是一种使人愉悦的知识对话与情感、态度、价值观的精神交流。因而，任何一种呆板、机械、死卡、硬管的学校管理，都会压缩教师的能动空间，束缚其创造性。只有科学、人文、激励向上的管理，才能迸发出教师的“甘于奉献、团结协作、快乐工作、陪伴学生成长”的激情和智慧。我校的管理工作，正是在这一理念和思想的引领下，探索、创新并不断完善着。

【陶继新】“呆板、机械、死卡、硬管的学校管理”，也许会让老师们循规蹈矩地按时上下班，可是，却不能激活教师生命的激情。教师这个群体，有着无限的创造力，如何让其创造力持续不断地产生效应，当是学校管理需要探索的一个大问题。“科学、人文、激励向上的管理”，当是一种理想的境界。很多时候，教师教育教学的优劣，不在时间的长短上，而在于效率特别是效益的高下上。只有教师自己愿意工作、乐于奉献的时候，才能产生积极的效益。而教师的生命状态，又直接影响着学生的生命状态。所以，只有唤醒教师沉睡的激情，让积极进取与乐此不疲成为他们精神世界的主宰时，学校管理才算走进了理想的境界。

【陈富强】随着学校的发展，为克服以往条线管理信息不畅、效益低下的弊端，我们大胆创新，重心下移，组建了模块管理、条块结合、纵横交织的网络化育人管理模式，呈现了从行政化向专业化过渡的管理形式。中层的教务处、教研处、课改处、综合课程处四部门融合为专管教学部门；德育处、学工部融合为专管思想政治教育工作部门；校务、总务融合为保障服务部门，由三个副校长各深入牵头一个部门。另外还设立了巡视督查处，深入一线落实各部门工作完成情况。

【陶继新】新的管理模式更加科学，它使原本相近的科室融合在一起，少了冲突与重合，多了合作与高效。而且，研究的氛围浓了，行政的味道少了。三位副校长既有行政领导的职权，更要有业务研究的能力，在某种程度上，他们还应当是这些部门中业务方面的佼佼者。管理的过程，是学习的过程，也是指导的过程，还是不断提升业务水平与领导能力的过程。

【陈富强】学校实施校领导与年级主任、各中层部门负责人研习会议制度，使部门间的职责分工更清晰完整，部门成员的职责进一步增强。部门负责人和年级主任实行“竞争上岗、优胜劣汰”，坚持能上能下，不实行“官位”终身制。近几年，学校先后有二十余名中坚力量充实到其中，发挥着巨大作用，这些中坚力量成为了学校的一批后备干部。

【陶继新】为什么有的学校里的教师激情不再，甚至有的认为多干的不如少干的，少干的不如不干的？一个重要的原因是学校“官位”的终身制，以及优胜劣汰机制的缺失。你们的“竞争上岗”制，让能者上，庸者下，让真正优秀的教师有了用武之地，也给那些无能无德的教师一个警示。其实，很多教师有着巨大的发展潜能，只是有的时候，学校没有为其提供这种发展的机遇罢了。你们则为这样的教师提供了赛马的比赛场，从而让千里马无需伯乐的提携而能一跃而起、驰骋疆场、建功立业。

【陈富强】学校实行了校领导中层深入年级蹲点制，把管理重心下移到每一部门的第一责任人，赋予年级主任、学科组长、中层干部更多的责任和权力，充分激活各层管理者的主动性和发展性。建立起了中层与学科组、班主任联系制，确保“两个轮子”正常高效运转。同时，还构建了年级巡导员制度、家校联谊制度，在教学过程中建立起教学阶段推进制度。这些机制的运作时刻凝聚着学生、教师、家长的力量，使学校更贴近老师，更了解学生成长需要，增强了团队意识，激励起教师的热情。比如：我校每年的特级教师评定、职称晋升、师德标兵、教学能手、“我最喜爱的老师”等评比工作，都是在学生、教师参与下进行的，评比的过程实际上是老师工作的展示和亮相，少了领导意愿，多了民主成分，评比结果透明、公正、权威。

【陶继新】只有让更多的人有了主动性与积极性之后，学校管理才能高效运转起来。你们管理重心的下移，让年级主任、学科组长、中层干部不但有了责，而且有了权。于是，也就有了积极向上的动力，有了良性的竞争。而很多评比工作在学生与教师的参与下进行，则让更多的人在决定优秀人选的时候，不是看客，而是决定者。这样，他们则成了学校管理的成员，对于选出的结果更加相信，从而提升了学校的公正指数。有了公信力，学校管理也就可以驶进“不令而行”的高层境界了。

【陈富强】整合社会资源，坚持学校管理的开放性，也是我校创新管理的一大亮点。学校成立了家长委员会，设置了“家长开放日”，家长随时可以走进教室，走进教研室、备课组，看学校管理，查学生常规，参加班会，和师生互动交流；设置了“课堂教学开放日”，积极推进课堂教学改革，实施了引学导练“三环节、六步骤”自主课模式，“四段式”学生展示课模式，全校教师可以打破年级、打破学科推门听课，校领导、县、市业务部门、社区家长群众可以参与随堂检测学习效果，点评有效课堂；设置了“学生心灵开放日”，通过学校“心灵驿站”，搭建起心理教师、社会仁人志士、名家名人、教师家长走近学生心灵、沟通交流思想、使其轻松愉快学习的桥梁；设置了“班级开放日”，以主题班会为载体，学生自行组织，设计班会内容，聘请所有任课教师和家长参加，倾吐心声、交流思想、互动感染，形成了强大的教育合力；设置了“践行开放日”，通过学校的社团组织，展示小摄影、小发明、小制作等成果，通过下车间动手体验，进社区公益服务，进田间果园实践，构建学生社会实践舞台。中央电视台曾三次进入我校，专题报道了我校学生的科技创新成果，我校被评为“全国中学生社会实践教育先进校”。

【陶继新】办学的开放性，反映了办学者的充分自信。不是怕家长和社会人员走进学校，而是敞开校门欢迎大家走进学校，不仅可以看，而且可以评。正是在这些看与评中，家长们看到了自己孩子优质的学习生态环境，看到了学校蓬勃向上的态势。他们放心了，也更相信学校了。同时，有的家长还会主动积极地参与学校的某些管理之中，成为学校发展的有力助手。而且，学校已经成了一个开放性的展示场，师生的精神风貌，学校所取得的各种各样的成绩，未来的发展前景，他们都看在眼里，记在心里，走出校门，则有意无意成了学校的宣传员，从而提升了学校的知名度与美誉度。

充盈精神世界——生命之本

【陈富强】人很渺小，但他广袤的精神世界却可以改变浩瀚的物质世界。充盈自己的精神世界是人最重要的事。

多数人从小时候起就刻苦学习做事的技能，而不学做人的本领，结果长大了既做不好人也做不好事。事好做，人难做！

人不乏长远的目标，不幸的是很多人没有把自己的长远目标分解细化，所以往往原地不动，永远无法靠近目标。

【陶继新】您的这些人生感悟很有哲理。所谓的渺小，也是相对的；就其躯体而言，是渺小的，可是，当有了强大精神支撑的时候，也就不再渺小。

当然，如果没有丰富的精神，即使身高数米，也只是一躯肉囊而已。

做人是生命之本，本立而道生。无本而多技者，“多乎哉？不多也”！

目标高远固然重要，没有细化，再高的目标也不可能实现。同时，在每一个细化点上，都要付出努力，都要不怕失败，都要一往无前。

（原载于《中国教育报》，2013 年 8 月 20 日，第 4 版；作者：陶继新、陈富强。）

为师生打点人生成长的底色

——南京市北京东路小学的情智管理策略

［孙双金校长简介］

孙双金，教授级教师，现任南京市北京东路小学校长。全国著名语文特级教师，国务院特殊津贴专家，情智语文创始人，教育部基础教育界《教育家成长丛书》首批20位入选者之一，南京师范大学硕士生导师，江苏省小语会学术委员会主任，江苏省实验小学专业委员会副会长，江苏省课堂教学研究中心副主任，南京市科教文卫委员。

曾荣获“全国教育系统先进工作者”、“全国师德先进个人”、“ 全国首届十大明星校长”、“全国名校长”、“江苏省十大杰出青年”、“南京市首届基础教育专家”、“江苏省首届人民教育家培养对象”和“2007中国十大小语年度人物”、“2011年全国推动读书十大人物”等称号。他出版多部专著，发表300多篇文章，自成一派的“情智教育”在全国广有影响。

编者按：孙双金，不仅是声名响彻全国的小学语文特级教师，还是闻名遐迩的名校长。他的情智教育，在中国小学教育界甚至更大的教育范围内，都有着很大的影响。对于情智教育，单从字面来看不难理解：情感与智慧。但是，要想了解其深厚的底蕴，却并不是一件十分简单的事情。我也是最近几年才关注孙双金的情智教育的，听他讲课，听他报告，与他交流，到他任校长的南京市北京东路小学参观采访，才对他的情智教育有了一个基本的了解，而更加深入地走进情智教育。于是，我们进行 QQ 对话，对情智教育管理策略进行了交流。

情以感人

【孙双金】先讲个管理的故事吧。2003年9月1号，我刚到北京东路小学上班的第一天。上午，我把学校总务处柯主任请到办公室，对他说："柯主任，麻烦您一件事。请您把全校教师的生日表统计给我，我有用。"不到一个小时，柯主任就把每个教师的生日统计在一张表中，递到我的手中。我仔细一看，9月份第一个过生日的老师的生日是9月8号。

到了9月8号，我买了一大束鲜花和一张贺卡。上午第二节课后，我在贺卡上认认真真地写上了对这位老师的生日祝语。写好贺卡，我拿起学校的内线电话，接通电话后，我对这位老师说："请您在办公室稍等，我和书记一会儿就到。"我请书记捧上鲜花，我拿上贺卡向前面办公室走去。正是下课的时间，同学们都在走廊上玩耍，看到我和书记捧着鲜花，拿着贺卡，都特别惊奇。有的小朋友还凑上来好奇地问我："你们干什么去啊？"

来到教师办公室，老师们正在办公室内课间休息，看到我和书记捧着鲜花走了进来，有老师笑着问我们："两位领导来有什么喜事吗？"我们笑而不答，径直走到这位老师面前，对她说："老师，今天是您的生日，我和书记来祝您生日快乐！"我打开贺卡，放开嗓音，把贺卡中的祝语大声念了一遍。此时我们看见了什么？我们看到这位女教师满脸通红，结结巴巴地对我们说："我，我工作快20年了，校长书记给我过生日还是第一次啊！谢谢你们！"

我给的那张生日贺卡在这位老师的玻璃台板下面整整压了两年。有一次我开玩笑地对她说："您干吗还把这贺卡压在下面呢？"那位老师笑着对我说："我喜欢校长的书法呗。"呵呵，我知道老师不是喜欢我的书法，而是喜欢校长给她过生日的那份情谊啊！

第一年内每到教师生日，我和书记都去送鲜花送贺卡。第二年怎么给教师过生日呢？我请工会主席征求大家的意见，工会主席反馈给我说："老师们喜欢过生日能够实惠一点。”我问：“什么叫实惠一点呢？”主席说：“大家的意思是能够发个大蛋糕。”我笑着说：“我懂了。”第二年教师过生日，我给每位教师买了个大蛋糕，并且请食堂师傅给过生日的老师送上一碗长寿面。老师们都非常开心。

到了第三年，老师们问我：“校长，您今年怎么给我们过生日呢？”我问他们：“你们准备怎么过呢，有什么好的点子吗？”老师回答：“我们想以家庭为单位过生日，您能给我们送生日券吗？”我听了觉得这是个好主意，请了工会主席和总务主任，请他们俩到南京市区找一家比较好的酒店，要符合这么两个条件：位置要在城中心，方便老师找；酒店的档次要比较高，能做家庭生日晚宴的项目。他们两位跑了半天，回来告诉我说：“孙校长，我们找到好地方了。鼓楼一家晶丽大酒店符合您说的两个条件，就选这个地方吧。”到了教师生日那天，我给老师送上三张生日晚宴卡，祝他们家庭生日晚宴快乐。老师们特别开心。

到了第四年，老师们又问我：“校长，今年生日怎么过啊？”我笑着说：“今年给你们过集体生日。每月中旬把本月生日的老师集中起来，我和书记一起给你们过个集体生日。”这样一年 12 个月，我和老师们过了 12 个集体生日。在生日晚宴中，和老师们交流谈心，增加了浓浓的情谊。

……

怎么给老师过生日，成了北京东路小学一道亮丽的风景线，成了北京东路小学独特的学校文化。

【陶继新】校长给教师过生日，虽非新闻，却也一定是有一定的人文色彩的。而您给老师过生日，则更有文化品位。第一年给老师过生日，是“突袭”式的，给了第一位过生日的老师以巨大的惊喜，也会由此在整个学校传为佳话。我想，这不但会让这个老师终生难忘，而且还会让全校教师感受到来自校长的人文关怀。如果说第一年这种方式带点新闻性的话，那么，以后每一年则有了老师们的选择性，由此更加突出了老师的需求。

同时，老师们从校长为其过生日中感受到的不只是生日之乐，还感受到了校长之诚。第一次为教师过生日，表面的奇特中，内蕴着对教师的真关心。以后的每次过生日，您都不是在做表面文章，而是千方百计让教师从中感到生日的美好。我一直认为，每一个教师都有一双火眼金睛，不管校长如何聪明，只要不是心诚，他们都会看得一清二楚。过生日只是一个载体，而其中的诚心，才是打动教师心扉的核心要素。所以，老师们感激您，也相信您。正是有了这份信任，学校的管理也进入到了更高的境界。

智以启人

【孙双金】再讲个故事吧——新官上任“三堂课”。

我的第一堂课是这样的：我和老师同上一堂课。

一天上午，我想随堂听小吴老师的语文课。第一节课时，我打电话到三年级语文组，经询问得知小吴老师当天上午第二节课执教《拉萨的天空》一课。这是一篇新课文，我并不熟悉。在处理好事务后，我于第一节下课前十分钟赶到三年级办公室，借小吴老师的语文书把课文看了两遍。之后，三年级其他班级的老师听说我要听小吴老师的课，也随同我一起前往听课。

小吴老师课前准备很充分，教学思路清晰，教学步骤环环相扣，教学流程自然流畅，但是我始终觉得学生学习的情绪没有被充分调动起来，课堂上似乎教师牵引得太多，并没有真正地把读书思考的权利还给学生。我一边听一边思考：假如这篇文章让我来上，我该怎么上呢？下课后，老师们纷纷回到办公室。小吴老师主动迎上来：“孙校长，您给我指导指导。我上得不太好。”若在平时，我就会坐下来，或者叫小吴老师到小会议室，就她今天的课一二三四地给予评点。但我转念一想：只在办公室评讲，是坐而论道，是隔靴搔痒，是纸上谈兵。何不就这篇课文，我马上去另外的班级上一下，然后请三年级全体教师就小吴老师上的课和我上的课展开讨论呢？这样的评课不是更直观、更生动、更有效吗？主意一定，我对小吴说："我马上借三（4）班上《拉萨的天空》，请你和三年级全体语文老师去听课。"

"是吗？那太好了。"小吴老师兴奋得跳了起来。听说校长要上课，其他教师也纷纷赶到了三（4）班教室。

我这堂即兴课安排了这么几个环节：一是让学生猜老师板书的秘密。我用白粉笔把"拉萨"两字写得较大，把"的"字写得较小，用蓝色粉笔写"天空"两字。二是让学生到室外观察南京城的天空，回到教室用一两句话描述。三是以读代讲，抓住比喻句让学生展开想象，练习说话。四是用竞赛方法让学生当堂背诵精彩片断。五是扣住"神往"一词引导学生领悟作者情感。整节课，学生兴趣盎然，兴致勃勃，下课铃响了之后仍不愿散去。

下课铃一响，三年级全体语文老师全都兴奋起来，对我和小吴老师这两堂课情不自禁地议论起来。小吴老师更是兴奋得脸上发光："孙校长，您这堂课上得太好了，对我启发太大了。"我笑着对小吴说："不忙夸我，走，我们到会议室一起商讨一下这两堂课。"

到了会议室，小吴老师和我分别说了各自教学的指导思想，然后老师们七嘴八舌地对这两堂课评头论足。

有老师说，小吴老师的课教学思路清晰，教学重点也比较突出，但太关注教师的教，很少关注学生的学。

有老师说，《拉萨的天空》是一篇写景散文，语言十分优美，但比较难教，小吴老师可能过分重视语言分析，而忽视了语言的感悟和诵读。

有老师说，孙校长今天的课之所以成功，是因为孙校长关注了学生的学习体验，让学生先观察南京的天空，然后再学习拉萨的天空，学生有了生活体验，有了比较，情感就容易投入。

有老师说，孙校长今天借班上课的意义不仅在于上了一堂成功的好课，更为重要的是一种引领，一次示范，一回碰撞。校长是老师，我们希望孙校长多给我们上研究课、下水课和示范课。

作为师者之师，校长对于教师的成长负有义不容辞的责任。一般来说，校长对教师的专业引领，更多的是听课、评课。而校长在听课、评课的同时，若能不落俗套，以与教师同上一堂课的方式来对教师进行专业引领，则会收到更好的效果。

校长首先应是教师，其次才是校长。不少校长就是从教师岗位一步步提拔上来的，更有一些校长本身就是特级教师，教学业务水平很高。如果校长能够充分发挥自己的教学特长，与教师同上一堂课，通过亲身示范的形式对教师进行专业引领，将会对教师的成长产生巨大的影响。身教胜于言教。如果校长能够把主要精力放在课堂，放在教学研究上，那教师的主要精力也必然放在课堂和教学研究上。

与教师同上一堂课，可以使校长摆脱居高临下、坐而论道的姿态，这对于校长树立专业权威、增强专业引领的实效性具有不可低估的作用。同时，还可以营造公平、公正、民主的学校管理作风，增强校长的亲和力，促其更好地融入到教师群体中去，为校园文化建设、学校各项管理制度的贯彻落实提供便利。

当然，校长和教师同一上堂课还须注意几个问题：不能有损教师的自尊和自信；对中老年教师慎用；如果校长不是教学的内行，请借助外力，多借用智慧。

【陶继新】对并不熟悉的课文，不做太多准备即可上课，这需要的不只是技巧，更重要的是智慧与水平。况且，您是在小吴老师上课之后再上，并要给小吴及老师们一个有益的启示。如果上不好，非但目的难以达到，还会丢掉校长的面子。所以，没有足够的把握，是不可能如此上课的。看来，您是胸有成竹才如此而为的。事实上，您上得极其成功。

其实，不但写教案是备课，经常性地读好书也是备课，因为这会给自己不断地增加智慧含量，在教某一课的时候，就会有效地调动早就储备好的智慧，用之于教学。看似偶然之言、偶然之技，却有着一种内在的必然性。这需要长功夫，需要大功夫。因为智慧从来不会光顾懒惰之人，只有多读书，读好书，甚至是多背书，才能为自己积蓄智慧。有的老师可能会说，我现在根本没有时间读书，备课多么忙啊！这的确是事实。备课不好，是教不好学的。可是你想没想过？如此下去的结果，将是一种恶性循环。越是读书少，备课需要的时间越是多，而且课也越教不好。因为没有文化积淀嘛！

读和教是相辅相成的，没有高层次的阅读，就没有高水平的教学。那有的老师说了，我现在根本没有时间读，我想，是你没有寻找读的时间，你没有充分认识到读书对你的教学起的重大作用。备课确实需要时间，但是，如果这样日复一日地教下去，你教的还是别人的东西，形成不了你的个性，你的风格。我经常给老师们提这样一个建议，从今天起，你就开始每天拿出半个小时的时间读书，半年或一年之后，你用一个小时读书，两年之后两个小时。结果你就会发现，备课的时间逐渐减少了，读书的时间渐次拉长，但你的课却上得越来越好了，而且有了自己的观点与思想，有了属于自己的话语系统。这样，你的读与教就步入到了一种良性循环的状态。

【孙双金】陶老师，您的读书理论我特别赞同！就像苏霍姆林斯基说的，只有阅读才能真正改变人的内心品质。

【陶继新】对啊！苏霍姆林斯基还告诉我们，每天不间断地读书，跟书籍结下终生的友谊，就是最好的备课。

【孙双金】我的第二堂课是这样的：

开学不久，我走进五年级组，刚好他们在进行集体备课。我端了一张凳子坐下来参与他们的集体备课。等他们备课接近尾声，我说："本单元重点课文是《天游峰的扫路人》，听了大家的发言我很有启发，下周业务学习我来上两节语文课，就上今天大家研究的《天游峰的扫路人》，欢迎大家指导。"我话音刚落，大家情不自禁地鼓起掌来，纷纷说："好，我们向孙校长学习。"

下周三业务学习时间，全体教师济济一堂，听我执教《天游峰的扫路人》。我这堂课采用了"问题探究式教学法"。

第一步，我让全体同学就课文质疑问难，我鼓励学生“小疑则小进，大疑则大进”，谁的问题提得有水平，就奖励他把问题写到黑板上，并在问题后面署上他的大名。一时间学生提问热情极度高涨。一节课下来，黑板上写满了问题，签满了学生的名字。同学们个个小脸通红，小眼发光，兴致勃勃，跃跃欲试。

第二步，我故意设问：黑板上写满了问题，下面叫我怎么上课呢？你们帮我出出点子，看看谁的点子是金点子？这样一来，全班同学个个给我献计献策，最后我采用一个“金点子”，抓主要问题带次要问题，紧紧扣住“老人为什么扫上扫下不累”和“老人能活到100岁吗”这两个问题学习全文。

第三步，让学生挑战作者，改写文章最后一句话：“那豁达开朗的笑声一直伴随我回到住地”和写学了本文后各自的感悟警句为结束环节。两堂课真正把读书的权利、提问的权利、思考的权利、表达的权利还给学生，建构了自主、合作、探索的学习方式。

两堂课下来，教室内响起了热烈的掌声。我走下讲台，语文老师们热情地涌上来，语文教研组长对我说：“孙校长，你的课让我们大开眼界，让我们看到了真正的以学生为主体。”“孙校长，你的课太精彩了。在你的课堂没有差生，所有学生的学习热情都被你激发了，你真有魔力啊！”分管教学的蔡校长对我说，“我看到老师们看你的眼神起了变化，那眼神中充满了亲切，充满了热情，充满了羡慕，充满了尊敬。”

【陶继新】恕我无知，今天我才从网上搜索了这篇课文，真的是太好了！其中有些奥妙，是一般小学生未必理解到的。比如老人为什么不累？再比如“30年后，我照样请您喝茶！”，诚如您上面提出的问题，“老人能活到100岁吗”等问题。这些，当是课文中很有意蕴的教学“点”。这些问题解决了，效果也就自然而然地出来了。每天负责打扫登天游峰的石阶的老人，难道真的不累吗？按照常理，人老了，不可能攀登如此的高峰，更不可能如此“不累”地打扫山路，可是，他真的不累。因为只有在那里生活过工作过的人才知道，那里的山景太美了，每天上山下山干活，不是慢慢消耗掉自己的生命，而是每天在给生命增添能量。我前面跟您说过，我现在已65岁，每天登山，可是从未感到登山累。反而因为出差，连续十几天不登山的话，再登山的时候，觉得劲小了，有点累了。因为登山是快乐的，这个老人感到在山上做事是有意义的。所以，并不感到累。

我见过在武夷山“工作”的很多人，他们都如这个老人一样快乐，一样不累。比如我在那里结识了一个排工，即在武夷山为我们撑竹排的人，从九曲顺流而下，他真的太快乐了。清冽的九曲溪水就在脚下悄悄地流淌，正当我们怡然忘情地触摸这自然生态的风光时，排工轻点竹篙，诵诗一首：“武夷山上有仙灵，山下寒流曲曲清。欲识个中奇绝处，棹歌闲听三两声。”这是宋朝大儒朱熹《九曲棹歌》的总领诗篇。因了此情此景此人的诵吟，却又有了一种特殊的意境。他是一见即熟、不请自讲的一个编外导游，诵诗是一个美丽的开场白，其下便有了即景赋诗、率性抒意的从容。这个年近四十的排工，对武夷山的人文环境与自然风光了若指掌，他的讲说似探囊取物般从口中流泻而出，与收入视野的生态美景形成一种内在的和谐。加之幽默机智，将不失品位的荤素调料穿插在通俗生动的表述中，常令我们笑得前仰后合，把小小竹排颠得摇摆不定。但他却一点儿也不笑，我们笑声一停，他的另一个笑话又已脱口而出，使我们近乎放肆的笑声在山谷间一次又一次地回旋。他的诙谐有趣几乎是无处不在的，一个坐有五女一男的竹排从我们身旁驶过时，他将竹篙一点，慢声言道：“可怜一只羔羊误入众虎之口了!”他见我们尚未反应过来，便恍若漫不经心地点破机关：“女人是老虎。”顿时，我们个个笑得几乎跳入水里。不长时间，我们两个竟然成了朋友，才知道他叫寿青山，而且当晚与他在一个僻静村落的餐馆里吃了夜宵。他说，他离开了九曲溪水和小小竹排，便失却了灵性与生气。很多人认为他一定很累，可是他说，他从来不累，他是属于武夷山水的，那里是生他、养他、育他和成就他的地方。他曾在竹排上为中央领导、海外知名人士谈古论今话武夷，更为千千万万不知姓名的一般游客放肆地调侃，他将生命与激情挥洒在这九曲溪水上，为各方游客了解武夷倾尽所能。他甚至说，他可以活到一百岁，而且那个时候还可以撑起竹排，还会为四方游客取乐。

再回到这篇课文中的老人，不也是这样吗？他们感到生活与工作很有意义，他们与这青山绿水一样，都是一道诱人的美景。他们是不累的，也是不老的。

【孙双金】好一个寿青山！他真是寿比青山啊！山水赋予他灵气，生活给予他激情！

【陶继新】您说得真好！我离开他的时候，就说了一句祝福的话："祝您寿比青山！"

【孙双金】我的第三堂课是这样的：

第一学期到了期中之后，我接到教育局刘水局长的一个电话，刘局长在电话里说："下一周星期三下午是全区的中小学校长书记会，我们把这个会安排在北小举行，听你两堂课，课后所有听课的人员跟你现场互动。"接到任务后，我就认真准备起来。我选了五年级的一篇课文，题目是《只拣儿童多处行》。这篇文章作者是冰心，是一篇写景抒情的散文，文章写得很美，体现了冰心先生一贯的文风。经过思考，我准备这样教学：以文章为起点走向作家本人，紧紧扣住冰心先生的名言"有了爱就有了一切"作为教学的灵魂和教学的主线来展开。

到了那一天，全区的校长书记全集中在我们学校的阶梯教室。上课开始，我以一曲《春天在哪里》带领学生走进文本，然后紧紧扣住"冰心老人为什么要只拣儿童多处行呢"这个问题引导学生走进文本，走进作家的内心世界。当学生明白，在儿童的眼里，盛开的海棠花是最美的春光，在作家冰心的眼里，充满生命活力的儿童是最美的春光，儿童是春的使者，儿童是春的化身的理解基础之后，我在多媒体上播放了一段非常抒情的音乐，同时呈现冰心的名言"有了爱就有了一切"，拓展阅读冰心是怎样爱自然、爱大海、爱星星的。然后学习冰心的一首代表诗作《纸船》。在著名配音演员丁建华的配乐朗读声中，孩子们陶醉了，陶醉在美的音乐、美的画面、美的朗诵和美的意境当中了。

两堂课结束后，刘水局长用现场抽签的方式，让听课领导和我互动。互动中有的领导提出了这样的问题："你为什么教一篇课文要带出一位作家呢?"我即兴给领导们做了解答："一篇文章就像一扇窗户，它给学生打开了一扇认识世界、了解世界的窗户，它也给学生打开了认识作家、走进作家的一扇窗户。不是说文如其人嘛，我们要真正读懂一篇文章，就应该走进作家的内心世界、人生世界。"

这两堂课和现场的互动，让玄武区的领导了解了我，也让我走进了他们的情感世界。

【陶继新】您从不同的视角，透视了冰心"有了爱就有了一切"的内心世界，这是一般人未必能够做到的。正是如此，您有了对这篇课文的深入理解，有了超越一般教师的教学艺术。同时，还有一点，那就是哪里有儿童，哪里就有快乐，哪里就有灵性与生气。我们还可以追溯一下她的其他作品，为什么冰心如此喜爱儿童、如此富有爱心，这与其小时候的生活经历有着密切的关系。任何一个人的生命，即使走到生命的尽头，都是不可能完全褪掉儿童既有的原色的。可以这样说，她的童心，是从小就流淌在心里深层的，而且一直流淌到生命的终点。在冰心老人逝世前的不到一年时，我们去北京医院探望她。因为她是《当代小学生》的顾问，我是《当代小学生》的主编。我们是经常去看望她老人家的。那个时候，她已经不会说话，坐在轮椅上，可是，她的脸上所透射出来的，依然是慈爱，依然是童心，依然洋溢着爱。我甚至认为，那个时候，她特别美。所以，在她逝世的那一天，我写了一篇很长的悼念性的文章纪念她老人家，并发到几个报刊上，引起了比较大的反响。

您说得对："要真正读懂一篇文章，就应该走进作家的内心世界、人生世界。"教学的时候，不能就一篇课文教一篇课文，还要读懂作者，还要读懂作者为什么要这样写。这样，就不但可以将课文教活，还可以打开学生的视野，让他们从一个更大的时空去了解课文文本中的内涵与意义。

【孙双金】如果说我的三堂课是用我的智慧在引领教师、启迪教师的话，那么一位优秀的校长还要善于借用别人的智慧来帮助自己管理团队。

我到北京东路小学的第一年，就率先在学校成立了导师团队。我是这样思考的：南京是六朝古都，人文荟萃，名人辈出。在南京的历史上也曾出现了许多教育的名人，像人民教育家陶行知先生、现代幼儿教育家陈鹤琴先生、著名的儿童教育家斯霞老师……现在南京著名的特级教师人数众多，是巨大的资源库。还有像王兰老师、袁浩校长、陈树民老师、孙丽谷老师、沈峰老师都是享誉国内的老一辈名师！他们身上汇集了一辈子的教育智慧，值得青年教师好好传承、学习！而我们北京东路小学青年教师比例高达百分之八十五以上，仅靠我校长一人和校内骨干教师来培养，是远远不够的。于是，我想在北京东路小学成立南京市首家导师团。导师团成立的那一天，我们邀请的南京市知名特级教师来了，市区优秀教研员来了，教育局的领导也来了。在成立会上，青年教师代表给导师们敬献了鲜花，表达了他们渴望得到导师培养的热切心愿。导师代表发表了热情洋溢的讲话，他们语重心长地勉励青年教师珍惜大好时光，抓住发展机遇，趁年轻精力最为旺盛的时期取得显著的发展。那一次会议开得热烈而隆重，导师和学员之间互相勉励，互相交流。最后，我在会上代表学校作了简短发言，感谢所有导师对北小的关心、对北小青年教师的厚爱。在繁忙的工作和生活中挤出时间来北小手把手地指导青年教师。同时也对青年教师提出了几点希望：1. 虚心向导师学习，每月请导师来学校指导一次课堂教学；2. 每学期向导师提交一篇论文，得到导师具体的指导；3. 每学期结束，所有学员举行一次汇报展示活动，向导师们汇报一学期以来的学习成果。

导师团的成立，借助校外的智力资源，极大地激发了青年教师的学习愿望，有效地提升了青年教师课堂教学水平和论文写作水平。几年来，北小的青年教师在区、市、省乃至全国的各级各类教学比赛和基本功技能比赛中，均取得了优异的成绩、突出的效果，受到同行的高度瞩目。

【陶继新】这真是一个很好的创意，非智者不可能有如此之妙思也，非期待学校快速发展者不会做如此之想也。您已经是全国著名的小学语文特级教师与名校长，可是，您不想一枝独秀，而是想满园飘香。这是一种境界。这让我想到了孔子的忠道："己欲立而立人，己欲达而达人。"您自己发展了，也希望老师们发展；您自己成功了，也希望老师们成功。我想，老师们，特别是有志于教育事业的青年老师，会特别感激您的。这为他们提供了一个走向优秀的平台，甚至有可能让他们用相对少的时间，取得比较大的成绩。中国有句俗话："名师出高徒。"您的导师团成员，个个都是名师，他们培养的青年教师，当然也是可以成为名师的，有的甚至可能"青出于蓝而胜于蓝"。若干年后，当一批青年教师逐渐成长起来的时候，就有了"长江后浪推前浪"之势。一所学校能不能持续发展，一个重要的元素就是教师能不能持续发展；一所学校是不是名校，在很大程度上是由名师的质量与数量决定的。北京东路小学的名师数量越来越多、品位越来越高的时候，学生不就可以接受更加优质的教育了吗？

导师团指导青年教师的时候，双方还有了一份责任。青年教师有了导师，承载了学校的一份信任与期待，不好好学习，则辜负了大家的期望。当一个人有了学习的责任心之后，也就有了一种学习的内在动力。导师亦然，他们有了指导的"研究生"，是要对其负责任的。况且，您这个导师团是一个团队，每个人都希望自己指导的"研究生"早日脱颖而出，能有更大的成就。无形中，也就有了一种竞争。所以，都会特别尽心尽力做好导师工作。这种良性的竞争，会形成一种相互促进的能量，于是，学校也就有了蒸蒸日上的气象。

【孙双金】其实，借力、借智慧是校长在教学管理中很重要的策略。我再举一些在教学管理当中借智慧的案例：

其一，学校设立了名师讲堂。我们的名师讲堂，是指邀请全国各地的名师走进北京东路小学，展示他们精彩的课堂教学技艺。我总有一个梦想，也曾经跟老师们说过，希望北小的教师坐在北小的校园里，就能听到全国各地名师的精彩课例。于是，我请于永正老师走进北小，请陈琴老师走进北小，请高林生老师走进北小，还请高校的名师和研究所的教育专家走进北小。一位名师就是一扇大门，对话一位名师，也就是开启通往教育智慧的一扇大门。古人讲："取法乎上，得法其中。"我认为，只有跟一流的名师对话，才有可能使自己达到二流的水平，然后逐步接近一流，乃至超越一流。

【陶继新】名师讲堂的开设，为全校教师提供了向名师学习的契机。于永正与陈琴，是您的好朋友，也是我的好朋友。他们有着非常深厚的文化功底，有着很高的教学艺术。听他们讲课，既可以吸纳知识与智慧，也是一种审美享受。不过，他们的人生经历也告诉老师们，他们并非"生而知之者"，而是"学而知之者"。只有不断地学习，提升自己的文化品位，才能真正走向名师的殿堂。这让老师们感到，只有努力，才有收获；只有持之以恒地向前行进，才能开启新的人生旅程。同时，于永正与陈琴老师还都有着很高的人格品质，这些品质就在其报告与讲课中不知不觉地呈现出来，从而让老师们"学而时习之"。我发现一个规律，那就是真正意义上的名师，不但需要教学的艺术，更需要人格力量的支撑。那些没有人格而一时出名的老师，多是不能"长命"的。于永正老师为什么70多岁依然驰骋于小学语文界，在很大程度上，与其高尚的人格是紧紧联系在一起的。陈琴老师为什么受到广泛的欢迎，自然与其素读与吟诵有关，而其内在的优秀品质也是一个极其重要的因素。

【孙双金】其二，学校开设了家长进课堂。怎么想起来让家长进课堂了呢？这要回想到我平常在跟家长交流中受到的启发。北小的家长，来自社会各界，汇聚了各方面的优秀人才。有的是教育科学研究院的研究员，有的是大学的博士，有的是企业界的精英，还有的是各行各业的杰出人士。我跟他们交流，总能受到很多启发，学到很多东西。于是，我就琢磨，教师是学科教育方面的人才，但是教师的教育视野和知识背景有局限，如果把这些各行各业的优秀家长请进校园，请进课堂，那给孩子们带来的启发和帮助是教师所不能及的。于是，经过学校行政会的商量，我们就开展了家长进课堂的活动，在每周五的下午，安排一节课，由班主任组织和实施。家长进课堂活动开展两三年来，得到了孩子们的无比喜爱、家长的大力支持。

【陶继新】家长进课堂，为学生打开了一扇了解世界的窗户。家长们到自己孩子所在的学校讲课，不但不求报酬，而且会有自豪感，还会特别认真。因为没有不爱孩子的家长，他们能到学校里讲课，无疑为自己的孩子增添了自信与自豪指数。所以，乐意来，讲得好，学生也当然乐意听，学得好。而且，他们讲的内容，很多是教师不可能讲好、也不能讲的内容，所以，学生听起来感到新鲜而有价值。其实，学生学习，不能只是就课文学课文，也不应当只是听老师讲课，而应当有一个更大的视野。古代之所以主张游学，除了“行万里路”之外，另一个重要的原因就是能够听到更多名师名家所讲的内容，从而扩展自己的视野。你们的家长进课堂，则让学生有了一种游学的感觉，学到了超越课文文本之外的丰富知识。有的家长也可能讲到其人生的阅历，那更是一本多姿多彩的生活之“书”，更能引发学生的思考，激发他们的上进心。

【孙双金】其三，学校开展了名家进校园活动。这项活动是家长进课堂活动的提升和发展，这个活动的诞生也缘于一次与家长的交流。那一天，我和市政府分管教育的秘书长，以及一位书画名家在一起喝茶，交谈当中，这位书画家谈起了他的书画经历和成长体悟。他说，一次名家的讲座给他留下了极为深刻的印象，改变了他人生的发展轨迹。他的话触动了我的灵感。是呀，为什么不在北京东路小学开设一个名家进校园的活动呢？把各行各业的名家请进北小的校园，让他们和学生面对面地交流成长经历和成长感悟。我把我的想法跟他们一讲，他们特别赞同。那位书画名家当场表示：孙校长，你什么时候需要，我什么时候到北小给孩子们做讲座。于是，那一学期的开学典礼，我们请来了体育名家黄旭给孩子们讲他的体育人生。六一儿童节，我们请来南京市30几位民间艺人在校园内给孩子们展示他们的绝门独技。这一年的7月1日、2日，我们又请来著名书法家徐利明先生、南师大郝京华教授、陈琴老师、刘良华老师给学校老师进行面对面的校本培训。名家进校园极大地提升了教师的文化视野和文化品位。

【陶继新】学生，包括老师，大都有一种崇拜名人的情结。让这些名人走进学校，当然会受到大家的欢迎。而且，这些名人所展示的才艺，多是孩子见所未见，或者虽见而只能心向往之的绝活。这会对孩子形成一种巨大的吸引力，从而让他们感受到民间艺人的超人的艺术魅力。名家为孩子开设体育人生等讲座的内容，就不只是体育的内容了，还有一种体育精神，从而培养学生敢于拼搏的精神。

文以化人

【孙双金】文化，文化，文以化人，贵在一个“化”字。当下特别流行学校文化，但是好多人心目中的学校文化，更多的是表现在外在的视觉文化，而忽视了内在的无形的精神文化。我曾经说过这么一句话：“走进一所学校，看这所学校的学校文化，不是仅仅看挂在走廊和墙壁上的图画和标语，更多的是看学校教师的工作状态和日常话语。”记得深圳的名师孙建峰老师曾经跟我说过这么一个事例，他经常写文章发表文章，每次有稿费单寄到他们办公室，办公室的老师就开玩笑地问他，又挣了多少钱啊？孙老师如实告诉他们，稿费只有一百多或两百多。同办公室的老师就会嘲笑他，你忙了半天就挣了这点钱，你知道我昨天晚上挣了多少钱？孙老师说，我猜不出来。那个老师就告诉他，昨晚挣了三千块，是打麻将挣的。听了同事的话语，孙建峰老师肚里是五味杂陈，说不出的滋味。孙建峰老师身上体现的文化，是学习文化、研究文化，而他的同事们身上体现的文化，是麻将文化、娱乐文化。他们同在一所学校，校园的墙壁上挂着同样的标语和名言，但是在他们身上所呈现出的文化却有天壤之别。

为了营造北京东路小学浓郁的学习文化，我们开展了一些有针对性的活动，如成立读书俱乐部，以校长为核心，吸引一批热爱读书、渴望上进的青年教师组成一个十人左右的读书俱乐部，定期不定期地开展一些读书交流活动。又如开展思想者沙龙活动，利用学校的校本研修时间，由教科室牵头，设计好话题，组织部分教师在台上进行思想风暴、观点交锋。我们曾围绕“今天我们该读什么书”、“学生到底喜欢怎样的课堂”、“什么是课堂的真问题”、“如何转变困难学生”等话题展开过激烈的辩论，在辩论中达成共识，提升行动力。

【陶继新】由孙建峰老师发表文章让我想到自己在曲阜师范学校教学的时候，尽管没有多少教学的经验，可是，由于特别认真，而且总想从教材或教学中寻到点可以写作的素材，所以，经常为了写上一篇文章，真的是“为伊消得人憔悴”。而且，有的时候，将写的文稿投向报刊社，有些并不会被录用。可是，我就是不死心，就是不相信自己的文章不能发表。于是，在1983年第1期《中学语文教学》上发表了我的第一篇论文《刻者惨淡经营，笔者织锦成文——漫话“核舟”人物》。当时的兴奋之情是难以言表的，而且还在曲阜师范学校引起了不小的反响。因为那个时候全国的中学语文教学刊物不多，况且，这还是一个品位很高的刊物呢！而我，只是一个教学两年多的青年老师。正是因为这次文章的发表，激发了我写文章的更大热情，之后，我又陆续在全国许多刊物上发表了不少的教育教学论文。还形成了更有趣的现象，我住的楼上有一批单身老师，好多老师也在研究教育教学，也在写文章，也在投稿，而且不断地发表。于是，就有了小楼文化。结果，不多年，我们这些年轻人，大多有了很大的发展。后来，在全国本科高校中成为教授的有之，在全国知名杂志社当主编的有之。可是，就是我的同学所在的另一所学校，他们也有一批单身教师住在一座小楼上，他们不是在研究教育教学，也不是在写文章，而是在打麻将。结果，整个小楼上的老师，都成了打麻将的高手。可是，他们老死没有走出那个小楼，而且有的身体还垮了下来。这也许就是您所说的麻将文化惹的祸吧！

由此再说到你们的学校文化，是您让优质的文化占领学校的。因为您是一位很有文化品位的名家，更重要的是，您通过读书，来引导老师们走向优质文化的领地。当人人都读书，都研究教育教学与写文章的时候，学校也就有了文化，学校也就必然有了优质的发展。

【孙双金】陶老师，下面我再说一点我和老师们在文化沙龙或教学研究中发生的故事。我直接引用我们学校何义田副校长写的教育故事吧——

丰盛的午餐

时间：2004 年 8 月 13 日中午

地点：北京东路一家雅致的小饭店

人物：孙双金校长和《讲述我们自己的故事》编委会成员

事由：编委会加班吃工作餐

镜头回放：

“我要借你们的头脑使一使”

从学校到饭店要步行 10 分钟路程，不远，但在 35 ℃高温的大伏天也不那么好受。进入餐厅，孙校长径直来到一张紧挨空调的餐桌前，招呼大家对着风口凉快凉快。坐定，蔡燕副校长把编委会几位老师的工作情况向孙校长作了汇报，赞赏了大家的积极性、主动性。孙校长向大家表示了问候和感谢，接着，他就和我们聊起了年龄来。席上多数是 70 年代出生的，最小的小吴老师 1978 年出生。孙校长告诉我们他参加工作已经 23 年了，说自己参加工作时小吴老师还没有上幼儿园呢。一句话惹得大家哈哈大笑起来。突然，孙校长话锋一转：“年轻人头脑灵活，今天我要借你们的脑子使一使！”大家面面相觑。孙校长接着说：“真巧，今天在座的都是语文老师。我要到广西上课，准备上《三顾茅庐》，你们谁教过这篇课文，说说你们是怎么教的，给我些启发。”说完还以茶代酒敬了我们大家一杯。我们顿时紧张起来，这样一位全国著名的特级教师备课还需要我们给他启发？一定是考查我们的水平或者看我们对已教的课文能有多少印象，借以分析我们当时教学的严谨程度……我们心里都打起了鼓。

心直口快的小黄老师故作嗔怪道：“吃饭本是件轻松的事，孙校长的任务可让我们看着眼前的美味佳肴难以下咽喽!”

孙校长真诚地说：“大家别急着回答我，我是真心向大家请教，这篇课文我在家备得总觉得不太满意。别紧张，随便聊聊。”接着，孙校长微笑着和我们聊起了他对《三顾茅庐》教材的研究和教学设想。他说，《三顾茅庐》课文的主旨在一个“诚”字，作为“卧龙”的诸葛孔明，在战乱纷争的年代请他的人一定很多，为什么单单刘备请动了他，靠的就是一个“诚”字。孙校长也坦诚地说出了他不满意的地方，就是觉得内容单薄了些。

看到孙校长如此亲切、坦诚，大家也就没有了什么顾虑，话匣子纷纷打开。蔡校长发表了自己的观点，她说由一篇文章走进一位作家，走进一部作品应该是语文教学永恒的主题；有老师说，可以拓展开来引导学生走进名著中的一个人物，比如说刘备；有老师说，对于一部古典名著中的经典故事，编者将其编入教材，其意图是不是着重要让学生了解读古典名著的基本方法和要求……

谈笑间，教学思想得到了碰撞，对文本的感悟得到了交流。猛然间，从孙校长笑意盈盈的脸上我读到了谦逊，更读到了睿智——这是在吃饭？聊天？抑或是教学研究？也许都是!

谈刘备

吃着菜，喝着饮料，我们继续聊着。我和蒋校长（还有一位杨校长今天不在座）是组织上特意安排到北京东路小学学习锻炼的年轻的副校级领导干部，组织上的期望让我们对于孙校长学校管理方面的言论格外留心。顺着

《三顾茅庐》的教学设计，孙校长似乎把话题集中到对刘备的性格特征“仁”的研究上。他给我们生动地描述了《三国演义》中“赵子龙单骑救阿斗”的故事：赵云血染衣袍舍命从曹营救出阿斗，来到刘备面前，刘备做了一个动作，说了一句话，反令赵云热泪盈眶拜伏在刘备面前表示舍命相报其恩情——刘备接过阿斗往草地上一掷说：“为了这小子，几乎折了我一员大将。”正是刘备的“仁”令诸葛亮、关羽、张飞等甘愿为其拼命，现代人还以刘备的“仁”作为管理哲学进行研究。

说者有心，听者动情。孙校长渲染这个故事的良苦用心我们几位副校长和其他中层干部是明白的。其实在和孙校长时间不长的接触过程中，我们无时不感受到他那充满情感和智慧的“仁”的哲学。

唱好人生三支歌

窗外骄阳正火。吃完饭，我们接着喝茶。知道我们一会儿就将继续投入到编辑工作，孙校长当然不忘给大家鼓鼓劲。他又一次端起茶杯来：“来，我再敬各位编委一杯，我为大家工作取得的成效而高兴。”虽然饮的不是酒，推杯碰盏，推心置腹，别是一番其乐融融。受孙校长的激励，大家更觉信心十足，七嘴八舌地回顾起这本书从策划、约稿到整理、编辑的过程，共同的一点感受就一个字——“快!”孙校长显然也受到我们的感染，兴致颇高。他伸出了三个手指，用动情的目光扫视了一下大家，说：“做一件事情，要高唱三支歌。第一支是《国际歌》——‘从来都没有什么救世主’，凡事首先靠我们自己；第二支是《敢问路在何方》——‘路在脚下’，没有人会告诉你怎样走才对，勇敢地去探索，去实践，就会走出一条属于自己的路；第三支是《爱拼才会赢》——‘三分靠天命，七分靠打拼，爱拼才会赢’，三分天命是机遇，七分打拼才能抓住机遇，赢得胜利。一个人的发展，一所学校的发展都是这个理!”多么深邃的感悟！多么浅显的表白！我们的耳畔似乎已响起了这三曲动人的旋律……

后记：

孙双金校长喜欢鲁塔克斯的一句话："在嬉笑中做成别人严肃认真做的事，这是最高的智慧。"这个中午，值得我们品味的绝不只是色香味美的菜肴，更让我和我的同事如痴如醉的是孙校长的情智魅力。

这是一顿丰盛的午餐！

【陶继新】何义田副校长写的这个故事真经典，它写出了您的智慧，也内涵着您的谦虚品质。校长问讲于副校长与老师，名家问讲于非名家，这恰恰是孔子最得意的学生颜回的品质："以能问于不能，以多问于寡；有若无，实若虚"。所以，这个午餐真是"丰盛"啊！

在这里，也与您谈谈三顾茅庐与刘备这个人物。因为你们重点谈了刘备的"仁"，我还想谈谈刘备的"智"。在一般人看来，诸葛亮是最有智慧的人，其实，有的时候，刘备的智慧绝不亚于诸葛亮。说到三顾茅庐，不能不说到陈寿的《隆中对》。诸葛亮的一番话，可谓高瞻远瞩，那个时候，已经预知天下三分。而刘备似乎对这些问题没有反应，可我认为，他也是心中有数的。他虽系"皇叔"，可是，兵少将寡，当时根本不是曹操与孙权的对手。然而他知道一点，凭着刘皇叔这个金字招牌，如果再有一大智之人相助，是可以成就一番事业的。这个大智之人是谁，就是诸葛亮。而如何去请诸葛亮，怎样才能请到诸葛亮，这又是一个智慧问题。不但需要诚，而且需要智。这个"三顾"，不但请来了诸葛亮，而且让诸葛亮终生感动不已。在《出师表》中，诸葛亮这样写道："臣本布衣，躬耕于南阳，苟全性命于乱世，不求闻达于诸侯。先帝不以臣卑鄙，猥自枉屈，三顾臣于草庐之中，咨臣以当世之事，由是感激，遂许先帝以驱驰。后值倾覆，受任于败军之际，奉命于危难之间，尔来二十有一年矣！"意思是说，我本来是一介平民，在南阳亲自种田，只求能在乱世中苟且偷生，不谋求在诸侯前扬名做官。先帝不认为我身世卑微、见识短浅，降低自己的身份，亲自三次到草庐里来看望我，向我征询对当今天下大事的意见，我因此十分感激，于是答应先帝愿为他奔走效劳。后来正值先帝遇到战败，我就在这个危难的时候接受使命，从那时到现在已经二十一年了。刘备三顾茅庐，让诸葛亮为他鞠躬尽瘁，死而后已了二十一年啊！而刘备的智慧还有就是您上面所说的长坂坡上对赵子龙说的一段话，让这五员虎将为其尽忠整整一生，也感恩戴德一生啊！尤其是刘备的白帝城托孤。当时刘备在与东吴大战失败后，在白帝城病危，将诸葛亮招到白帝城，将儿子也就是后主刘禅托付给诸葛亮，并称如果刘禅不行，诸葛亮可以取而代之。我们不妨看看《三国志》中的白帝城托孤：刘备病危之时，召丞相诸葛亮、尚书令李严格托孤，命二人辅佐其子刘禅，其间刘备与诸葛亮曾经有一段对话："召亮于成都，属以后事，谓亮曰：'君才十倍曹丕，必能安国，终定大事。若嗣子可辅，辅之；如其不才，君可自取。'亮涕泣曰：'臣敢竭股肱之力，效忠贞之节，继之以死！'先主又为诏敕后主曰：'汝与丞相从事，事之如父。'"我觉得，刘备简直太智慧了。不过，也有不少人认为刘备不是智慧，也不是仁德，而是心有他意。从上面这段话看，他的用意是极深的。刘备清楚，举国上下，除了刘备就是诸葛亮最受敬重了，若刘禅真的是个昏庸无能的人，那么，诸葛亮则有可能取代刘禅，夺走他的天下。可以说刘备并不信任诸葛亮。这种不信任其实在刘备入川的时候就能发现，刘备入川时带的是庞统，而把诸葛亮安置在老家里，就是为了限制诸葛亮，避免其功劳太大而居功自傲。诸葛亮在加入刘备军团的初期也没有太大的权力，入蜀后，诸葛亮的地位甚至没有糜竺、孙乾等人高。在刘备伐吴失败后，他马上想到的是现在国力衰败，势必会有人乘虚而入，夺取王位，而诸葛亮就是个最危险的人物，因为他在蜀国的威信太高了，怕有人怂恿他篡位。而后来的事实其实也证明了这个担心，在刘禅即位后，诸葛亮任丞相，又让刘禅尊称其为父，国家里的大事小情全部由他自己处理，几乎不会过问刘禅。而六出祁山也是诸葛亮自己的想法，几乎也没怎么和刘禅商量。所以，可以说刘备的担心不是没有道理的。咱们姑且不论刘禅是否昏庸，但就诸葛亮的行为来看，确实是把自己凌驾在了刘禅之上。而且，还有人说，长坂坡上的刘备摔孩子，实是“收买”赵子龙之心也。

我们在这里不论刘备是不是仁，是不是智，而您可以让学生去讨论，仁乎？智乎？诈乎？由此，一定是一个热闹的场面，也一定会有一场很有趣的争辩。正所谓：“有弗辩，辩之弗明，弗措也。”

我是上初中的时候读的《三国演义》，后来又读《三国志》，感到刘备这个人物是一个性格非常复杂的人物，也是一个内心非常丰富的人物，很是值得剖析。而不仅老师剖析之，也应当让学生剖析之，未必求一个固定的答案。

（完稿于2013年7月16日；作者：陶继新、孙双金。）

构建学校独有的文化

——梁山县实验中学的探索与思考

［李汝峰校长简介］

李汝峰，男，1966 年生。中学高级教师，现任梁山县实验中学校长。1985 年至 1999 年在梁山一中工作，1999 年 8 月调往梁山县第一实验小学任校长，2010 年 7 月到梁山县实验中学。出版《自主教育新探》系列丛书 120 余万字。曾经获得山东省创新校长、济宁市首届“十佳”校长荣誉称号。

编者按：学校特色文化蕴涵着先进的理念、高雅的环境、科学的管理、规范的行为、高效的文化课堂和自主发展的师资队伍等。它是一套价值和信念、典礼和仪式、象征和事迹。正是这些因素构成了一所学校不同于其它学校的个性。梁山县实验中学则特别关注了学校特色文化建设，并有了一定的理论研究与实践成果。

构建精神文化建设的能量场

【李汝峰】学校到底需不需要办出自己的特色？我认为，没有特色就没有学校文化，正如威拉德·瓦勒说，“学校都有其独有的文化，这里有复杂的人际关系，有整套的社会习俗，有独特的道德观念，有非理性的约束与制裁，有根据这一切制定的道德规范。这里有博弈，有优雅的战争，有团队，有一整套精心设计的仪式和典礼。这里有多年的传统，因循守旧的人永远对革新者宣战”。

【陶继新】学校文化主要有物质文化、制度文化与精神文化三个维度，它对身在其中的人几乎无时不在产生着影响。优雅的物质环境，可以陶冶人的情操。制度一旦内化到师生的心里，就会起到“不令而行”的作用，人们不但不会对制度有约束感，而且会有一种敬畏感，进而形成一种习惯，以至抵达“从心从欲，不愈矩”的境界。精神文化处于学校文化的核心层面，诸如校训、校风、学风、教风、办学目标、校长誓言等，它有“随风潜入夜，润物细无声”的特点，身在其中，就会自觉不自觉地受到影响。在优质的精神文化能量场中，师生心理是安全的，也是积极和谐的。更多时候，无需行政的干预，师生却可以心灵愉悦地去工作、去学习。

【李汝峰】一个学校风气正，是对按部就班地工作的传统式肯定。一种有特色的学校文化能渗透到学校的方方面面，能发挥着最大的磁力，能吸引着教师和学生的精力和注意力。作为校长，应很好地理解学校里存在的那些不成文的规则、传统、规范和期望，应注重日常工作生活层面下流动着的思想和行动潜流。

【陶继新】在学校文化建设中，校长起着举足轻重的作用。校长具有文化品位与人格能量，即使环境建设，也是高格调的；精神文化建设，也会形成正向能量，且会逐渐地让教师以至学生心里接纳。这个过程尽管不是一蹴而就的，可是，最终一定会被他们认可，且会让他们主动积极地为这个精神场增加新的能量。

【李汝峰】我一直在思考这样一个问题，校长在学校文化建设中应当扮演一个什么角色？有人说，校长是一个陶艺家、一个历史学家、一个幻想家、一个治疗师。校长的主要任务，是引领且巩固其学校的基本规范、工作、价值观和信念，支持全体教职工完成学校的核心使命；通过仪式和典礼，激励大家，使全体人员共同参与缔造有凝聚力的学校文化。校长在文化建设中的具体功能需要从多角度观察、感觉、倾听、分析，调动身上的所有感官，甚至在必要时还可以用直觉。校长在静思时，应当思考师生们在想什么，做什么，感受到什么，在期盼什么。

【陶继新】优秀的校长需要上传下达，更需要有自己的思想。对于学校里出现的问题，不是只观其表面现象，更要探其深层原因。同时，还要尽快想办法解决这些问题。不少时候，还要让教师参与解决这些问题，因为他们参与的过程，也是内化于心的过程。任何精神文化产生作用，都离不开内化。内化有各种各样的途径，您上面就谈到了一些有效的方略。您还谈到一个问题，就是校长的直觉。这个看起来有点主观，其实，仔细想一想，也是有其道理的。但是，并不是所有的问题都靠直觉，更不是所有的校长都要相信直觉，只有对学校管理身经百战且善于思考问题的优秀校长才可以。因为这样的校长直觉里面内涵了很多宝贵的经验。从表面看起来，它是直觉、即兴的，可是，深层之中，却有可能是十几年甚至几十年经验积累的一种灵感闪现，突然而至且又正确无误。

【李汝峰】学校文化渗透到学校的方方面面，要有精心设计的方略、制度、方式、方法内容、过程运筹等。学校文化建设应当有它的载体，这种载体不是传统理念上的一种简单的活动和要求，这种活动和要求应当上升到文化建设的层面，即仪式和典礼，适时的精心设计，精心组织。我始终反对学校制定的校风、校训、班风、班训的内容政治性强、宽大无边、高喊口号，让许多人看到后很好理解，但又很难达到，没有具体地符和学校特色的要求和指向。谈到仪式和典礼，目前，许多学校以改革、抓教学质量的名义，有意或无意清除了学校应有的有助于文化繁衍和发展的象征性活动。为了安全、教学成绩及政治上的正确性，有些必须要的仪式和典礼就成为了牺牲品，被当作无关紧要的东西摒弃了。目前，我们不应该回避“应试”问题，而应该在学科教学方面寻求科学合理的办法解决“应试”问题，否则我们培养的都是文化缺失的人。

【陶继新】目前，一些学校的校风、校训、班风、班训普遍存在问题，这个学校用可以，那个学校用也可以，没有个性，不是属于某个学校的“这一个”。正是因为不是他们自己的，所以，这些属于精神文化的内容就不可能形成真正的精神能量。您所说的目标定位很有道理，同时，它还应当有两个元素：一是它有一种相对不变的恒定性，也可以称之为“道”，比如清华大学的校训“自强不息，厚德载物”，斯坦福大学的“自由之风永远吹拂”。二是它有耳目一新的引领性，如常熟市石梅小学有一个“石梅格言”：“人以正为高，事以公为大。卓越的品质要从个人做起。凡事先想到孩子就错不了。用责备别人的心责备自己，用原谅自己的心原谅别人。一个人的高度并不重要，重要的是他向上的姿态。世界的路用脚走，人生的路用心走。”

您所说的典礼和仪式，当是内化精神文化的非常有效的载体。但凡精神文化做得非常好的学校，几乎都在这方面做了文章，而且是下了很大的功夫。在这种特别的仪式场景中，很多人会激动得热血沸腾，并在心中形成一种积极向上的内在向往，而且，由此自然而然地凝聚了人心。

激活教师专业成长的自觉性

【李汝峰】谈到教师专业发展的主动自觉性文化问题，实质上就是教师是否具有专业理想这一基本素养。专业理想能为教师提供奋斗目标，是推动教师专业发展的巨大动力。只有具有专业理想的教师才会对工作产生强烈的认同感和积极性，愿意终生献身于教育事业，才会致力于提高自身的专业素养，致力于统筹教育资源，努力提高专业才能与专业服务水准，努力维护专业的荣誉、形象等，真正融入学校文化环境之中，发挥其应有的作用。

【陶继新】教师的专业理想是教师专业素质的核心和灵魂，它是教师对教育事业的向往和追求，是指导教师行动的精神动力，同时也是教师专业成长的指路明灯。一名教师不仅要有理想，还要有专业理想。要对自己的学科专业发展前景加以构想与展望。只有设置一个目标，才会有责任意识和使命感。也只有追求专业理想的教师，才会在实践中感受到教育的成功，享受教育工作的幸福。

【李汝峰】教育教学活动实质上是一种师生之间的交流和沟通，站在教师的角度说，您是否被学生接纳？如何才能让学生接纳？我认为，教师的专业水平是最重要的。如何提高教师的专业知识水平，是目前教改中一个重要的核心问题，我们许多学校领导和教师本人，只注重表面层次的教学环节的设计，不注重专业素质结构的改变。说到底，只注重熟背教材和教学现代化技术手段，而忽视专业知识、实践知识、专业技能、专业情感的综合整合和提高；为寻求这种提高，以往只注重外在原因，而忽视了内因，即老师专业成长的自主性和自觉性的提高。我校在提高教师专业水平方面走了不少弯路，收效甚微。因此，如何从全方位多层面构建积极健康的文化氛围，使教师的专业发展由被动变为主动，是我们目前正在探索和实施的一条思路。让教师具有自我满足感、自我信赖感、自我价值感，才能认识自我，主动地去反思解决教学当中存在的困惑，寻求更有效的教学思路和方法。

【陶继新】有的老师教学非常认真，学生就是不喜欢，原因就是只看教科书与教参书。没有与之相应的文化链接，没有丰富的智慧储备，就不可能形成属于自己的生动语系。相反，像您所说的如果有了专业成长的自觉性与自主性，就会在认真备课的同时，不断地吸纳与之相关甚至是无关的优质知识，进而内化成自己的智慧。这样，再看教科书与教参书的时候，就有了属于自己的思想，有了自己的话语系统。于是，再教学的时候，就会舒卷自如，游刃有余。不但会受到学生的喜爱，自己的教学也成了一种审美追求。这样的话，终生就不是在教书匠怪圈里徘徊复徘徊，而是感悟到生命一次又一次的飞跃，享受着教学的心灵愉悦。

【李汝峰】教师专业水平的展现靠课堂，因为课堂教学已经成为现代新课改的现实聚焦点，由此应该注重以下三个方面：（1）怎样的教学是有效的？（2）如何才能上好一堂有效课？（3）用什么方法去开展有效课堂教学研究？我们天天都在进行课堂实践，却始终没有做到在实践的基础上寻求自我发展的途径，主要原因是缺乏对每一节常态课的反思。波斯纳提出的教师成长公式是：经验＋反思＝成长。尽管教师发展的途径是多元的，但反思自我是教师发展的内在动力。目前，我校在保持常规性的教学活动前提下，对每个教师的常态课进行全程录像，让其个人评价自己的课，这种形式解决了以前常规评课中遇到的一些困惑：（1）专家评课。专家的理论所站的高度与一线教师常态课差距太大，所以专家的评课只能是一种理念和方法的引领，而不能在常态课过程中有效地去实施落实；（2）同事间的互评。一是在一片赞扬声中轻松而过，二是就问题论问题，缺乏理论根基，不能把问题系统化，达不到引导和启发的效果。

【陶继新】提高课堂的有效性，不是靠一节两节的公开课实现的。而且，有的公开课因有了太多人的“参与”而失去了其本真的意义。提高常态课的有效性，才是提升教师教学水平的重要方略。您的分析很有道理，专家听课，是有一定的理论高度，有的也会起到一定的引领作用。可是，有的专家并不上课，也不深入课堂，所讲理论也就少了生命根基，评课的时候难免言不中的，甚至出现误导。当然，专家如果真正深入课堂之中，所谈也是很有指导价值的。同事之间互评虽然存在这样那样的问题，如果让大家既提可圈可点之处，也提批评意见的话，还是可以起到一定效果的。但是，被评的老师有的时候未必服气，也未必认真对待。你们对每个教师的常态课进行全程录像，让其个人评价自己的课，则是一个很好的突破口。因为反思是不是主动，是不是有效，当是提高教师课堂有效性的关键因素之一。你们让教师反思进入到了一个自主自觉的状态里了。

【李汝峰】教师对自己的常态课进行反思自评，正逐步见成效，许多老师在这方面表现出了高度的积极性。我们一线教师，不是不愿提高自己的专业水平，而是学校没有创建必要的有助于其发展的环境。据调查，许多老师感慨道：从教十几年通过自评课的形式才真正认识自我，看到了自己课堂上存在的问题，自发地寻求、思考解决这个问题的方法、措施。有效课堂教学必须遵守最基本的原则，即学生积极参与、习惯培养、能力提高。也必须得承认每个教师有他自己教学的特点和个性，在统一原则的指导下，要有各自不同的教学个性。

我们学校进行常态课自评正是遵守这种专业自我发展的原则，尊重个性，进一步调动教师个人主动发展的积极性。

【陶继新】教师课堂教学中的问题，特别是一些习惯的不雅动作与语言，如果是其他老师指出这些问题的话，有的老师未必特别当回事，甚至还会产生反感。可是，通过录像，自己就会看得一清二楚，以致自惭形秽，想方设法尽快改正。当然，自己教学中的亮点也会感到欣慰，并继续保持与发扬。于是，修正缺点，发扬优点，就成了每个教师自觉的追求。他们将不满足于第一次录像，还会要求第二次、第三次……而每一次录像，都会让他们比较深入地反思，寻找出提高教学效率的新途径。这样，您所说的教学的有效性，也就自然而然地实现了。

【李汝峰】我们现在所关注的有效课堂，也就是文化课堂。课堂文化建设，也正是学校文化建设的很重要的组成部分。我们常提出的课堂教学的三个目标中，教师的专业能力在文化课堂品位构成中起到了一个基础性、载体性的作用。现在的课堂教学中最难关注的是情感态度价值观。师生的乐趣感、成功感、厌倦感、焦虑感如何去生成、去消除；工作学习是以自我为中心还是为社会、为他人所付出的价值取向；每人对班级同伴的态度是积极的还是消极的。这是内涵在深处的不可能量化的问题，实质上正是这些习惯上不愿去关注的问题，在左右着、制约着教师的专业成长及学生的上进心。

【陶继新】教师工作的优劣，与工作数量有关，更与工作的态度与价值取向有关。被动而教者，不管其是哪个名牌大学毕业的，都不可能成为优秀的老师；相反，主动而教者，即使开始的时候教学水平一般，也会后来居上，以至成为优秀老师的。每一个教师都有着巨大的发展潜力，只不过这种潜力有的时候被压抑了而已。被动工作状态下的教师，潜力会处于沉睡状态，久而久之，还有可能濒于死亡。主动工作状态下的教师，潜力会被激活，而且呈现出“愈演愈烈”之势。当这种潜力源源不断喷薄而出的时候，还会在心底生成一种更加积极的情绪以及特殊的自信心。这些，又促进了潜力的生成与挥洒。看看当今真正意义上的名师，没有一个不是长期处于积极主动工作与学习状态者，当然，也由此创造了一个又一个令人匪夷所思的奇迹。

寻求语文课堂教学的回归路

【李汝峰】目前语文课堂因应试而干瘪，它应回归到丰满的文化的课堂。因为语文是一种工具性的基础性学科，所以说我们学校在面对语文实际教学状态时非常注重语文课堂改革。目前，语文教学特别是课堂教学步履艰难，语文教师的困惑和迷惘很多，增强理性，澄清理念，提高信心，明确方向，寻求语文教学的回归，是迫在眉睫的问题。语文新课标对学生的语文素养的内涵进行了界定：语文课程是一门学习语言文字运用的综合性、实践性课程，义务教育阶段的语文课程，应当使学生初步学会运用祖国语言文字进行交流沟通，吸收古今中外优秀文化，提高思想文化修养，促进自身精神成长。现在提出这个问题，是基于两个方面的调查：（1）从社会人才需求方面发现相当一部分走出校门的学生，语言交流、书面文字水平相当差，不能满足当代社会对人才的需求。（2）从初中招生到中考甚至高考的过程中，发现学生语文素养同其他学科相比水平较低。

【陶继新】之所以出现您上面所说的两个问题，原因是多方面的，但有两个原因是不得不提的：一是因为学生阅读数量少与质量差；二是因为写作训练少。一本语文教科书一教就是一个学期，教师讲过来讲过去，有的还会出现一个非常可怕的现象：你不讲我还明白，你越讲我越糊涂。叶圣陶先生说："教材只是一个例子。"可是，一些语文教师却把教材当成了教学的全部内容。没有大量且有一定品位的阅读，是不可能提高语文水平的。潍坊韩兴娥老师两周教完一本教材，然后用大量的时间带领学生阅读，特别是诵读经典文化，学生的阅读水平自然也就有了很大的提升。这一"海量阅读"产生了巨大的作用，而且有了长期的效应。写作也是这样，两周写一篇作文，能写好吗？训练如此之少，当然也就不能抵达熟能生巧的境界。加之没有阅读积累，没有语言储备，写起来自然也就捉襟见肘。上次采访您的时候，您对这些问题就有了非常深入的思考，也探索出了破解这一难题的方法。现在，可否就这个问题继续谈一下？

【李汝峰】好的。语文课改十多年来，学生的语文素养未见实质性的提高，一个主要原因就是课改的新理念未能继承和发扬合理的语文教学传统，用人文精神消解了语文在课程、在社会实践中运用的基本流程。叶圣陶先生提出的"听"、"说"、"读"、"写"和语言、思维、课内课外等方面的语文教学原则不能放弃。

【陶继新】上面我谈到读与写，听与说也很重要。听与说需要课堂训练，也需要在平时的生活中学习。一个老农民一个字不识，可是，却可以将话说得头头是道、有条有理，比上了12年学的高中生还会说。这是为什么呢？因为我们的课堂没有给学生留下多少说话的机会，只是一味地听老师讲。久而久之，也就不太会说话了，有人称之为患了"失语症"。而且，这种听不是主动与积极的，也多不是快乐的，所以，听的效果也并不理想。要想提高学生听与说的能力，就要让他们多听乐于听的话、多说乐于说的话。为此，必须对传统语文课堂进行改革，不但教师要少讲，要讲精，讲得有情趣，还要让学生成为课堂的主人。

【李汝峰】在语文课堂方面，我们正在消除并纠正以下这些存在的问题：（1）失实：教学目标设定虚化、空泛，教学方法、手段追求形式、华而不实；（2）失调：师生活动时间失调，教师活动时间远远超过学生活动时间；（3）失控：偏离文本的价值取向，漫无边际的体验；（4）失度：盲目搜集和使用资料，远离文本的过度拓展。通过纠正以上问题实施语文课堂教学改革之后，学生的兴趣提高了，学生的感悟深刻了，重点的词语段落理解了，提高了教学的有效性。

【陶继新】目前师生活动时间失调是一个普遍存在的问题。有的老师认为，课堂应当是他们的天下，学生自己是不可能学好的。这种对学生的不信任，导致了教师讲之过多、学生自主学习太少的问题。没有了自主学习，学生的学习效率自然也就不高了。同时，语文课有其自身的特点，特别不需要大量的练习题。没有一个学生是靠做语文练习题成为作家的。莫言就是一个典型的例子，他上学时没有什么语文辅导材料，更没有大量的课外练习题，可是，有了对四大名著等好书的阅读，比起老师的课堂上喋喋不休之讲，对莫言产生了更大更好甚至神奇的效果。

【李汝峰】关于学生阅读问题方面，阅读分课内和课外阅读。课内阅读是形式化的，缺乏教师高质量的引导和示范，没有给阅读的重点部分留下充足的时间，从时间的分配上看不出重点章节的分量体现。课外阅读问题是，有些师生认为其他学科书面性的作业太多，没有时间去阅读语文学科的资料。我认为，真正的问题是语文的课外阅读作业不具体，范围广，学生的课外阅读量的大与小、认真不认真，甚至读没读，语文老师都无法检查落实。鉴于以上存在的问题，我们的做法是，课内阅读主要是看给学生留于阅读的时间足不足、老师的指导水平及评判教学的优劣；课外阅读与写作教学结合起来，学科组统一提前规定阅读的方向和任务，这个任务的完成情况通过紧接而来的写作课来进行检查落实。

【陶继新】学习语文，阅读是一个极其重要的内容。所以，在课堂上规定教师少讲些，学生多读些，自然就增加了阅读的时间与阅读量。阅读水平的提升，恰恰是需要时间与量的积累的。您说的老师的指导也很重要，阅读是一门学问，特别是那些饱含感情的记人记事的课文，还要让学生“披文以入情”地走进课文所叙写的场景之中。多次听特级教师于永正老师的课，总为其能够让学生在课上朗读而感叹。他更多不是讲出课文的意思，而是在他的引领下，让学生读出其中的内涵，读出课文的韵味。课内阅读水平的提高，还会让学生喜欢上阅读，让他们自觉地向课外延伸，从而在扩大阅读数量的同时，提高了阅读的质量。

【李汝峰】关于写作教学，我想起了叶圣陶先生 1962 年的一句话：“所谓通过写作关，目的在能顺顺当当地写好一般文章，记事记得一清二楚，说理说得明白晓畅。”遗憾的是，中学语文教学还没有能够达成这样的认识，对学生难过写作关的情况视而不见，对于学生的作文教学，大部分学校的做法是两周布置一篇作文，两节课做完，上交后通过语文老师彻夜批改，也许评语很到位，返还给学生后，一部分学生可能会认真地看一下老师的批语，这篇作文的写作流程就完成了。这里面存在一个致命的问题：老师的评语、意见是否真正让学生再对该篇文章进行了修改。据调查，基本上都没有做到。这样看来，学生在校一年大致写了 20 篇文章，这 20 篇文章都是靠学生自然生成，只是完成了老师布置的基本任务，没有真正实现学生的写作水平和语言积累的提升，也就是说，学生的作文没有真正得到老师的指导和交流，停止在原始水平。我们的做法是，写作课放在了每周一，因为学生周六周日在老师的指导下进行了有指向的阅读，在此基础上进行快速写作，并把写作和评阅结合起来，两节课完成整个流程。教师根据平时掌握的情况当堂从学生的习作中抽出几篇让学生进行当堂评阅、互评。这样做的好处是有利于学习水平贴近的学生相互取长补短，最后教师再将从小组中抽出的作文面对全体学生进行评阅。这也就能使学生对本次作文所要表现的主题以及围绕主题怎样选材有了更进一步的认识，实现真正的阅读和写作的统一。

【陶继新】当堂评阅会产生一种期待效应，从而调动起学生写作与听讲评的积极性。学生不再是被动地完成一项任务、一份作业，而是主动积极地去写作，去体会老师评阅的妙道。这样，一方面可以起到立竿见影的作用；另一方面，在让学生学会如何写出更好作文的同时，也激发了写作的热情。每次如此，都有激情，都有收获，时间一长，不也就喜欢上写作，能写出好的作文来了吗？

（原载于《创新教育》，2013 年第 3 辑；作者：陶继新、李汝峰。）

“和·容”文化：持续发展的精神能量

——日照一中学校文化新景观

［许崇文校长简介］

许崇文，山东省日照市教育局党委委员，山东省日照一中党委书记、校长，全国优秀教育工作者，首期齐鲁名校长建设工程人选，《山东教育报》2009年度十大新闻人物，山东省2011年度教育创新校长，《中国教育报·现代校长周刊》2011年度十大校长，山东省双拥工作先进个人（被省委省政府省军区授予三等功），山东省富民兴鲁劳动奖章获得者，日照市有突出贡献的中青年专家。主持全国教育科学“十一五”规划教育部规划课题《“师生成长共同体”构建与实施策略研究》、教育部重点课题《实施“师生成长共同体”工程、创建和谐教育特色学校实验研究》等多项国家级课题，在《中国教育报》、《中国教育学刊》、《当代教育科学》、《人民教师》、《山东教育》、《大众文艺》、《中国校外教育》、《基础教育论坛》、《山东教育报》、《曲阜师范大学学报》等重要期刊和报纸发表学术论文20余篇。兼任山东省教师教育学会校长发展与学校管理研究会副理事长、山东省教育学会教育管理研究专业委员会副理事长、曲阜师范大学硕士生导师、日照市政协委员、日照市教育学会副会长等。其办学经验在省内外产生重要影响，《中国教育报》、《山东教育报》等多家新闻媒体对此进行报道，海内外许多学校慕名前来考察学习。

编者按：近年来，山东省日照一中快速发展，不但成了日照市乃至山东省基础教育的领跑者，而且也渐渐地走向全国，引起了更多同仁的关注。近日，陶继新先生再次访谈许崇文校长，继续探索这所名校持续发展的内在原因。

构建“和·容”文化新蓝图

【陶继新】许校长，您好！作为一所名校，日照一中已经构建了属于自己的学校文化，特别是在精神文化建设方面，有着鲜明的特色。那么，您可否就这个方面给我们谈谈，以便使更多的学校“学而时习之”?

【许崇文】一所学校，特别是历史名校，要有精神文化，要有主流思想，要有良好的教育生态系统。回顾日照一中90年的发展历史，我们一直传承着“和谐”的薪火，并在传承的基础上不断改革创新。早在上个世纪30年代，学校就提出了“勤朴勇诚”的校训，就有“蔚为大器邦家光”的歌词，用文化引领教师和学生养成良好的品质和作风，树立远大的人生理想和积极进取的精神，大气有为，敢为人先，为家乡、为祖国争光。如今，我们确立了“内涵发展、质量提高、特色创建”的教育改革之路，致力于追求“文化兴校”的管理境界，用文化引领学校发展，用精神激励师生成长，努力创建“和·容”文化特色学校。在传承学校历史文化的基础上，我们又进一步树立了“人文日新，和谐发展”的办学思想，塑造了“海纳百川，追求卓越”的学校精神，努力构建“和·容”文化的新蓝图，正由科学管理的大道向人文管理的境界过渡。相信不久的将来，我们学校会真正变成一个人心凝聚的文化场，成为教师享受职业幸福、学生体验成长快乐的和谐家园。

【陶继新】“良好的教育生态系统”说得好！真正的名校，不只是当下有名，还应当有着持久的发展效应。它不以破坏这种发展而博取当下的有名，而是以维持以至优化这种生态而形成内在的能量。其发展可能不是突飞猛进的，可是，它因形成一个巨大的精神能量场而让学校持续行进，从而变得越来越优质，越来越有名。而这种精神能量，自然离不开学校精神文化的建设。从上面您谈的内容中，足以看出您是特别关注学校精神文化建设的，不但有了文字的诠释，更重要的是，您关注了它的内化。不但让师生认同它，而且自觉自愿地实践它，并且结出了丰硕的成果。我想，“和·容”文化，作为日照一中的一张教育名片，内涵是极其丰富的，请您再进一步谈一下好吗？

【许崇文】好的。文化是学校发展之魂，一个没有灵魂的学校，很难走远，难以持续发展。“和·容”文化，是我校历史文化的积淀，是我校历经90载生生不息、繁荣兴旺的原动力，有着丰厚的内涵和持久的活力。“和者，谐也”（三国·魏·张揖《广雅》），有和睦谐调、和衷共济之意，是一种相辅相成、共荣共生、互助共赢的状态。“和”是我国传统文化的重要范畴，其中蕴含的人文精神，在今天仍然闪耀着智慧的光芒。我校“人文日新，和谐发展”的办学思想，正是植根于“和”文化的丰厚内涵之中。“容者，盛也”（东汉·许慎《说文》），有胸怀宽广、包纳容蓄之意，是一种兼容并包、涵纳万物的气魄。“容”亦是我国传统文化的重要范畴，是一种“兼容并蓄”的文化。我校“海纳百川，追求卓越”的学校精神，亦是滋养于“容”文化的丰厚内涵之中。建设“和·容”文化，就是要坚持师生共同成长的理念，充分发挥人文内涵的教育功能，营造和谐包容的绿色生态环境，构建“和而不同”、“兼容并包”的学校文化，培养具有包容、谦逊、博学、积极有为等“和·容”文化特质的一中人。

【陶继新】听您这么一谈，我不但对“和·容”文化有了一定的了解，也对您有了深深的敬意。因为能够如此深刻地解说它的内涵，非文化者不可也。一个优秀的校长，不应当只是一个上传下达者，还应当是一个文化人。学校是文化的圣地，而校长的文化品格，则是这一圣地的一道最亮丽的风景。再说，文化的要义是以文化人，而校长有了文化，则可以更好地化人，更好地让教师也拥有文化。老师不应当只是教科书的教授者，而应当形成自己的文化语系，这样，教学的时候，才能更好地以文来化自己的学生，才能够让课堂拥有文化与生命的张力。

【许崇文】“和”文化、“容”文化，是我国传统文化的精华，是我校多元文化的核心精神，二者和谐共生，相得益彰，共同撑起我校的文化大厦。构建“和·容”文化的基础是民主办学，实施“和·容”文化的关键是弘扬四种精神。一是合作精神。师生之间、师师之间、生生之间交流合作，共同成长，形成一种团结和谐、互助成长的共赢局面。二是关心精神。在共同的发展愿景引领下，构建良好的师生关系、师师关系、生生关系，形成民主、平等、宽容、和谐的学校生态环境，激发师生内心深处的热望，让每一位师生都成为实践关心和接受关心的人。三是日新精神。在传承的基础上，不断创新和超越，让师生每天都有新的成长和进步，让学校每天都有新的发展和提高。四是卓越精神。发扬顽强拼搏、敢为人先的创业精神，兼容并蓄，厚积薄发，培养师生“有容乃大”的品质和境界。

【陶继新】“和·容”文化弘扬的四种精神，已经形成了日照一中人的精神品牌。《周易》有言：“二人同心，其利断金；同心之言，其臭如兰。”看来，我们的古人就对合作高度重视了。现代尤其需要这种精神，单打独斗闯天下的时代已经过时，只有合作，才能共赢。在中学时代培养其合作精神，不但有利于当下，更是指向其未来的。您所谈的关心精神，是一个多维的建构，一个平等和谐的走向。在这个校园里，不管是教师还是学生，都要相互关心，从而形成一个爱的场域。只有有了爱的滋养，才能拥有健康成长的可能。汤之盘铭曰：“苟日新，日日新，又日新。”看来，这种日新精神由来已久。可贵的是，您从中国传统文化中汲取营养，形成了日照一中的日新精神。当人人都在创新，天天都在创新的时候，师生不就发展起来了吗？卓越是超越优秀之上的一种高位品质。一所学校，有卓越的校长和卓越的教师，才能有更多卓越的学生横空出世。您的卓越品质，影响了不少教师，教师又影响了学生。于是，卓越品质也就成了日照一中的品质。

【许崇文】在“和·容”文化的引领下，我们不断丰富和诠释学校课程文化、教学文化、德育文化、管理文化、校园文化的内涵，精心构建了“和合”课程、“和乐”教学、“和雅”德育、“和顺”管理、“和美”校园，积极创建“和·容”文化特色学校。

构建“和合”课程，就是倡导“多元融合”的文化，尊重教育教学的规律，尊重学生身心成长的规律，尊重不同学生多元发展的需求，重新整合教育资源，研发、开设“和·容”文化特色校本课程，培养学生的人文素养、独特个性、创新精神、实践能力，构建“和合”的课程体系。

构建“和乐”教学，就是倡导“和谐快乐”的文化，改善师生关系，优化教学内容，优选教学方法，完善多元化评价，倡导个性化教学，营造和乐的教学氛围，让教师愉快地教，让学生愉快地学。

构建“和雅”德育，就是倡导“和谐高雅”的文化，优化和雅的育人环境，探寻和雅的育人方法，开展和雅的德育实践活动，提升教育的艺术和品位，使学校成为真正的“大雅之堂”。

构建“和顺”管理，就是坚持“以人为本”的原则，以教师为本、以学生为本，构建和顺的学校管理网络，设计实施和顺的决策执行流程，建立和顺的管理机制，建立和谐顺畅的人际关系。

构建“和美”校园，就是秉持“和润校园，美泽人生”的宗旨，发挥校园环境的隐性教育功能，营造温馨、和谐、优美的育人环境，净化学生的心灵，陶冶学生的情操，涵养学生的品格。

【陶继新】“和”指不同个体的和谐相处，“合”指不同元素的有机融合，“和合”有“多元融合”之意，“和合”课程旨在建设校内、校外、课内、课外、国内、国际相融的课程体系，开发学生的多元智能，培养学生的人文素养、创新意识和实践能力，促进学生全面而有个性的发展。“和乐”教学中的“乐”字非常重要。有的老师教学，尽管也传授知识，可是，那是僵硬的，是机械的；学生学习知识，是缓慢的，痛苦的。其实，不管是教师之教与学生之学，都应当是快乐的。孔子之所以说自己“发愤忘食，乐而忘忧，不知老之将至”，是因为他之所教与弟子所学，包括他自己的学，都是可以让生命产生飞跃的，都是可以听到自己生命拔节声响的。你们还教与学以本来面目，让师生乐在其中，教与学也就有高效率，而且还有了高效益。“和雅”德育呢？不但不再空乏，而且能在和谐的环境中，培养高雅之人。看来，这样的和谐，有了高品位，有了高追求。管理之前加“和顺”二字，则给管理的定义多了和谐与顺心之义。领导与教师和谐，教师与学生和谐，则人人顺心，管理不再只是领导的事，人人都是管理者，人人都在构建和谐顺心的管理网络。理想的校园当是“和美”的。“和谐”，就是校园环境布局、结构、景物等要相得益彰，能载“文明之道”，能催人奋进，实现人与环境的和谐，从而有利于培养和谐发展的人；“优美”，就是整个校园环境要有美感，能够陶冶学生的情操，提升学生的人生境界。

【许崇文】建设“和·容”文化，构建“和合”课程、“和乐”教学、“和雅”德育、“和顺”管理、“和美”校园，就是要培养这种融传统文化、地域文化、民族文化和国际文化为一体的“蔚为大器”者，培养大气有为的“世界人”。

实施“师生成长共同体”

【陶继新】您所着力构建的“和·容”文化，与2009年我们对话中您所谈到的“构建师生共同成长的精神家园”有着内在的联系。不过，三年多来，对于这个精神家园的建设，一定又有了新的景观。所以，请您进一步谈谈这个话题好吗？

【许崇文】上面谈到了，我们提出了新的培养要求，即培养大气有为的“世界人”。为此，我们组织开展了丰富多彩的师生全员读书活动、中华经典诵读活动、海内外文化交流活动，与青岛二中等省内6所名校联合成立鲁东半岛城市高中联盟，与13个国家的近百所中学和高校建立友好关系，用书香濡染师生，以文化涵养师生，借活动陶冶师生，不断提升校园的文化品位和师生的精神境界。在这种文化的根基之上，我们探索实施了“师生成长共同体”，引导师生获取优质的生命状态与积极的人生，努力创建“和·容”文化特色学校。“师生成长共同体”，充分体现了“和”文化的理念，体现了和谐教育的思想，体现了合作与关心的精神。

【陶继新】您在主持教育部重点课题“师生成长共同体”课题研究过程中，让师生大量读书，特别是对经典文化进行了阅读，很好地提升了师生的文化品位。经典文化内化到师生的心里，大多能够外化出一道又一道绚丽的风景。所以，这个课题研究，在你们学校扎根与结果了，海内外许多学校慕名前来考察，给予了很高的评价，产生了很大的影响。那么，您能具体谈谈你们的“师生成长共同体”构建与实施的情况吗？

【许崇文】特色学校建设的“特色”是一种价值取向，也就是一种文化。这种文化在“落地生根”的过程中，需要建立一种常态的管理机制。“师生成长共同体”，就是我们建设“和·容”文化特色学校的常态管理机制，也是我们进行文化管理的有效载体。

【陶继新】“常态”说得好！任何研究，只有进入常态，才能持之以恒，才能产生好的结果。任何研究，如果图一时的热闹，想一时的荣誉，就不可能走进常态，也不可能取得理想的效果。

【许崇文】关于“师生成长共同体”，我再简单地谈两点：

首先是“师生成长共同体”提出的背景。

新课程理念倡导的师生关系，是一种民主、平等、和谐的合作交流关系。新课程背景下的教学，是教与学的交往互动，师生双方相互交流、相互启发、相互争鸣，共同分享彼此的思考、经验和知识，交流彼此的情感、体验与观念，从而实现教学相长和共同发展。

在这种新课程背景下，尤其在山东省普通高中新课改实行选课走班教学后，班级组织形式由原来单一的行政班模式变为行政班与教学班并存的模式，行政班功能削弱，班级凝聚力降低；教学班师生流动频繁，师生关系、生生关系变得松散，教学管理、学生管理、德育活动的组织安排难度增加。由此进一步导致教育场各教育要素内部及彼此之间，如师生个体身与心、知与行、德与智之间，学校内部各教育要素之间，学校与社会、家庭等外界各教育要素之间，出现许多不和谐的现象，这些现象和问题都迫切需要解决。

正是基于这些认识和思考，自2009年开始，我们创新实施了“师生成长共同体”，申报的《“师生成长共同体”构建与实施策略研究》被立项为教育部规划课题、《实施“师生成长共同体”工程、创建和谐教育特色学校实验研究》被立项为教育部重点课题。

三年来，我们在构建“师生成长共同体”的基础上，挖掘其中蕴含的和谐教育思想，进一步丰富和完善“人文日新，和谐发展”的办学思想，并将理论研究成果应用于学校教育教学实践活动的指导，构建起了学校的“和合”课程、“和乐”教学、“和雅”德育、“和顺”管理、“和美”校园，形成了鲜明的“和·容”文化特色。

【陶继新】一系列活动安排难度的增大，是因为教师多已习惯了以往的教育形式，以至形成了一种思维惯性，难以接受新的教育形式。所以，“出现许多不和谐现象”当在情理之中。不过，这种暂时的不和谐，正如改革进程中的某些阵痛一样，是必须经历的，它恰恰是走向高层和谐的一个前奏。当然，在这个探索过程中，也有可能会出现某些失误，但这一点儿也不可怕，老师们可以从这些失误中总结教训，从而取得积极的效果；况且，更多的还是不断走向成功的经验，以及由这些成果带给大家的兴奋与喜悦。于是，阵痛越来越少，收获越来越大，慢慢地，老师们也会爱上这种新的教育教学形式，也会从中感受到它的魅力与快乐。

【许崇文】您谈得非常到位。下面我再谈一下第二点，也就是“师生成长共同体”的构建与实施。

“师生成长共同体”，在微观上指具有共同愿景的师生在团体情境中通过有效互动而促进师生共同成长的教育活动组织。按照“兼容差别、优化组合”的原则，采用“体内异质，体间同质”的方式进行构建，其组织形式主要有三种：一是管理共同体——以行政班为基础组建，每个共同体由6~9名学生和 1～2 名教师组成；二是教学共同体——以教学班为基础组建，每个共同体由 6～9 名学生和 1～2 名教师组成；三是社团共同体——以社团的形式组建，由具有共同兴趣、爱好、需要和个性特长的师生构成。

"师生成长共同体"是一个集教育、教学、活动为一体的基本单位，改变了以班级为单位的传统，变原来的"大班制"为如今的"小班化"，所有德育、教学、活动都以"共同体"为单位组织实施。为了更好地发挥"共同体"的功能，我们研究实施了"共同体"下的"三步五环节"德育主题教育活动模式、"三步五环节"课堂教学策略。

【陶继新】这种新型的组织建设，不但让大班制小班化，还让师生有了比较自由的流动性，从而让原来相对凝固的师生关系"动"起来。原有的班组定势被打破了，新的组织形式建立起来了。在组建的过程中，学生有了自我选择与自主活动的权利，也就有了创造性学习的可能。因为在这种状态下学生的心灵是自由的，心灵的自由，可以激活内在的生命潜能，让学习变得更加生动而有效，甚至可以抵达灵感频闪的巅峰状态。于是，学习不再是被动且无趣的痛苦之事，而是变成了主动而又快乐的幸福之旅。

由于三种共同体并存，让更多学生有了担当某个共同体领导的可能性，这自然锻炼了更多学生的领导能力。于是，组织建设就会产生前所未有的功能。学习可以在课堂上，也可以在课外以至校外；"领导人"的指挥也有了无时不在的可能，这在无形中加强了共同体内部的凝聚力。况且，针对共同体的评价系统一旦建立，就会让共同体的每一个成员都会产生荣辱与共的感觉，有了将共同体建设好的责任感。而责任感的培养，不但有利于当下的学习，更对其未来的成长有用。

教学产生的谐振效应

【许崇文】"师生成长共同体"使教与学产生了谐振效应，使教育回归本原，实现了学生、教师、学校三位一体的和谐发展，学校教育教学的许多方面都在悄然发生着变化：

首先是我们的学生体验到了和谐发展的喜悦。

“师生成长共同体”为学生提供了亲情化、全方位的教育服务，让更多的学生感受到了人文关怀，有了个性化的交流机会，使各个层面的学生都能够充分地展示自我，促进了学生的健康成长、和谐发展，提升了学生的综合素质。

我们的篮球队夺取第六届CSBA全国高中男子篮球锦标赛冠军，连续10余次夺得全省中学生比赛冠军，被誉为“山东省冠军队”。学校被确定为中国中学生体育学会篮球分会副主席学校，被中国中学生体育学会授予特殊贡献奖。

我们的健美操队在全省健康活力大赛中摘取11金3银2铜，被省教育厅授予最佳团队奖，并代表山东省在全国大赛中夺得1银2铜，在全国健美操冠军赛中获得六人操比赛全国第一名的好成绩。

我们的田径队2人夺取全省田径冠军赛男子400米、200米冠军，1人达到国家健将级运动员标准；2人夺取全省田径联赛、全省田径冠军赛男子跳远、跳高冠军，达到国家一级运动员标准。

我们的奥林匹克竞赛接连取得全省领先的好成绩，近5年有2人获奥赛国家金牌，2人获奥赛国家银牌，2人获奥赛国家铜牌，2人摘取亚洲和太平洋地区奥赛银牌，54人获奥赛全国一等奖，260余人获奥赛全国二等奖。这些学生获得参加北大、清华、复旦等全国重点高校保送和自主招生考试资格，有的还因此享受高考加20分录取的优惠政策。

我们培养的学生在每年高考、高校自主招生和保送生考试中表现非凡，深受海内外著名高校的欢迎，2012年高考有9人被清华大学、北京大学、剑桥大学、香港大学录取，另有大批学生考取海内外名校。学校连年获得北京大学招生中学校长实名推荐资格，获得清华大学“领军计划”招生推荐资格，获得复旦大学、浙江大学等名校招生推荐资格，成为全国 50 多所 985、211 建设院校的生源基地。我们在海内外创业的 500 余名博士校友，以他们昂扬的精神和骄人的业绩诠释了学校的文化内涵和教育理想。

【陶继新】每一个学生都有巨大的发展潜能，有的甚至远远超过老师的想象，可是，如果不给其提供一个潜能开发的和谐场，这些潜能就有可能被压抑下去，久而久之，就会处于沉睡状态，以至没有了激情，没有了潜能，也没有了发展的希望。你们的共同体，点燃了学生发展的激情，让内在的潜能一次又一次地喷薄而出。于是，他们就有了更大的自信，有了更大的激情，也有了更大的潜能。所以，取得如此优异的成绩，也就有了水到渠成之势。这时候，蓦然回首，发现“师生成长共同体”竟然具有如此之大的生命张力，于是，他们就会更好地在这个共同体中学习与活动，也会让这个共同体生成更大的生命能量。

【许崇文】诚然，我们的“共同体”在让学生体验到成长喜悦的同时，也让教师感受到了和谐发展的幸福。“师生成长共同体”使全体教师在教书的同时积极主动地承担起育人的职责。通过与学生互动交流，指导教师发现了自身专业成长的薄弱环节，增强了提高教学水平和育人能力的迫切感，积极主动地读书学习、研修培训，综合素养得到提升，师生关系明显改善，幸福指数得到增长，实现了与学生共同成长、和谐发展的目标。目前在岗教师中有 4 人获全国优秀教育工作者等国家级荣誉，5 人被评为山东省中学特级教师，3 人被评为齐鲁名师，12 人被评为省级教学能手，147 人被评为日照名师、日照市学科带头人和日照市教学能手，48 人获全国优质课一等奖和省级优质课一等奖，建设了一支全省一流的师资队伍。

【陶继新】《学记》有言：“虽有佳肴，弗食不知其旨也。”初期构建“师生成长共同体”的时候，那些对此不太适应特别是有抵触的教师，通过亲“食”“佳肴”，知道了它的美味。不但认可了，而且积极主动地参与其中。正是在这个参与过程中，他们才发现，“弟子不必不如师，师不必贤于弟子”不只是一个哲理性名言，还是一个地地道道的真实现象。目前知识的多元化，以及吸纳知识的多渠道，让学生有些方面的所知超过了老师，老师在教学的过程中，也应当成为学习者，甚至可以以生为师。于是，老师们不但感受到“教学相长”的重要性，也对学生的“当仁不让于师”有了更大的兴趣。同时，“共同体”让师生有了更多的接触，这不但密切了师生关系，也让教师有了“得天下英才而教育之”的责任感，不但要提升自己的业务水平，更要提升自己的人生境界与心灵指数，不然，就不可能成为学生的精神导师，也不可能实现育人的目的。

【许崇文】“和·容”文化特色学校的创建与“师生成长共同体”的实施，让学校成为“师生共同成长，人人追求卓越”的精神家园。通过“师生成长共同体”的研究与实施，我们的学生成长了，教师协同发展了，学校教育教学质量明显提升，受到了各级领导、教育同行和社会各界的充分肯定与广泛赞誉。我校“师生成长共同体”经验在中美高中特色办学研讨会、海峡两岸三地校长学术研讨会、潍坊－日照名校长论坛、山东素质教育论坛、全国中小学校长论坛上受到广泛好评，先后获得“日照市首届精神文明创新奖”、“十一五”山东地方教育创新成果奖、中国教育学会论文评比一等奖，《中国教育报》、《山东教育报》、省教育厅网站等多家新闻媒体多次进行经验介绍。学校获得全省中小学素质教育工作先进单位、省级文明单位、全国百所普通高中特色项目学校、中国百强中学、全国教育科研先进集体、全国奥林匹克竞赛金牌学校、国家级体育传统项目学校、国家级平安校园等50余项省级以上荣誉。

【陶继新】“种瓜得瓜，种豆得豆”是一个生命规则，你们种下了师生共同成长的种子，必然会结下累累的硕果。而师生在品尝这些果实的时候，就会有一种由衷的高兴，因为这是自己劳作而结出的果子。如果说日照一中在九十年的历程中取得了一个又一个的成绩的话，那么，您这位校长则带领老师们播种下了更加饱满的种子，它们将在日照一中这片沃土上更好地生根、发芽、开花与结果。

追求卓越的未来规划

【陶继新】“和·容”文化特色学校的创建及“师生成长共同体”的研究与实施，让你们收获了教师与学生共同成长、和谐发展的硕果。这就是你们追求的卓越，这就是一个既继承传统，又具有现代胸襟的日照一中。您对学校的未来有什么样的规划？

【许崇文】当前我国基础教育进入改革与发展的深水区，只有解放思想，更新观念，以“面向世界”的眼光，以“敢为人先”的气魄，破解和谐教育难题，创新和谐教育实践，我们才能在深化课程改革、实施素质教育的大潮中继续保持和扩大我们的优势。今后，我们将以创建省内领先、国内一流、国际知名的现代化学校为目标，以学习贯彻党的十八大精神为新的起点，继续推进教育改革和文化创新，把学校建设成高质量、现代化、有特色的示范学校，建设成学生向往、教师自豪、家长放心、社会满意的国内一流学校，建设成文化多元、名师汇聚、英才辈出的开放型国际知名学校。

【陶继新】您的雄心壮志令人感叹，也给我们留了一个美丽的期待。相信您，也相信日照一中，未来会迎来一个更大的辉煌。

（原载于《创新教育》，2013 年第 1 辑；作者：陶继新、许崇文。）

做“真情、真想、真干”的教育者

——安阳市梅园中学崛起解码

[**宋志红校长简介**]

宋志红，河南省安阳市梅园中学校长，中学高级教师，河南省特级教师。全国杰出贡献园长，河南省学术技术带头人，河南省文明教师，河南省三八红旗手，河南省义务课程改革先进个人，河南省依法治校先进个人。安阳市名师，安阳市市管优秀专家，安阳市优秀教育工作者。安阳市人大代表，区政协委员。

编者按：重剑无锋，大巧不工，最高的道理其实是最简单的道理，宋志红用她那几乎“传奇”的经历书写着作为一名教育者的最基本的格言：“责任”。因为责任，她亲历了近乎瘫痪的学校的崛起；因为责任，她见证了因孩子问题而濒临绝境的家庭的改观；还是因为责任，她温暖着身边的老师、学生、家长和自己的家人，让学校成为师生的期待。2012年的最后一天，陶继新先生走进了现任河南省安阳市梅园中学校长的宋志红的世界，以长者、儒者的身份明示了宋志红教育路上的风景。

做一个且行且思的人

【宋志红】我做过 17 年的初中语文老师和 8 年的班主任，做过 4 年的初中教育教学副校长，3 年的幼儿园园长，在一所九年一贯制的学校做了两年校长，一年前又到了我现在工作的学校，这是一所完中，今年最后一届高三毕业，以后就是一所初中学校，从 2.5 岁的幼儿到 20 岁的青年，我经历了学前教育、小学教育，初中、高中的学段，这种特殊经历带给我很多思考，对三句话的认识更深刻，“没有教不好的学生”、“好习惯让人终身受益”、“基础教育是为人生打底色的教育”。

【陶继新】您这个丰富的经历，就是一笔精神财富。在您的每一段生命经历中，您都有属于自己的感悟。这些感悟，不只是丰富了您自己的人生阅历，更对您所在学校的教育发展起到了至关重要的作用。有这个经历与没有这个经历是不一样的。尼采说：“没有经历形不成经验。”不过，这只是一个逻辑上的必要条件，即有之则未必然，无之则必不然。真正有智慧的人，则将在这种丰富的经历与经验之间构建一个充分必要的条件，即有之则必然，无之则必不然。您是一个有智慧的人，您将经历变成经验，而且是有着思想含量与启示意义的经验。

【宋志红】经历过学前教育阶段，让我对“没有教不好的学生”有了很深的认同。每个孩子都是一张白纸，在父母眼里他们几乎都是神童，爸爸妈妈在对未来的无限憧憬中把孩子送出了家门，送到了教育机构，他们人生最大的谜就是：自己的孩子会成为什么样子。但他们坚信自己的孩子是最聪明的。我看到的孩子个个天真，人人稚气，一样的哭闹，一样的撒娇，一样的讨人喜欢。在幼儿教师的心目中，没有优生、差生之分，如果有区别的话，那就是个性的差异：活泼、羞涩、调皮、拘谨，或语言发展好，或行动能力强，或爱劳动，或爱表现，间或有不守规矩、不爱听话的孩子，老师也会认为那是孩子过于外向罢了。

【陶继新】每一个儿童，都有着巨大的生命潜能，都可以塑造成人才；但是，不少老师并没有发现其中的密码，将其内蕴的才智因子扼杀在摇篮里了。不同的孩子，有着不同的个性，也有着不同的爱好，关键是如何根据这些不同施以有效的教育。《中庸》开篇就说："天命之谓性，率性之谓道，修道之谓教。"人生而有异，就要顺其本性进行教育，让其身上那份最可以开发出来的"原子能量"爆发出来。朗朗的父亲从小将其作为一个音乐天才来培养，一是因为朗朗本人就有这个天赋，二是又顺着这个天性进行了最佳的教育。二者缺一不可。可是，有的老师就是希望将每一个孩子培养成同一种类型的人才，结果事与愿违；相反，如果因材施教，就会让每一个孩子展示其生命的精彩。

【宋志红】站在中学阶段看小学教育，我对"好习惯让人终身受益"感触更深。当外界、媒体对当前学校的规矩教育责难时，我倒是觉得玩游戏尚有规则，更何况人在社会上生存、生活，只有知道了每件事的限度，孩子才会保证安全，自由，应该说规范的最高境界就是解放儿童，让其自由。所以，我在幼儿园时就提出要让幼儿具备"三懂"：懂礼貌、懂秩序、懂谦让。那时候的教育更直观，一首小儿歌就是"三懂"的最佳教材："排排坐，吃果果，你一个，我一个，东东不在留一个"，秩序意识、礼貌意识、谦让意识都在这里了。小学阶段的养成教育就更重要，包括书写、读书、劳动、自己收拾书包、先写作业后玩、学会倾听、正确表述等等。所以，我在小学的低年级期末考试时就专门增设了写字姿势、一字一句读书等考核，在运动会上增加了低年级学生叠被子、系鞋带等生活技能项目的比赛。我看过一个漫画：中美孩子家务清单对比，在美国，大多数的孩子都有家务活清单。父母们认为，孩子参与做家务，不仅仅是为了减轻父母的负担，更重要的是：可以让孩子们更好地体验自己是家庭一员的感觉，从小培养孩子的独立性和责任心。中国的家长望子成龙心切，他们更重视学业的倾向。实际上，我们心里很清楚，培养一个孩子良好的品德、良好的习惯至为重要。

【陶继新】叶圣陶先生说："教育是什么，往简单方面说，只需一句话，那就是养成良好的习惯。"而习惯的养成有一个特点，那就是越小越容易培养。我的农村老家有一句常俗话："三岁看大。"虽然简单，却透视出一种哲理。他们需要游戏，也需要自由，同时，他们也需要规则，也需要文明。从小养成良好的规则意识，养成讲文明的习惯，不但当下受益，还可以终生受用。

在小学低年级阶段，让学生适当地参加家务劳动，是十分必要的。现在不少家长对孩子太过溺爱，养成了孩子衣来伸手、饭来张口的不良习惯。看来，有的时候，即使心中有爱，也会出现适得其反的不好结果。真正爱孩子，就要让孩子学会爱家人，爱老师，爱同学等。做家务是一件小事，可是，它却可以让孩子体会到家长做这些烦琐事情时的艰辛，从而学会感恩父母。所以，做家务不是家长的"专利"，更不要认为如此为之是对孩子的关爱，是对孩子学习的支持，而应当将家务活作为家庭教育系统工程中一个不可或缺的部分。不仅要有这种思考，更要付诸行动。您在学校低年级中开展叠被子比赛，会在无形中增强学生做家务的意识，也让家长感到这不是可有可无的事情，而是孩子生命成长中必须具备的能力与品质。

【宋志红】经历了高中阶段，我对"基础教育是为人生打底色的教育"印象更深。基础教育阶段，学生的学习品质、思维习惯、知识基础、个性特长、做人准则几乎都已形成，打黑则一生脱不了黑底，打白则一生有白的基础，这个阶段的影响似乎已经进入了骨髓，所以，作为基础教育阶段的老师一定要竭尽全力把学生的底色打得纯一些，正一些，宽一些，深一些，这样他们在高中阶段直至以后的成长才能更广阔一些，顺利一些。所以，我在初中学校鲜明地提出学生的培养目标——"八个一"：一副好心肠、一身好体魄、一笔好书法、一手好文章、一个好口才、一个好脑筋、一套好方法、一个好特长。为此，我们在期末有分项验收，并对优异者冠之以"华罗庚奖"、"冰心奖“、“钱学森奖”、“姚明奖”、“王羲之奖”等奖项，设置这些奖项不单是激励了学生，还有一点就是让学生的追星目标转一转方向。

【陶继新】您所培养的“八个一”目标真好，真正做到了这八个一，也就有了走向成功的可能。比如说“一副好心肠”吧，很少有人提及，可是，它又是一个人生命中最为需要的。《秦誓》中说：“若有一介臣，断断兮，无他技，其心休休焉，其如有容焉；人之有技，若己有之；人之彦圣，其心好之，不啻若自其口出；是能容之。以能保我子孙黎民，尚亦有利哉！”大家知道，《秦誓》是秦穆公誓众之辞的简称。当时秦穆公在国家亟需人才的时候，提出了上述的人才观。这与您所说的有一副好心肠有着异曲同工之妙啊！

您所说的“一身好体魄”同样重要。现在学生中患近视眼者越来越多，身体状态每况愈下，当一个人身体垮了的时候，所有的一切都归之于零。而且，好的体魄还会促进精神的提升，提高学习的效率。那种只管学生成绩而不顾其身体的教育，非但严重影响了学生的健康，也不可能真正提高学生的学习成绩。关爱学生，不能只停留在口头上，而应当像您一样，付诸实践之中，让学生有“一身好体魄”，有一个好未来。

建一个博爱、自主、发展的空间

【宋志红】我认为：孔子对教育的最伟大的贡献在于提出两个观点：有教无类，因材施教。“有教无类”给人的是无差别的、平等的教育；“因材施教”给人的是有差别的、个性化的教育。而当下的教育功利性使得“人”扭曲和变态：老师成为完成升学指标的工具；学生成为学校的终端产品；家长就是加油站，助力器。在这样的教育背景下，教师虐童、虐生事件时有发生，家长“断油”施暴屡见不鲜，作为“产品”的学生，成为次品被冷落、遗忘甚至被抛弃也就不足为奇。而我们知道：每个人都是一个独一无二的生命体，都通过有意识、有目的的自主创造性活动不断地进行自我否定、自我超越、自我实现，即每个人都具有发展的本质和本能，如果在他一生中所接受的教育留下的只是痛苦的回忆，那真的是我们做教育的悲哀。我觉得我这些年做教育最欣慰的就是一直在作“人”的教育，把老师当作人，把孩子当作人，把家长当做人。用“己欲立而立人，己欲达而达人”警醒自己能够用一言来终身行之。

【陶继新】 做“人”的教育说得好！现在有些教育已经异化了，只是将学生当成被教育的对象，而少了对大写的“人”的心灵关照。对老师和家长也是如此，要将其作为真正意义上的人来对待，厚待之，诚爱之，发展之。孔子为什么说“仁者爱人”？为什么说“修己以安人”？关键是他的心中有人，而且是真正地爱人。修养自身的目的，也是为了让人更好起来。其实，孔子是一位教师，也是一个校长，只不过他的学校没有围墙罢了。从这个意义上来说，校长首先应当自己有爱心，且是能培养教师与学生会爱人的人。在学校里，教师与学生都有人的尊严，有人的自由，有人的爱心，这样，学校才是真正意义的育人之地。与您认识不久，就从您的身上感受到了您浓浓的爱人之心，以及立己达人的生命情怀。

【宋志红】 我也很赞同孔子所说“仁远乎哉，我欲仁，斯仁至矣”，孔子把“仁”作为最近的现实追求与人生的最高境界。

我真的也是这样在要求自己，不论是做普通老师，还是做管理者，我都信奉以爱心赢得爱心，以真诚换取真诚，以生命感召生命。先说说对学生的培养吧。我工作过的几所学校有很相似的地方，都处于城乡交界处，学生情况比较特殊，有的在一个自然村里，有一些留守儿童，还有父母在城里做一些小买卖孩子随着过来上学，总之大多都是平常百姓家的孩子，这中间还有相当一部分是被小学老师和家长放弃了的学生。我们对老师提出：我们没有选择教育对象的权力，但我们不能以任何托辞降低对自己的要求，我们有责任有义务把来到我们学校的学生教好。我们提出学生的培养目标是：让普通学生获得理想发展。我们不能确保他们在今后的人生之旅中都获得成功，我们能做的就是要努力使每个人在学校生活中，在他的“最近发展区”内都能得到成长。我们对学生进行了气质类型的测试，给教师提供胆汁质、粘液质、多血质、抑郁质的表现及适合采取的方法，对学生的测试结果作出分析，将结果提供给了班主任，目的就是希望我们的工作更具有针对性。我们要求教师要坚持“因课施教”、“因材施教”、“因型施教”，要根据变换了的情况及时做出调整，设计教学环节，保证不同层面的学生都能得到不同程度的提高。要求做到：优化教学目标、优化课堂教学结构、优化课堂作业的“三优化”，强调“三个没有”，即没有嘲笑、没有羞辱、没有指责，真正实现学生乐学、会学、勤学。

【陶继新】“普通学生”之所以没能成为出类拔萃者，责任不在他们，而在家长与老师。“因课施教”、“因才施教”、“因型施教”，则可以让“普通学生”都能不同程度地得到发展。这里面折射出一个信任，在您的心里，学生在人格上是平等的，在受教育上也应当是平等的。不过，只有这种想法还是不够的，您的智慧还在于，寻出了一条让这些孩子良性发展的路子。而且，这也会让老师们厚待这些学生，关爱这些学生，并想方设法让他们更好地成长起来。

学生的心理状态的优劣，与教师对他们的态度有着直接的关系，在没有嘲笑、没有羞辱、没有指责的环境中学习与活动，就等于为学生创设了一个心理安全的环境，就会让他们走向自由学习的彼岸。只有在这种状态下，学习才能是高效的，才能走向您所说的乐学、会学、勤学的境界。学习是需要努力的，可是，学习也不应当是生命中一场又一场的苦役，而应当成为不断行进的快乐之旅。乐学状态下的学生，则可以体验到学习的审美快感，甚至抵达创造的巅峰状态，去感受灵感来临时的创造之美。

【宋志红】我觉得，学生的学习状态有三种：知之者、好之者、乐之者；教师的教学状态也有三种：教之者、好教者和乐教者。作为管理者，就是要尽最大所能让我们的师生能够从自发走向自觉，从“必然王国”走向“理想王国”。

加德纳曾说：每个孩子，都是一个潜在的天才儿童，只是经常表现为不同的形式。作为学校，就要为学生的发展量体裁衣，针对学生的差异开出不同的成长处方，也许对所有孩子一一去打造不大现实，但是，根据“二八定律”，每个学校至少有20％的特殊学生需要我们用慧眼去发现，用显微镜寻找优点，用放大镜扩大优点。研究他们呈现的不同成长形式，不同的花期，施不同的肥，剪不同的枝，按“需”配置，以期待他们成为“最好的自己”。

【陶继新】为什么乐教？因为从教中体验到了学生成长的快乐。如果不管学生的感受如何，只是自鸣得意地讲个没完没了，这不叫乐教。孟子说“得天下英才而教育之”的要义之一，就是在老师的心里，学生是英才，即使在一般人看来几乎不可救药者，还是要好好培养之。为什么说每个孩子都是“潜在的天才儿童”？因为在一般人看来的学困生，其实都有其成为天才的内在能量，只不过教师没有发现和没有让这种能量喷发出来而已。如果根据不同学生进行按“需”配置的话，每个学生都会有很大的发展，都会给予大人一个始料不及的惊喜的。

【宋志红】我们平日里所说的尊重学生，不只理解为在交往感情上的尊重，在学生的学习过程中，尤其是在对学困生的转化过程中，不能科学地帮助学生扫除学习障碍，也是对学生的不尊敬，而且是更大意义上的不尊。我们学校晚上放学后，总有几个学生围坐在老师身边，他们补习的内容程度之低让人们觉得不可思议，但是我们的老师就是在“低起点、小步子、慢节奏”的原则下让这些孩子找回自信和自尊，让学生体验学习过程中获得的快乐，思考的快乐，创造的快乐。

【陶继新】您说得好，尊重学困生，不能只停留在感情层面，而应当落实到行动之中。对于他们的教育，以及学习上的帮助，不但要低起点，还要有耐心，还要学会等待。因为“冰冻三尺，非一日之寒”也。为此，就要认真研究学困生的心理与学习特点，不然，就不可能有的放矢地进行教育。这也是尊重，也是爱，而且是实实在在的尊重与爱。

【宋志红】我们在从最后一名抓起时，也没有忘记另一个群体，那就是品学兼优的学生。谈到对精英学生的培养，我也有一些想法，我们现在都很忌讳谈升学率，谈培优。实际上，我就想，中国的第九、第十代领导人就在我们当前的中学生里，他们要决定未来中国将举什么旗、走什么路、以什么样的精神状态、朝着什么样的目标继续前进的问题，这也意味着我们要培养什么样的接班人的问题，还有就是国家甚至世界的建设问题，我们还需要培养商业巨头、政治首脑、军事指挥家、科学院士等。这都是一个很大的问题，所以，在对学生的培养上，我们在成人教育、成才教育外，又提出了精英教育。我们对精英学生的理解：学业优秀、道德高尚、善于思考、内心强大，并极具号召力，能影响带动周围的同学一起进步。我们把学业知识、创新精神、领袖气质融入到学生领袖的教育培养中，给予他们前进的动力、飞翔的翅膀和放眼世界的慧眼，鼓励他们雄视天下，冲击未来的国际青年领袖峰会，IT 领袖峰会，甚至 APEC 领袖峰会……

【陶继新】关注学困生与对品学兼优学生的培养并不矛盾，人是有差异的，不然，为什么有的是国家领导，有的是普通民众？其实，学生也有不同的发展走向，培养高端人才，就应当从学生时代开始。所以，提出精英教育，当是顺理成章的事情。这也许会引起某些质疑与误解，可是，作为一个有良知与责任的校长来说，不能因此而放弃对这些人才的培养。不少在世界上著名的精英人才，在中小学的时候就有了突出的表现，这与学校为其提供更好的发展平台有着很大的关系。可是，如果对这些潜在的人才漠不关心，甚至打击讽刺，就有可能让这些人才变成平庸之人。这不但是一种巨大的人才浪费，也是一种极不负责任的表现。您是一位有历史担当的校长，既有前瞻性的历史眼光，又有培养精英人才的具体方略，相信你们会培养出一批优秀甚至是卓越的人才，从而为国家、为民族做出更大的贡献。

【宋志红】我们认为在培养学生领袖方面，学生的道德水准最重要，而作为这个年龄段的孩子，能够慎言、慎行、慎独又颇不容易，于是我们就把这些特殊学生置于公众视线之内，既让他们体验成功，体验成为知名人物的一种自豪心理，又通过在公众视线之内的无形的监督让他们释放正能量。我们在学校大门口设置了学生领袖墙，墙上有他们的人生格言，有就任本周值周领袖的承诺书，有他们个人的大幅照片，在每周的升旗仪式上还有他们面向全体学生的庄严宣誓。这些孩子们开始以更高的标准来要求自己。再则就是责任心的培养，学校通过竞选产生学生会干部，经过激烈竞争、角逐，让有基础、素质高的学生脱颖而出。为了有效地参与学校、班级管理，提高工作能力，学生会干部及成员定期参加学校举办的讲座和专题培训，系统学习理论知识、工作思路、策略与技巧，通过实际工作的历练，使其思想素质由量的积累，达到质的飞跃，成为学生心目中真正的领袖。在学校班级纪律卫生、大课间做操、跑步考评中，都让学生干部对各个班级进行检查评比，真正实现学生的自我管理。在工作中，他们各司其职，有分工、有合作，严格执行检查任务。每天检查完卫生和课间跑步后，主动找到被扣分班级的班主任汇报扣分原因，向班主任老师提出建议和改进的措施，取得了班级同学的信任，也受到班主任老师的一致好评。

【陶继新】之所以被称为学生领袖，自然需要成绩优异，可是，更需要人格高尚。没有人格的支撑，就不可能在群众中形成崇高的威望，就不可能产生“其身正，不令而行”的榜样作用。所以，他们要“讷于言而敏于行”，要“慎其独”也。同时，他们还应当是具有责任担当的人，他们在不断地发展自身的时候，还要想到大家的发展，还要想到学校的发展，以至想到国家的前途命运。有影响的政治领袖，多有一种“士不可以不弘毅，任重而道远”的担当精神，且在实践中为之不懈地奋斗。当然，他们也应当是在学业上非常优秀的学生，他们不但有丰富的知识，也有超越知识之上的智慧。在某种程度上说，他们是仁者，也是智者，还是勇者。

学生领袖的产生，更多不应当是教师指定的，而应当是在群体参与的激烈竞争中产生的。领袖的产生，需要伯乐，更需要为其提供赛马场，不然，有的千里马就有可能因为不能遇到伯乐而老死疆场。你们学校的学生领袖之所以个个有着不凡的表现，与为所有可能成为领袖的学生提供竞争场有着内在的关系。

【宋志红】我们还让这些学生进行人生策划，成为心中有梦之人。我们让新入校的学生为自己设计名片，年龄分别是十二岁，二十岁，四十岁，好多孩子都写出了自己的理想，有一个孩子的名片：×××，十二岁：梅园中学初一十二班学生，人生格言：走自己的路，让别人说去吧；二十岁：北京大学金融系，格言：知识改变命运；四十岁：美国华尔街证券分析师，格言：一切皆有可能。孩子们表达的志向五花八门，他们有了在中学阶段的第一次亮相。后续工作我们总是让孩子们想象：五年之后的你，十年之后的你，二十年之后的你，等等，为了五年之后的你，你现在要做些什么。

【陶继新】有人生目标与没有人生目标是不一样的，有一个高远的人生目标，就会为之努力。有些目标定得很高，可是，谁又能说绝对实现不了呢?诚如上面那位同学所言："一切皆有可能。"当然，有些是一生也实现不了的，这是不是不切实际的乱想呢？非也。当为未来定下一个很高的目标后，就会形成一种积极的心理暗示，就会为这个目标不断地努力，尽管未能抵达锁定的目标，可是，却在这个不断追求的过程中发展了，以至是快速成长了。

【宋志红】我们还定期举办优秀学生的座谈，我们没有轻易地说成开会，而是冠之以非常响亮的名字——学生领袖高端论坛，参加论坛的是来自三个年级成绩优秀、能力过硬的学生领袖、学生干部。在论坛上，这些优秀学子谈学校、谈老师、谈同学、谈自己……初二10班宋一凡说："参与学校、班级管理，我有了更多的锻炼机会，我学会了理解老师，学会了与同学沟通交流。作为学生领袖，我心中想得更多的是奉献，是上进，在提升了领导力的同时，也提高了我的学习能力。"这体现了佼佼者的领袖气质，凡事要做到最好，彰显领袖的卓越才能。初三9班闫铁硬同学这样说："长大后去偏远地区支教两年，建一所希望小学，让更多的孩子有学上。”这展现出高贵的人格精神。

【陶继新】“学生领袖高端论坛”这个名字起得太好了！参加这个论坛的学生，一定会有一种特别的自豪感，尤其是在论坛上有突出表现且得到大家高度认可的时候，就会在心里积淀一种自信心。有了自信心，他们在以后的论坛中，就有可能会有“更上一层楼”的表现。而且，这种自信也是可以迁移的，学生会在以后学习、生活或工作中，更加充满自信，更加走向成功。同时，因为论坛上都是学生精英之论，不但自己可以发表宏论，也会听到其他同学之谈。这会形成一种积极向上的场域，身在场中的学生，都会激情澎湃，都会更加努力向上。

【宋志红】陶老师，您说得太对了，学校的精神面貌发生改变，肯定不是一下子全都变了，而是有一部分人变了。这些孩子身上、脸上洋溢的自信、热情和梦想让身边的人不知不觉都被感染了。与您聊着这个话题又想起当年的毛泽东，十七岁时就写下了：独坐池塘如虎踞，绿杨树下养精神，春来我不先开口，哪个虫儿敢做声？这种领袖特质可能就是与生俱来的，但正如莎士比亚所说：“有的人生来伟大，有的人变得伟大”。我们如果不知道谁是生来伟大之人，那我们就通过后天的教育让学生伟大起来。这是我们在培养优秀学生方面的一些想法和做法。

【陶继新】是的，有的人在小时候就有了惊人之语，就有了异人之处，如果能够及时发现，施以有效的培养，就有可能让这些具有领袖潜质的学生更加优秀。有的则是大器晚成者，甚至有的在小时候还不如一般学生，比如爱因斯坦就是一个突出的例证。他在教师眼里是差生，可是，他的妈妈却认为他是一个未来的人才。所以，教师还应当有一双慧眼，从平常中看出不平常，从较差中看出优异处。同时，有些领袖也是可以培养的，学校如果能够提供一个成为领袖的环境，就有可能让本来未必能够成为领袖的学生走向领袖的道路。目前广为流传的罗恩老师，准备把废弃的百年厂房建造成学校，这所厂房周围住满了毒贩和妓女。学校建造过程中就遭遇了19次入室盗窃。招收的第一批学生各个学科的考试成绩在总体上都低于全国的平均水平，并且普遍缺乏学习信心和动力。可是，几年后，在他们的八年级毕业典礼之夜上，孩子们得到了将近100万美元的奖学金，超过90%的孩子在不同的学科获得了两位数的奖励。他教过的学生中很多走入哈佛、耶鲁、斯坦福、麻省理工等世界名校，成为社会精英。由此可见，学生中有更多可以成为精英者，关键在于学校校长及老师有没有这个认识，有没有进行这方面的培养。

【宋志红】罗恩的例子给我们很大的启发：学生真的是成长发育中的人，为人师者的口中但凡一个轻易的否定就可能毁了一个学生。所以，无论对什么样的学生，我们重“管”但更重“教”，我们认为对物我们可以管，如图书、器械、设施等，只要管理得法，物的本身不会破坏你的管理，放在书柜里的书不会自己跑到桌上来，教室里的桌椅只要你不动永远都整整齐齐。但人就不同了，人只能“教”，不能“管”，我们必须先做到学生同意我的教，管才有效，所以要交给学生服从的观念，守秩序的观念，让学生懂得荣誉，与人为善等，并把这些观念变成学生自己的内驱力，让他从心里认为这是他应该做的，教育才会生效。

我们在学校主席台后做了一个阅报栏，其目的不言而喻，就是希望学生能“阅尽人间沧桑意，读遍世间风云情”。而且在每一块版面下我们还有一些提示，如：知也无涯，学海钩沉，累沙成塔，积水为渊等等。但学生好像并不领情，阅报栏建好后一段时间，我经常去看看，结果发现报栏前没有几个学生驻足观看，我们的孩子在学业压力下离这个社会越来越远了，然后我们就想到了先“逼”着学生去了解时事，当他能够真的走入这个社会时，能够“思接千载贯古今，视通万里任纵横”时，学生关注社会、关注人生的思维方式就有可能形成。所以，我们要求学生在语文课前的一分钟演讲时必须有“一句话新闻”，内容不限，开始时只说新闻，慢慢地让学生加上自己的评论，这个“制度”一出台，阅报栏前人头攒动，学生开始浏览、选择、背诵，读报的好处日益凸显，学生课下谈论的话题、上课争论的内容、作文课上的写作等，有了分量和深度。玛雅人、安倍晋三、校车问题、速成鸡、京广高铁等都成了学生的写作素材，学生丁心有一篇“献给刘翔”的文章中有这样一段：8年前，你让全世界人知道黄种人能有多快，不只是数十个世界冠军，你让多少中国人看到了田径的曙光。这是你最大的贡献，却也是你最大的命门。一个人被困于山洞中，口渴难耐，突然看到一个泉眼似的水洼，他欣喜若狂地喝干它，坐在旁边等待它自动蓄满。然而水洼涌出水的速度实在太慢，那人最终渴死在水洼旁，临死前，他只是在咒骂那水洼不肯继续提供水，却忘记当初饮到的水的甘甜。8年前，刘翔就像这水洼一样给中国带来了希望，而我们总是期待他做得更多、更多，却忘记了他也是一个人。

【陶继新】现在有一个比较热门的话题就是学校文化建设，文化到底是什么？迄今众说纷纭，莫衷一是。不过，我们却可以将其内涵简化为四个字：“以文化人”。学校里的任何制度，以及校长与教师的思想观念，不管多么好，如果不“化”在学生的心里，都是百无一用的。如何“化”呢？方法是很多的，而更好的方法不是管，而是教，不少则具有“随风潜入夜，润物细无声”的特点。当学校要管的内容都“化”在学生心里之后，也就自然而然地化成一种自觉的行动了。不过，开始的时候，校长与教师的理想状态，往往得不到学生的心灵呼应。所以，适当的“逼”也是必要的。不过，“逼”不是目的，而是手段；不是终端，而是开端。当学生渐渐地感受到阅报栏的必要时，即使学校领导与教师不做任何工作，他们也会趋之若鹜了。而这还不是终端，当他们从阅报栏里看到新闻，且爱上新闻的时候，即使没有阅报栏，他们也会想方设法去搜索新闻。这个时候，关心时政就成了学生的习惯。于是，也就成了学校的一道文化风景。

【宋志红】陶老师，您说的“以文化人”正是我们经常思考并付诸行动的一个话题。我们认为就像每个人都吃盐但不会成块地吃，只能是“化”在食物里一样，要把“管”这个硬任务“化”成“教”这个软着陆。还有我们在制定学生的道德规范时，没有强加于学生，而是在学生中进行征集，学生从“在家”、“在学校”、“做人”等细节上进行了热烈讨论，精选了53条作为学生的道德细节，我们把它制作成版面公布出来。比如，对父母：父母有了烦心事，能够劝慰吗？愿意将学校发生的事跟父母说说吗？在学校：放学时在楼道里能做到右行礼让、不挤不乱吗？老师给自己讲题时，懂得给老师让座吗？发现地上有纸屑、垃圾袋能主动拣起来吗？做人：吃完口香糖能用纸包起来放进垃圾箱吗？能够不当着别人的面打哈欠、打喷嚏吗？开门、掀帘时，能关照一下后面紧随你的人吗？有人认为这些事情小到可笑的地步，但我们始终认为在政策和策略上，要举轻若重；在具体操作细节上，要举轻若重；一个人只有把小事做好了，才有可能做大事。

【陶继新】老子说：“天下难事，必作于易；天下大事，必作于细。”道德规范是一件大事，也是一件难事，你们则是从易事、小事做起，慢慢解决这个难事、大事的。而且，其间有着巨大的智慧含量与学生情结。你们的53条道德细节，既是从学生中征集而来的，也是由学生精选而成的。这个过程，就是一个很好的“化”的过程，它让学生认识到道德规范就在自己的身边，就在举手投足之间，做起来并不难，难的是天天去做，天天做好，形成习惯。当这些易事小事都做好了，形成一种习惯之后，难事大事也就自然而然地做好了。于是，“勿以恶小而为之，勿以善小而不为”就“化”在了学生的心里。这样，也就具备了成就大事业的精神品质。

带一支仁爱、和谐、超群的教师队伍

【宋志红】我觉得基础教育的基础性就在于学生的可塑性，他们都是一个个体的独立的人，是发展中的人，是具有多种发展方向的人。而我们有些老师拿着一个标准就很轻易地给学生贴上了好学生、差学生的标签。前些日子偶见一位朋友的孩子，刚刚从幼儿园毕业，在幼儿园曾被称作“外交家”，原因是只要幼儿园有“外事”活动，不管老师有无安排，他总是要非常有礼貌地积极和客人打招呼。而现在，当我问他学习怎么样时，一个六岁的孩子居然很苦恼地说：“我的手太慢了，学习不好”，一副大人的腔调，超出年龄的成熟和苦恼。试想一下，这种思想孩子自己是不会自然产生的。这种师源性的伤害，恐怕在日后的教育中很难补救。所以，下面我想谈关于教师的话题。

【陶继新】这个“外交家”的从“盛”到“衰”，不是她本人的问题，而是教师的问题。在幼儿园，老师对她有太多的信任与支持；在小学，老师有太多的作业让她应接不暇。教育的一个重要目的，就是将人培养得更像人，能更好地发展；如果教育将人变得越来越不像人，越来越不能更好发展的时候，就是失败的教育。而更加可怕的是，这样的老师却自以为自己的教育是对的，在温情的心的掩饰下，却在无形中残害着儿童的心灵。从这个意义上来说，让教师更有人性，知道什么才是真正意义上的教育，当是一个优秀校长时不我待的责任。

【宋志红】让教师形成正确的核心价值观，体验职业的尊严和幸福，我们提出的口号，借用美国作家戴安·霍吉斯的著作名字“让教师期待星期一”，这份“期待”是对教育的一往情深、对学生的满腔热爱、对学校的强烈归属。

【陶继新】“让教师期待星期一”，就要让他感到学校是一个幸福的地方。怎样才能幸福？除了感到自己所从事工作的价值外，一个重要的指标，就是他与学生是和谐的，教育教学是快乐的；学生呢，是喜欢老师的，当然也是喜欢课堂的，喜欢学校的。要想抵达这个境界，就要真正珍爱自己的教师职业，就要学会与学生融为一体，就要拥有教育教学的智慧。当学生成为教师魂兮所系的时候，当与学生难舍难分的时候，“期待星期一”就会变成现实了。

【宋志红】是啊，在物欲横流的今天，如何让教师还能够有幸福感，我真的觉得很难。但是这也是我们必须要做的而且要做好的事情，因为我清楚地知道，只有有幸福力的教师才有可能培养出有幸福感的学生。有梦想是支撑着人忍受各种现实困境的精神力量，也是人幸福的源泉之一。中国人在“汉语盘点 2012”活动中，将“梦”字选为 2012 年度汉字，即最能概括即将过去的 2012 年度的一个汉字。这个字代表着这一年中国实现的很多梦想，也象征着一些有待实现的愿望。一个国家不能没有“梦”，一个民族不能没有“梦”，一个单位不能没有“梦”，一个人不能没有“梦”。我爱对老师们说：我希望经过我们的努力，每天在这个学校出出进进的人，不管是老师还是学生，都能昂起头自豪地出入。在具体措施上，每到一所学校，我总是在摸清情况后，召开教职工代表大会，讨论通过学校的三年发展规划。我觉得人一辈子可以不登山，但心中必须有个山峰。我在实验幼儿园时就提出把幼儿园建设成具有大型室内游戏馆、小动物饲养场、四季花房的现代化幼儿园。到曙光学校后，利用曙光九年一贯制的特点，将课程下移或上移，在小学发展预备团员，在中学设大队辅导员，我提出把曙光中学建设成安阳市著名、河南省闻名、全国有名的学校。到梅园中学后，充分利用我校高素质的教师队伍尤其是在全国颇具影响的《三年中考 两年模拟》教师编辑队伍，形成我校校本特色教学，我们提出要让学校成为安阳西部的“西点军校”，成为铁西人、安阳人人人向往的学校。教育必须能够促成人们对美好未来的想象，校长更应该让教师首先具有这种想象。只有有了对未来的希望，才会有战胜当下困难的勇气和力量，也是人能够幸福生活的源泉。

【陶继新】您的气魄与追求令人感叹！为什么不说理想，而说梦想？看起来是梦，很遥远很不现实，但是只要有梦想，就想去实现梦想，就会一步一步地向梦想逼近。即使他最终没有实现梦想，都比没有梦想好很多。为什么呢？因为你有梦想，你可能不成功，也可能成功；但如果你没有梦想，绝对不可能成功！梦想犹如一颗种子，时刻在等待着时机。有的时候看起来甚至是没有任何希望了，可是，有了适宜的“水土”，很快就会生根、发芽，甚至开花、结果。

况且，您的很多梦想已经变成了现实，这会给您巨大的心灵鼓舞。有人说，没有做不到，只有想不到。尽管说得有点夸张，可是，它却向我们传递一个信息：有了一个美好的梦想，只要矢志不移地奋斗下去，就有实现的可能。老师们在追梦的过程中，会遇到这样那样的困难，可是，正是这些困难，锤炼了他们，成就了他们，甚至让他们体验到了破解困难的心灵愉悦。

【宋志红】是啊，还有一句话，不知道您会不会笑话我，我们家乡有句俗话“吃着碗里的，看着锅里的”，我这样理解：职业是一个“饭碗”，“饭碗”是有“梦”的，“吃着碗里的”是现实主义的热烈之“梦”，“看着锅里的”是浪漫主义的冷静之“梦”。在职业生涯中我常常告诫自己，要“活在当下”，要把当下的事情用最大的热情和最大的努力去做好；要“活出品味”，要用心不断地去编织和追求我们内心深处的高远之“梦”，心要翱翔“天上”，脚要钉紧“地面”。就像我最爱对老师们说的：壮志凌云，脚踏实地。

正如您刚才所说：教师和学生的和谐关系尤其是学生对教师的依赖、拥戴、信服等都会成为教师的幸福源泉，这种幸福感远比领导的关心和关爱大得多。好多校长简单地把幸福指数等同于表扬、赏识等一些表面化的措施，导致教师“被幸福”。所以，要想让教师成为学生心中最值得“爱”的人，让教师体验被人需要的幸福，体验职业的独特的幸福感，作为管理者，就要尽最大所能提高教师的师德修养和专业水准。

【陶继新】1978 年到 1989 年，我在曲阜师范学校做了三年多的“文选与写作”老师，兼任班主任。这成了我终生的铭记，因为我与学生的关系太好了。每当寒暑假，我都要得一场比较大的病，因为他们走了，我觉得将我的魂也带走了。我几乎是天天幸福着，因为他们太爱我了，我也太爱他们了。直到今天，提起他们，我还会激动不已。所以，非但没有教师的职业倦怠感，反而有着与学生心魂相系的幸福感。您所说的学生对教师的依赖、拥戴、信服等都会成为教师的幸福源泉，说得何其好啊！又是何其正确啊！

【宋志红】这也恰恰就是教师这个职业带给我们的独特的幸福。所以，在工作中，我也经常以不同的方式强化教师的这一与众不同的幸福感。比如教师节“走红地毯”的故事，举办像上海世博一样“我找老师要签章”、“我为教师唱赞歌”活动等等。

同样，在制定教师师德修养准则时，我们也没有做强行规定，而是拿出三十多条让老师进行选择，有的老师自己也推荐了一些作为我校的师德修养备选条目，其实选择的过程也是避免矫枉过正的过程、学习的过程。老师们在经过认真商讨后，确定了我校的师德修养十条：比如，1. 要时刻牢记：学校无小事，事事是教育；教师无小节，处处为楷模。2. 你希望学生扎扎实实地听课、做作业、自习，那么首先自己要扎扎实实地备课、批改作业、辅导。3. 让人们因我的存在感到幸福。4. 在成就学生的同时成就自我。5. 走入学生的心灵世界，就会发现一个学生就是一个世界。6. 工作着是美丽的，我工作，我快乐。等等。老师们从规则、教学、服务、魅力等方面进行了自我约束，自我教育。

【陶继新】师德修养十条不是冷冰冰的硬性规定，而是一条条温馨的生命提醒。比如“在成就学生的同时成就自我”，就很有意蕴。为了学生的成长，教师会做出巨大的奉献，可是，教师仅仅是奉献者吗？只能是“春蚕到死丝方尽，蜡炬成灰泪始干”吗？如果真是这样，尽管非常高尚，可是，却有着一种悲凉。孔子这个老师则不然，他在成就了一大批学生的同时，也不断地发展了自身，最终成了一位伟大的教育家与思想家。当老师在不断地成就学生的时候，也成就了自己的话，那不更有意义，不就更加幸福吗？

【宋志红】所以，我们提出：“让教师在燃烧自己的同时发展自己”的口号，因为我们始终认为：只有教师发展，学生才会发展，学校也才能发展。对教师来讲，我们提出“爱而后教”是最好的教育理念，只有爱孩子、爱教书，才能把孩子的理想、家长的希望、学校的要求转化成自己的思想意识，才能发自内心地去践行教育理想，才能最大限度地发挥自己的育人的才能，我们下大力气做好师德工作，就是要让每一位教师心中拥有一种“大爱”，都能够用两只不同的眼睛看孩子，一只是母亲慈爱的眼睛，一只是教育家期望的眼睛。

【陶继新】没有爱，就没有教育；没有爱，就不可能成为优秀的教师。不管你的教学能力多么强，一旦剥离了爱，就没有生命的律动，就舍弃了教育的本真意义。更重要的是，没有爱心的教师，还会将这种思想心理有形无形地传递给孩子，从而让他们也失去爱心。没有爱心，孩子还会有美好的未来吗？所以，您所说的教师要爱学生，爱教书，才是成就一个优秀教师的关键所在。

（完稿于2012年12月31日；作者：陶继新、宋志红。）

仁爱尽责　追求卓越

——青岛经济技术开发区实验初级中学的优质发展

[李素香校长简介]

李素香，山东省滨州市人，中共党员，大学学历，中学高级教师。2004年至2011年任滨州清怡中学校长，先后荣获全国优秀教师、山东省优秀教师、山东省创新校长提名奖、齐鲁名校长等20多项荣誉称号，有12篇论文在《中国教育报》、《中小学校长》等报纸杂志发表，主编《经典数学》、《初中同步测控优化设计——代数》、《初中同步测控优化设计——几何》等多部数学专业论著，担任《初等数学思想方法》、《中考难题新突破》副主编，担任多个国家级、省级课题的负责人，被聘为第15届全国和谐教学法研究会理事。2011年7月出任青岛经济技术开发区实验初级中学校长。

编者按： 山东青岛经济技术开发区是全国首批沿海经济开发区，地理优势明显，交通便利，经济发达，人的思想观念比较开放。开发区管委、政府坚持把教育摆在优先发展的战略地位，把加大经费投入作为贯彻落实教育规划纲要的关键性措施，办人民满意的教育。开发区教体局加大力度，强化措施，为学校现代化建设创造条件。开发区实验初中正是在开发区管委、政府、教体局办学理念指引下，投资1.5亿元着力打造的一所高起点、高品位、高质量的学校。学校秉承"教育即服务，质量即生命，特色即品牌"的办学理念，以改革寻求突破，以创新谋取发展，以文化凝聚精神，以特色铸就品牌，在建校短短一年的时间里，实现了跨越式发展，得到当地党委政府、教育主管部门和社会各界的高度认可，引起教育同行的广泛关注。学校先后成为全国和谐教学法研究会重点实验基地、中国民盟书画家协会青少年培训基地、山东省英语口语等级考试实验学校、中国发明创新教育特色学校、中国创新友好学校成员校、世界创意人才培育先进单位、教育部基础课程教材发展中心“十二五”重点项目“基于网络的双课堂教学应用试点示范项目”试点校，是青岛市现代化学校的首批试点学校。

校训：仁爱尽责 追求卓越

【李素香】我校成立于2011年8月，占地面积4.4万平方米，建筑面积2.58万平方米，现有教学班34个，教职工116人，学生1592人。作为一所崭新的学校，我觉得自己应该高处站位，致力于培养未来社会所需要的高素质、现代化、创新型人才，因此学校将“打造师生共同成长的幸福家园，建设高质量、有特色、实验性、示范性、现代化、国际化的全国名校”作为学校的办学目标，以让学生健康快乐成长为工作的出发点和落脚点，全面推进教育现代化，以一流的教学设施，鲜明的个性化办学特色，和谐而高效的教学方法，适合每一位学生的全面、和谐、健康发展的独特育人模式，促进学校又好又快发展。

【陶继新】初到你们学校去的人，几乎没有一个不惊诧于学校之美。不管是从物质层面，还是从精神层面，都让人感到这是一所很有品位的现代化的学校。开发区领导与当地老百姓对您寄予厚望，您则全身心地投入学校工作之中。所以，尽管只有短短一年时间，学校便成了一所名副其实的优质学校。

【李素香】开发区政府和教体局高瞻远瞩，超前规划建设了开发区实验初中。作为实验初中的首位校长，我倍感责任重大，觉得带领全校教职员工锐意进取，加压奋进，把学校建设成为高质量、有特色、有品位、有胸怀的优质学校是我义不容辞的责任。因此，建校之初，我就在全校师生中大力开展精神文化建设活动，集中全校师生的智慧，凝练成“仁爱尽责 追求卓越”的校训，在这个校训的引领下，我们这所只有短短一年校龄的学校取得了跨越式发展。

【陶继新】有无责任心，是衡量一个人品格高下的重要标准，而一个校长的责任心，比起一般人来说，就更加重要。我觉得，您是一个很有责任感的校长，为了学校的发展，真可谓“上下求索”，即使“为伊消得人憔悴”，依然矢志不移地行走在学校发展之路上。有努力，就有收获。您与老师们经过一年的奋战，不但得到了上级领导的信任，也受到了当地老百姓的高度认可。

校训“仁爱尽责 追求卓越”不但有着深厚的思想内涵，也昭示出您内在的仁爱之心，以及“士不可以不弘毅”的宏远志向。如果说每个人都内蕴着巨大发展潜能的话，那么，像您这样的优秀校长，则可以创造一个又一个的奇迹。

【李素香】记得教育部中学校长培训中心陈玉坤主任说过这样一句话：打造一所学校首先要打造这所学校的校园精神，改变一个教师首先要改变这个教师的价值追求。作为一名引领学校发展的校长，我觉得自己必须把“爱”与“责任”担在肩上，把学校打造成引领师生幸福成长的精神殿堂，让“仁爱尽责、追求卓越”的进取精神成为实中人共同遵守的核心价值追求！

【陶继新】孔子说：“仁者爱人。”是的，一个有仁德的人，一定是爱人的。而爱人不能只停留在口头上，而要付诸行动中。作为一个校长，尽责则是最好的行动。这种舍我其谁的责任感，则构成一个校长积极向上的生命动力。在这种内在动力的支撑下，追求卓越才有可能。卓越不等于优秀，是超越优秀之上的高品质。而你们将目标定在“追求卓越”上，足见气魄之大，壮志之伟。王阳明认为，“知者，行之始也。”能够知其学校发展的内在精神力量，就已经进入到“行”的层面。事实上，你们这一年的大踏步之“行”，已经让人们看到了王阳明所说的“知行合一”的要妙之处了。

【李素香】正如陶老师所言，在“仁爱尽责　追求卓越”的校训解读上，我校也努力在“知行合一”的层面上做加法，通过师生畅谈对校训的践行与体会，达成了对“仁爱尽责　追求卓越”的精神共识：即“仁爱”就是从心底去爱人，希望别人得到幸福，并不求任何回报。要让学生懂得爱，教师自己要率先垂范，陶行知曾提出“爱满天下”，因此他才能为学生做到“捧着一颗心来，不带半根草去”。教师爱校如家、爱教如命、爱生如子，学生才会爱祖国、爱自然、爱学校、爱老师、爱同学、爱亲人、爱学习。“尽责”就是师生人人都尽心尽力、尽善尽美地做好自己的分内事。“仁爱尽责”就是全校师生都有同情、爱护、帮助他人之心，而且事事、时时、处处用尽责的行动体现仁爱的情怀。“追求卓越”就是全校师生要有一种不把事情做到极致不罢休的精神，要以永不止息、创新超越的进取心态去追寻教育理想。

【陶继新】 学校应当是一个充满爱的地方，而教师首先应当是爱的播撒者。所以，衡量一个教师优劣的重要标尺，首先要看他是不是爱学生。如果爱学生，即使当下教学水平不是特别高，可是，他会为了学生的发展，尽力尽快将教学水平提升上去。相反，如果没有爱心，即使当下有一定的教学水平，教育教学的效果也不会持久地好下去。因为教学之中，几乎没有与爱相脱离的元素。而且，一个爱学生的教师，也会得到学生的爱，得到学生的信任，学生才能因“亲其师”而去“信其道”。您从当教师到当校长，都是将爱放到第一位的。而在这所学校里，您也特别强调了爱的重要性。当校长有了这份爱心之后，就会在有形与无形之中将爱传递给教师以至于学生。《三字经》开篇则说：“人之初，性本善。”为什么有的教师有的时候会缺失爱心了呢？因为社会的不良风气等的浸染，让其爱心处于隐蔽状态，甚至让爱渐行渐远了。而“仁爱尽责”的校训，则让更多教师感到爱心是师之为师的根本，并有了越来越多的爱的行动。当绝大多数老师有了爱心与行动之后，就会在教育教学的过程中影响学生，从而让学生更具爱心，并去更好地爱人、爱物，以至于爱国家与爱世界。

有了爱心，则有了走向成功的基础，如果再追求卓越，且一往无前地走下去，就会让更多师生的生命潜能发挥出来，就会让学校更具发展的品质，让学校更有美誉度与信赖度。当学校越来越走近卓越的时候，师生也就有了更大的自信心与自豪感，也就有了自我追求卓越的心理向往。这种良性的循环，则让身处其中的人感到自身生命价值的提升，学校也就越来越具备卓越的品质了。

管理：责任胜于能力

【李素香】以管理扁平化提升责任内涵。我校坚持以人为本，走内涵式发展、和谐式发展、品牌式发展的管理之路，提出了“责任胜于能力，责任心就是竞争力，责任感就是凝聚力”的“责任管理”理念。完善以责任为核心的管理机制，构筑精简高效的运行机制，形成了“事事有人管，人人有事干，人人能负责，有责必追究”的全员责任管理体系，实现了工作效率最大化，过程管理纵横双向无缝隙发展。

以创新为抓手，高效推进管理团队建设。我校实施扁平化管理，落实项目负责制。学校不设副校长，通过竞聘上岗组建第一届管理集体；成立教师发展服务中心、学生发展服务中心、艺体卫发展服务中心等 9 个服务中心。通过减少管理层次增加管理幅度，将金字塔状的组织形式“压缩”成扁平状的组织形式。加上现代信息技术的辅助，学校管理快速入轨。

学校坚持以“讲学习做典范，讲责任比奉献，讲团结出效益”为工作目的，落实日清双轨制，实现全程全员责任管理。以“人人是主人、师师班主任、生生班干部”为目标，建立起科学规范的考核管理长效机制，做到人人有岗位，人人有责任，事事有人管，各处室职责明确，管理顺畅。学校实行“开放式管理”，要求功能教室全天候开放，不锁门，随时满足师生发展需要……

学校推行的一些非正式评价也收到了意想不到的效果。比如以“我身边的感动”为核心，评选实中明星教师，通过制作宣传片大力表彰先进教师等做法引导教师将工作与实现自我价值相联系，在工作中体验成功，享受快乐，提高职业幸福指数。

构建以“责任”为主题的校园文化，以“责任”为核心，责任化管理，责任化服务，责任化育人。通过每位师生对集体文化的理解、认同乃至最终的自觉执行，达到最大程度的管理效能。校园内处处可见的以责任为核心的文化标识，对提升师生的责任意识起到了潜移默化的促进作用。“我负责、我快乐、我成长演讲比赛”、“今日我当家”责任岗建设、“生生班干部”“生生学科长”等有效形式，深入挖掘了责任教育的内涵，实现了对以责任教育为核心的管理软文化的广泛认同。

【陶继新】责任之所以胜于能力，是因为有责任者就会主动积极去工作，即使没有督促与检查，即使领导不在场，都会呈现出“不令而行”的生命态势。而且，长期这样工作下去之后，也就必然有了能力，因为任何能力都是在实践中锻炼出来的。相反，那些没有责任心的人，即使有点工作能力，也会因为责任心的丧失，而弱化本来就有的能力。那么，有的学校的教职员工为什么缺少了这种责任心，没有了积极行动呢？我想，板子不能全打在他们身上。绝大多数的人都想在工作中做出成绩，可是，如果不为他们创设做出成绩的积极场域，他们不但难以很好地工作，甚至原有的创造性也会渐渐地泯灭。而您所说的“创造人人能负责”的学校文化，不但让教师感到身上的责任之重，也让他们收获了与责任同在的成果。这样，会在他们的心里积淀下一种积极向上的正能量，会让他们感到积极工作的意义。而当更多的教师有了这种生命状态后，学校的发展也就有了一种内在的必然。

实施扁平化管理，落实项目负责制，则让每一个师生都有了责任，有了走向成功的希望。几乎所有的教师都有着巨大的工作潜能，学生亦然。有的时候，学校领导忽略了这种潜能，没有给他们施展才华提供有效的载体，久而久之，这种潜能就会慢慢地走向沉睡状态，甚至有可能归于死寂。看来，您是一位很有智慧的校长，您不但看到了师生的这种潜能，而且更有效地开发了这种潜能。当全校师生的潜能喷薄而出的时候，教师的工作与学生的学习，就进入到了一种高层境界。不但能取得优异的成绩，而且还会在这片“责任田”里享受收获的喜悦。

课程：多元融合的生态园

【李素香】课程关乎学生的全面发展、个性发展、潜能释放、学习兴趣。在这样的课程观指导下，我校坚持用多元化的课程为学生的发展开辟广阔的空间，着力构建了“启智课程群”，形成了多元融合的课程生态园。

在学科课程整合中，我们立足课程内部改革，并使之与学科性实践活动密切结合，形成丰富多彩的“大学科启智课程群”。就拿语文课程来说吧，第一，对语文教材进行有机整合，将阅读与写作对接，实现读写一体化；按照文体对教材进行阅读教学的板块化整合（小说阅读、散文阅读、议论文阅读、文言文阅读和诗歌阅读等 9 模块）；实行语文“大阅读实验”，我们将国家规定的课外必读书作为读物在课外“漂流”阅读，并每月举行一次读书报告会。第二，开设了阅览室名著阅读实验课，每学期教师为每个小组选定 15 本国内外名著，供学生在阅览室阅读。在一楼大厅，创设了开放阅读书苑场，在学校为学生创设生活化语文学习空间，如“名生报告厅”，“节目主持人”，“网络写作空间”……我们为学生学习语文设计了与生活一样宽阔的舞台，学生生活所及，即学习语文所在。第三，将语文与“传统文化”以及艺体模块中的书法、绘画、话剧演出进行了跨学科整合。第四，将校本教材《中华古诗文诵读》作为“传统文化”课程的延伸，暮诵晨读，陶冶学生情操。第五，在绘画课中设计了为古诗词配画课程，学校话剧团也把课本剧搬上了舞台。

模块化读写一体化教学改革，大大提高了语文教学效率，每周 3 课时即可完成教材学习，其余课时便进行“大语文阅读”和研究性、活动性语文读写活动，学生的语文素养与日俱增。

【陶继新】语文课程群建设可以说抓住了语文教学的关键。学生语文能力的提升，尽管也需要教师的讲，可是，从本质上说，大量读写，才是提升语文能力的根本。学生为什么写作文时不能下笔成文？一个重要的原因，就是阅读的积累太少了。没有大量优质语言的积累，是不可能形成属于自己的优质语系的。一个婴儿出生之后，并没有专门的课堂与教师，可是，两年来的时间，就会说一个国家甚至两三个国家的话。为什么呢？因为婴儿出生之后，就掉到了他所在的语言的“汪洋大海”之中了。耳濡目染，也就无师自通，会说话了；其实，他们所说的话，就是口头作文。有的语文教师试图仅用每学期二三十篇的课文评讲，让学生写好作文，无疑是不可能的。因为仅有这些课文，不可能在学生大脑中形成一个优质语言系统。当然，写作的时候也就不可能文思泉涌了。诺贝尔文学奖获得者莫言小时候的作文之所以写得好，一个重要的原因，是他几乎借遍了本村及周围村庄上的书并如饥似渴地阅读了。可以这样说，没有大量阅读的语文课，永远不可能让学生走进游刃有余的写作状态中。

你们的语文课程群建设，则让语文教学与学习回归到它的本位，让学生有了更多阅读与写作的机会。不过，并不是所有的大量阅读就一定能提高学生的语文水平。如果只是让学生阅读一些没有品位的三流四流作家的作品，他们的语文水平照样会徘徊不前。因为阅读有一个规则，即取法乎上，得乎其中；取法乎中，得乎其下。阅读大师的作品，就等于听大师讲课，甚至可以与他们进行心灵对话。如果读思想与文学品位都很低下的作品，就等于听品位低下的教师讲课。你们让学生取法乎上得大量阅读名著，就等于为他们请到了一个又一个的大师为他们上课。久而久之，他们也就有了思想上的高品位，文学上的好语言，再写作的时候，当然就会得心应手了，甚至会认为写作是一种享受。而有了这种感觉后，他们就会感到阅读名著的重要性，就会反过来主动地阅读。这种良性的循环，会让你们的学生快速走向语文高品位的学习境地里。

【李素香】作为一位致力于办让人民满意教育的校长，我觉得创新是一所学校发展的不竭动力。我校充分发挥资源优势，将先进的信息技术应用于教育、教学、教研、管理当中，在信息技术整合方面实现自主创新。比如，将信息技术与学科知识有效整合，让一切技能的训练变成一种趣味、一项活动、一种成果。如打字训练与古诗文背诵、生活化随笔写作的整合；网页设计训练与学校的“学科知识树绘制”大赛结合；网络空间构建与学习成果展示紧密结合；电脑绘画课与美术教学、历史教学密切结合等。

我校还积极创造条件，开设特色课程。通过电子书包的学习方式创建了师生互动、生生互动的网络学习平台，实现课堂的无纸化、全程电子化和师生全面的互动化、家校沟通的无碍化。课前，学生利用教师提供的模拟实验、视频、动画等多媒体教案进行体验性自学；课中，教师根据学生课前反馈情况有针对性地实施教学，引导学生共同探究；课后，教师在网络平台上布置作业，对学生遇到的问题分层指导，从而实现了“课前、课中、课后”引导学生自主学习，让学生经历一个“体验、探究、应用、创新”的学习过程。

【陶继新】将信息技术应用于教育、教学、教研、管理之中，不但可以提高效率与质量，而且让师生享受到了它所带来的便利与快乐。还是孔子说得好：“工欲善其事，必先利其器。”网络这个“利器”，有的时候甚至改变了我们的生活方式与行走方式。可以说，离开了网络，近乎寸步难行。你们学校有着丰富的现代信息技术资源，让它有效地为学校教育服务，就会为学校教育增添新的生机与活力。而且，在这个运用的过程中，教师与学生不但学会了一般性的运用，而且有了大胆的创新。这不但有力地促进了其他学科教与学的开展，也让师生们享受到了运用网络创新的审美感受。没有信息技术的卓越，是不可能走向卓越的。你们最大化地发挥了信息技术教育的作用，也让您所说的卓越品质充溢了现代化的气息。

【李素香】孔子云：“知之者不如好之者，好之者不如乐之者”，我校艺体课程的开设也力争引导学生达到“好之”、“乐之”的境界：在音乐、体育、美术教学中，我们整合了三年的教学内容，综合了学生的个性化发展需求和本校实际，开发了艺体教学课程群，构建了艺体模块化教学新体系。我们将体育课整合成游泳、足球、篮球、网球等十几门体育活动化教学课程；将音美课整合成声乐、乐器、舞蹈、素描、剪纸、陶艺、书法、国画等十多门艺术情境化教学课程。

艺体教学采用“模块化双环节”教学模式。首先将教材内容整合成“理论与赏析”与“操作与实践”课，“理论与赏析”课集中在一个月完成，“操作与实践”以全校统一的特色活动课程形式完成。每学期学生根据个人兴趣，对所设计的模块任选其一，学生采用选课走班的形式上课，所选模块一个学期变动一次。在模块选择中，艺体课采用 267 上课组织形式，2 是指 2 个环节，6 指 6 个班级，7 指 7 个模块，6 个班级分成 7 个模块同时上课。

每个学期每个孩子都有一次特色展示的机会，校园吉尼斯体育运动会、节日庆典、文艺汇演均由学生承办……丰富多彩的艺体活动为孩子们增长才干提供了广阔的平台。

【陶继新】孔子为什么提倡“游于艺”呢？因为艺术与体育是生命成长必备的营养。孔子本人就是一个大音乐家，留下了“在齐闻韶，三月不知肉味”的千古美谈。他也非常爱好体育，只不过那时的体育与今天的不同罢了，主要是“射”与“御”。他说：“吾执御乎？执射乎？吾执御也。”看来，他不但是射箭的高手，也是赶马车的“专家”。所以，千万不要认为孔子是一个文弱书生，相反，他是一个身高九尺，爱好艺术与体育的健壮之人。更为可贵的是，他认为学习，当然也包括学习艺体，都应当有一种“游”的心态，都应当是快乐的。为什么是快乐的呢？因为从本质上讲，学习，特别是锻炼身体与学习艺术，都会生成一种快乐的情绪，都对生命成长是有益的。当下一些学校片面追求升学率，忽视了艺体课的开设，无疑是极其错误的。

您高度重视艺术与体育对于学生生命的塑造，开发了艺体教学课程群，构建了艺体模块化教学新体系，让学生有了较好的艺术修养，有了较强的体魄，并在这方面取得了可喜的成绩。那么，会不会由此影响他们的学习成绩呢？不会的，因为有了强健的身体，有了快乐的心境，可能学习的时间少了些，可是，学习的效率却大大提升了。我在全国几百所学校采访发现一个共同的规律，大凡艺术体育课程开得好的学校，学生的学习成绩非但没有下降，反而都有一定程度的提升。更重要的是，当下学生爱好艺体而生成的这种审美心态，还会在未来的生命中延续，从而让人生更多快乐，更多幸福。

课堂："问题导学"教学模式

【李素香】我们还特别在课堂教学上进行了有益的尝试，实施了"七课制度"，以专家课为引领，构建"问题导学"课堂教学模式；以论坛课为推手，诠释课改目标方向；以集研课为平台，解决教学模式操作不足；以走推课为常态，完善问题导学教学模式；以模版课为牵引，发挥骨干教师示范作用；以优质课为载体，促进学校教师专业成长；以展示课为契机，推动名师工程有效展开。开展教师教研"两个三"活动：人人过"三关"，即课标关、教材关、教学常规关；人人讲"三能"，即人人能上精品课，人人能做课程开发，人人能当教学行家。学校积极支持教师参加省内外的各种培训、各种教学比赛。先后组织干部教师参加了全国教育论坛年会、全国第一届"我的模式我的课"高效课堂模式博览会、清华大学干部培训等高水平活动，承办了全国三大流派同课异构活动，承接了全国第二届和谐杯"我的模式我的课"课堂教学模式博览会，为教师快速成长打造高位平台。

【陶继新】课堂教学研究，永远是学校工作的重点。你们进行的这些近似于"磨课"式的研究，几乎让所有教师的课堂教学走进了"更上一层楼"的境界。而且，你们还给教师以展示的舞台，让他们感受努力之后获取成功的那份愉悦。人人都有展示的欲望，特别是有了一定成功把握的时候，就更是希望将自己的课堂展示出来，让更多的教师欣赏自己的教学成功之美。大家的称赞，会给展示者更大的信心；即使有些不同意见甚至批评意见，也会让教师拥有不再"贰过"的收获。您所说的打造高位平台，则会让特别优秀的教师脱颖而出，走上更大的展示平台。其实，一个学校的优质与否，最为重要的是名师的多少，是名师层次的高下。你们如此研究课堂教学，如此给他们提供展示的舞台，相信定然会有更多名师涌现，甚至有全国一级的名师横空出世。

【李素香】好课堂让师生终身受益。为了打造这样的好课堂，我校坚持走科研兴校之路，积极开展国家十二五课题《问题导学教学模式研究》的研究，我亲自带领老师走进课堂，走进学生，静下心来，潜心研究，锻造高效课堂。学校围绕“问题导学”共产生 21 个子课题，每个教研组都有自己的子课题，课题组成员全员参与到课题研究之中，每个教研组经过精心打磨，都形成了符合自身学科特点的“问题导学”高效课堂教学模式。“问题导学”分“问题导入、呈现目标、释疑巩固、盘点提升、达标检测”五个环节，这五个环节将教与学有机融合在一起，形成一个统一的动态的流程。每周一第 8 节的“教学论坛”成为教改培训的主阵地，其间组织的优秀教研组模板课评选更是加深了教师对问题导学教学模式的理解。学校成立的一年也是教师快速成长的一年，教师中先后有 60 余人次前往江苏、天津、北京、济南等省市参加教学研讨活动。有 9 位老师作为专家分别被邀请到济南、郑州培训教师。

【陶继新】喜欢“问题导学”这一研究。我不太赞成那些大而空的课题研究，因为任何脱离实际的研究，不管其来头有多大，都是不可能取得实质性的进展的。基于问题的研究则不然，它是从教学的实际中发现问题，又研究如何破解这些问题的草根性的研究。而且，旧的问题解决了，还会产生新的问题。解决问题的过程，既是提高思维能力的过程，也是享受破解问题的喜悦的过程。如果见了问题就害怕，就不会解决，时间长了，就会积淀下一种消极的心理定势：这些问题我是解决不了的，只有请名师来讲或者请专家指导才行。一旦陷入这种思维的怪圈之中，不但不会更好地解决问题，还会经常感到痛苦。相反，如果不断地解决问题，甚至对解决问题产生浓厚的兴趣，就会在遇到问题的时候，不但没有畏难情绪，还会生成一种非研究个究竟不可的心理。当问题一个又一个地被攻克之后，就会形成一种积极的思维定势：

所有的问题都是可以通过自己的努力解决的，都可以体验到问题研究的乐趣。这样，不但会越教越会教，越教越从容，还会越教越幸福。

【李素香】课堂教学的优劣，是与教师水平的高下联系在一起的。所以，提高教师的水平，当是课堂教学优化的关键所在。为了优化课堂模式，提高教学效率，我们着力打造一个研究性教师团队，以教师的发展引领学生的发展。我采用“培训”、“教研”这两个“利器”，促进教师成长，打造研究性教师团队。筑高平台，让专家引领教师进行高位探索。先后邀请全国著名教育专家、中央教科所教师教育研究中心博士韩立福教授，全国著名心理学专家、国务院特殊津贴获得者徐圣三教授，全国教育名家魏书生，全国著名教育和谐教学创始人王敏勤教授，尝试教育创始人邱学华，全国知名教育专家初中教育学会李锦韬、郝明达等专家到校指导，实现了教师专业化水平的快速提升。

【陶继新】听专家讲课，特别是听大师讲课，不但可以提高教育教学的水平，还可以提升人生的境界。比如说魏书生吧，他的报告中，不但有教育教学之“术”，更有人生幸福之“道”。30多年来，他的“道”“一以贯之”，在快快乐乐的生命状态里，收获了常人难以想象的成就。当教师悟了这种道之后，就会有意识地种好自己的心田，就会更好地运用科学、民主的方略开展教育教学工作。这样，就很少感到苦与累，而是感到快乐与幸福。为什么说“听君一席话，胜读十年书”？就是一些大师所讲，不但是讲方法与技巧，也讲了生命的感悟，这些感悟，可以给教师以生命的提醒，让教师重新定位自己的人生，从而让自己的人生也有了快乐，有了收获。而教师的这种状态与发展，又会“于无声处”延伸到学生那里，让他们也有了优质的心灵状态。于是，学习与生活，就有了别样的情趣，就有了特别的收获。

（原载于《中国教育报》，2012年11月8日；作者：陶继新、李素香。）

让师生体验成长的快乐

——滕州市龙泉小学教师“读思行”探秘

[杨颖校长简介]

杨颖，中学高级教师，本科学历，1997 年至今任山东省滕州市龙泉小学校长。枣庄市名校长工程人选，主持两项国家级课题均顺利结题，在国家省市报刊发表文章 30 余万字。在“生活教育”、“生活化课程”和“生活化课堂”理论研究和实践方面有较丰硕成果。

编者按：一所城镇普通小学，在生源和教师素质等方面不尽如人意的状况下，如何走出困境，打造优质教育和品牌教育？如何坚守教育者的本真，探寻教育的本原问题？校长读书，带动教师共读和经典诵读；基于问题，读书、思考和教师行动研究结合；教师读书和课程改革相结合，举起“生活教育”旗帜，建设“生活化课程”体系和“生活化课堂”……山东省滕州市龙泉小学的教师“读思行”活动，给我们提供了一个成功的案例。

抓读书基于学校问题 读经典历经两次飞跃

【杨　颖】我从小就喜欢读书，养成了对任何事情都感兴趣和喜欢问个为什么的习惯。刚参加工作，靠这个习惯我赢得了学生的喜欢，十几年前的小学毕业生至今还与我经常联系，这成为我和他们共同的骄傲。

当了校长之后，我就把读书与校长工作结合起来。当时自己并没有什么远大理想，只是不想让学校垮在我的手里。刚上任的龙泉小学是滕州市城乡接合部的一个普通小学，周围强校林立，有生源危机。教师素质也堪忧，教研室听课评价“群山连绵，没有高峰”。我决心要改变这个局面，改变的办法就是读书。

【陶继新】一个人的生命成长需要精神食粮，而读书学习当是最好的营养品。对于老师们来说更是如此，读书是教师生命成长的必需。一个不读书的教师，不管其如何认真备课，都不可能让教学走向高层境界。从某种意义上说，读书就是最好的备课。您教学的时候之所以受学生的喜爱，关键是您自觉不自觉地将从书中吸取的营养用到了教育教学之中，不再是一个教书匠，而是一个教育教学的研究者。有了自己的思想，有了自己的话语，有了让学生感到新鲜的知识乃至于智慧。您当校长之后，让老师们读书，当是抓住了管理的关键。

【杨　颖】当时，教师很少有读书的习惯，甚至有的人一提读书就满脸不愉快：“我不读书，课不是上得好好的?”但我仍然坚持发动老师们读书。为了帮助大家做笔记，我还设计了教师读书备忘录。一开始，走了不少弯路。从泛泛的读书到读经典，从个人读书到教师共读，从坚持“读、写”到坚持“读、思、行”。认识到读经典的重要性，说起来还得感谢陶老师您。我们在报刊上读到您的文章，又参观了当时潍坊学校的诗文诵读，才想到要读经典，从《弟子规》到《论语》，初步涉猎了一些。现在，正值暑假期间，我和老师们约定：读3本书，背诵《论语》，至少要背会其中100句。现在大家都在努力地去做，我们经常在网上交流心得，还打算在八月初举办一次读书沙龙活动。

【陶继新】你们的读书，经历了两次飞跃。一次是从不读书到读书。这说起来简单，做起来是相当不容易的。不过，您的坚定与行动，让老师们也逐渐地走进了读书的天地里。二是从泛泛而读到诵读经典。泛泛而读也不是一无是处，但是，如果长期下去，而不关注经典的话，就很难有比较大的提升。因为经典比一般文本有着更加丰厚的内涵，语言也更加自然而优美。长期诵读经典，就等于经常聆听大师的教诲，就会慢慢地走进他们的思想与语系里，就会提升自己的人生境界，就会拥有常人没有的智慧。您带领老师们诵读经典，不但可以提高他们的教育教学水平，也会让他们享受生活与工作的幸福。

共读交流同享学习成果 本立道生关注教师成长

【杨　颖】从2008年开始，我们就不定期地举行教师读书沙龙。活动引起了滕州市教育局领导的关注，老师们也很自豪，大家在交流和碰撞中，收获的是快乐和智慧。我借势引导老师共同读书。我建议大家，读书可以在书上直接做笔记并标明时间。首先我身体力行，读书圈圈画画，见缝插针地写上自己的心得，有感而发时还在空白地方写上一大段文字。看后，我把书借给老师们看。他们读完，我再重读，并与读书的老师当面交流。我还通过观察，推荐书刊给他们读，如：魏书生的《班主任工作杂谈》、苏霍姆林斯基的《给教师的建议》等，还有《人民教育》和《中国教育报》刊载的经典教育案例，帮助大家把读书和解决实际问题结合起来。于是，一批教师终于崭露头角。

【陶继新】与教师共读书的好处在于，这会让教师之读更有方向性，不至于去读一些品位不高的书。因为要求教师共读的书，都是您读后感到很有价值的书。同时，因为是共读，在交流的时候，就会有话可说。不但可以将自己的感受告之于大家，让群体受益；也可以从别人那里，获取自己想象不到的智慧。几乎所有的教师都希望自己能够尽快成长起来，当寻到共读这条途径之后，且确有一些教师脱颖而出的时候，不但对他们是一个极大的鼓舞，对全体教师也是一个触动。别人可以成功，我为什么不行？这种积极的心理，会让更多的教师更好地读书，从而去享受读书的乐趣与成功的愉悦。

【杨　颖】尝到了解决问题的甜头，教师们的积极性被调动了起来。大家发现，通常我们感到困惑的问题，原来古人先贤们早就有了结论，有了解决问题的思路和办法。于是，我就鼓励老师们边读边写，用教育随笔或案例方式，记录自己基于问题的行动研究过程和成果。我坚持每天写作 1000 字。老师们也有文章陆陆续续在省市报刊发表。体会到读书和写作的成就感，遇到问题时大家不再烦躁，除了教师之间相互交流，就拿起书找答案。读书的风气逐渐形成。

有一次，学校做一个标语，究竟是用“欢度”还是“欢渡”，大家产生了歧义。刘景晨老师回到家里就翻阅字典，找到了答案，连夜给负责的同志打电话。为此，我还写了一篇文章叫《一个字其实是一种精神》，大大赞扬了老师们这种严谨治学的态度。

【陶继新】读与写，应当是教师生命成长之双翼，正像鸟儿一样，缺一不可以翱翔于天空。孔子说：“学而不思则罔，思而不学则殆。”不读书只思考，是很危险的；不思考而只读书，就会迷惑而无所适从。而思考如果再行诸文字，则是一种有效的思考结晶。开始的时候，教师不一定喜欢写作，甚至有可能心有畏惧。可是，当他们一点一点写起来，且感到写作就像吃饭睡觉一样，形成习惯成为惯性的时候，就觉得写作不但不是畏途，而且写起来还兴趣盎然，从而让自己更好地成长。读书与写作如果再进一步，就会走进审美的境界，即读书与写作的时候就快乐无比。这个时候，不但知识丰富了，智慧生成了，心灵状态也优化了。学校有了一批这样的教师，教育教学就会变得非常轻松，彼此就会变得友好和善，学生就会接受到优质的教育。

【杨　颖】读书活动催生了教师研究团体，比如：以山东省教学能手王利平为核心的“乐知汇”教师社团。学校为了支持他们，每年都会投资上万元为他们购书。我每次外出学习都要亲自为他们选书，我们还有一个规定：教师外出学习，一定要带资料回来。这样，大家读书的视野就会越来越宽。

特别是听完您《读书与教师生命成长》的报告之后，老师们对于读经典有了更高的认识。为此，放假前我们又专门邮购了一批精品书目，其中您的一些书成为大家的最爱。您在演讲时出口即经典语句，53 岁学电脑的经历，让老师们大为震动。今年放暑假那天，老师们围在一起借书的场面很感人，大家借阅的书平均超过了 5 本，教师读书的积极性空前高涨。暑期，大家一边读书写作，一边练习电脑。在此，还要谢谢您给老师们助了威，加了油，打了气，让老师们更加信心百倍地去读写，去研究。

【陶继新】我心里明白，自己不是一个智商特别高的人。所以，我不可能不努力就能到成功的殿堂里摘取胜利之果，只有加倍努力才行。所以，我一直是努力学习者，甚至可以称得上“好古，敏以求之者也”。之所以有了这点小小的成绩，与读书写作有着非常重要的关系。所以，我感到，即使现在教师水平一般，只要不断地读好书，背诵一些经典，经常地练笔，就一定会有较快的成长。事实上，您与你们的教师已经在这方面领略到了成功的喜悦。特别是您想方设法，为教师读书与写作提供方便，一次又一次地激发了他们读写的热情，让他们体验到了这些“诗外功夫”的无穷魅力。从这个意义上说，老师们会特别感谢您。当教师迅速成长起来的时候，也会给您以巨大的鼓舞，让您看到蕴藏于教师身上的巨大的生命潜能，看到学生更好成长的美好前景。

【杨　颖】通过教师读书，我有以下发现：教师的发展和成熟，不在于培养而在于成长；业务培训和素质提高，取决于教师境界的提升和生命的成长；不管哪种培养模式，归根结底是学习型组织建设。通过读书，教师们逐渐明白了：课堂教学的宗旨不是教学而是教育；课堂高效不是一两节优质课和观摩课，而是来自于常态课的高效；教师的素质不仅仅是一两项基本功，主要来自于深厚的文化积淀和对教育本质的理解。于是，学校开展了读万卷书行万里路活动，实施了幸福做教师16项工程，把“龙泉讲坛”、“拓展训练”、“名校参观”等纳入学校常规工作，把专家和名师请进校作报告，送骨干教师到名校和大学学习培训。前不久，还组织20人到乐陵实验小学参观学习，大家都感到不虚此行。

【陶继新】您这段话中有三个观点我很赞同：一是课堂教学的宗旨不是教学而是教育。研究课堂教学固然重要，但是，如果为教学而教学，只是知识的传授与方法的探求，少了做人的道理，少了习惯的养成，即使当下考出高分，也是没有发展潜力的。做人是第一位的，学习知识是第二位的，如果本末倒置，就失去了生命之根。二是高效教学的关键在于常态课的高效。当下观摩课、比赛课等，尽管也可以让教师研究教学，但过犹不及，有的演绎成了表演，而且为了表演“成功”，甚至很多天只在演习一节课，很多人为了这一个人的这一节课的“成功”而“努力”。这样的课，即使有不少喝彩声，其价值究竟又有多大呢？只有常态课的高效，才是正途，才可以让更多教师走向高效，才能让更多学生享受到高效学习的快乐。三是教师的素质来源于深厚的文化底蕴。文化的缺失，是当今教师教学水平低下的重要原因。那些真正意义上的名师，几乎都是“腹有诗书气自华”者。而“腹有诗书气自华”的背后实际上是某种内在积累，而这正需要大量诵读且有效实践，才能让自己拥有文化底蕴。这就是本，本立才能道生。

【杨　颖】从乐陵实验小学参观学习回来，我们组织了三次集体讨论，还组织全体教师再次收看您的报告录像，让教师传阅您与李升勇的对话《课堂教学的颠覆与重建》一书。在学校网站开辟了四个学习培训专题，其中有“我们向乐陵实小学习什么？”等。引导大家深入思考，梳理可以学习借鉴的经验，反思我校存在的问题，发现我校已有亮点的完善办法。大家从迷茫和略有感悟，到交流碰撞之后恍然大悟。学校硬件设施的好坏和教师整体素质的高低，都不是课程改革的唯一条件。只要思想观念正确，教育理念先进，回到教育原点思考问题，那么，课改就可以从“不识庐山真面目”，到“柳暗花明又一村”。

【陶继新】典型经验有其学习的价值，可是，很多学习者并不一定取得到真经。而您与你们的教师，则从乐陵市实验小学那里满载而归。为什么呢？因为你们学习是有备而去的，是真正为了你们学校的发展而行的。所以，在学的时候，不是看表面，而是关注了乐陵市实验小学成功的内在原因，又结合了你们学校的情况，并于回校后进行了认真的研究，形成了可以吸收为本校经验的本质性的东西。所以，才有了不虚此行之感，才有了你们学校迈向新的境界的可能。

【杨　颖】徐宝萍老师交流心得时谈到，“子曰四十不惑。我们不是圣人，难免还有四十之惑：职业的倦怠，家庭的负担，经常会蚕食工作热情，困惑人际关系……可掐指数来还有三分之一的工作历程，一半的生活经历，学习读书应该成为这段人生的第一需要。曾经想做一名优秀教师。嗯，就成为一名真正的教师吧。就算将来离开讲台，离开学校，也要力求成为一名有良知的真正的教师。”

【陶继新】徐宝萍老师所谈很有启发性。有的教师非但达不到“四十而不惑”的生命状态，甚至到了四十岁就有了暮气沉沉之感。其实，四十岁正是人的黄金时段，是一个人应当成功或者正在走向成功的时期。徐宝萍老师认识到了这一点，有了继续努力、让生命焕发出新的光彩的心理能量。相信她不会只是停留在口头上，而是付诸行动之中。诚如是，不用多少年，她一定就可以取得令人惊叹的成绩。随着年龄的增长，她的生命激情不但不会熄灭，反而会越燃越旺，并且越来越享受到工作的幸福的。

高端引领制定相关策略 教师感悟体验成长快乐

【杨　颖】经过共同读书，还通过向专家和名校长多次请教，特别是您的观点对我产生了深刻影响，我校发展定位和教育思想也逐步明确。由“让每个师生体验成功的快乐”，到现在“让师生体验成长的快乐”。“成功”和“成长”之变，源于我们对学校教育宗旨和教育本质的理解，基于师生生命成长的教育，肯定是快乐的、摒弃了功利和浮躁的。一字之差，差之千里。成长不是虚幻的，过程是“每天进步一点点”，内容有“学会做人，学会做事，学会共处，学会学习”，目标为“静，净，竞，敬”。我们把校徽也设计成两个人欢呼雀跃的样子，由“龙泉”二字的首字母“LQ”变化而来，形象地诠释了“师生成长地快乐”这一寓意。老师和学生们都很喜欢这一标识。

【陶继新】不管是教师，还是学生，都希望自己能够成功。可是，能不能都成功，却是一个未知。即使努力，也未必如愿。所以说每个师生都成功，往往是难以实现的。既然难以实现，就不要用口头标示出来，尽管这样可以激励师生努力向上。可是，当他们享受不到成功喜悦的时候，就会在心里积淀下另一种情绪。况且，成功有积极的因素，也有消极的成分。如果只是为了成功而努力，就有了功利色彩，就会浮躁，就很难走向真正意义上的成功。成长则不然，每一个师生都有成长的可能，都可以在成长的路上感受快乐。每一个师生的情况不一样，成长的速度与质量也不会一样，可是，只要成长了，就有了收获，就值得庆贺，就应当心生快乐。这样，每天成长着，又每天快乐着，自然也就有了一个优质的生命环境，也就有了学校的发展。

【杨　颖】改变还源于我们对自身问题的认识，经过分析大家一致认为，我们有“三个缺少”：缺少读写能力，由于读书太少而造成的思维能力低下；缺少明晰的目标，特别是标准和流程，包括方案，计划，策略，评价等，老师们只能各自为战；缺少高端引领、总体规划和教师骨干团队。

我们的策略是：团队出击，干部先行，骨干跟上。干部拿出办法，培训骨干，监督执行，奖罚分明。骨干的任务是，明确标准和流程。做好四项工作。一是细化具体要求，解决标准细化和目标分解的“有据可依”问题。二是要有评价标准和考核细则。做到形成性评价策略和完善奖励手段（包括成果收藏等）两个结合。解决目标明确和公平竞争“有法可依”的问题。三是按计划进行培训，强化检查，及时评比和表彰。解决过程监督和激励的“奖罚分明”问题。四是上好实践课和体验课，同时把家长请进学校。解决知行统一和情感认同的“口服心服”问题。

【陶继新】要想解决问题，必须找出问题，只有基于问题，才能有效地解决问题。缺少读写能力，当是教师素质提升不快的原因之一。我只当过三年半的教师，为什么能有比较快的发展呢？仔细想想，就是读写帮了我的大忙。除了教学之外，我几乎将所有的课余时间用到了读书与写作上。所以，教学时就发表了很多文章，而且越写越有感觉，越写越有热情。现在更是如此，读书与写作成了我生命的必需。这次到日本与韩国出访，就在路上读了一些书，写了一两万字的文章。所以，尽管行程比较紧张，但却乐此不疲。老师们有了读书的积淀，且能不断写作，且有文章发表的时候，就会让他们充满自信，就会让他们更加积极地读书与写作。这样，他们就会拥有比较深厚的文化底蕴，就会成为真正意义上的名师。

我主张教师要给自己定一个生命成长规划书，而制定之前，首先要根据各自的情况，明晰一个前行的目标。如果目标错了，越是努力，越是容易出现问题。目标对了，再加上努力，才能大有收获。当然，只有目标是不行的，还需要您所说的方案、计划、策略、评价等。而且一旦定下，就矢志不移地执行下去。不管遇到多大困难，也要克服，也要坚持，最终让更多的教师也有这种思想与行为。

高端引领也很重要。读书要“取法乎上”，其他亦然。一个人的眼界决定了他的高度，如果没有高端引领，只看三流四流的作品，教师是不可能快速发展的。高端引领不只是读书，也不只是培训，还有考察等，甚至还要走出教育看教育。人是需要生命提醒的，有的时候，一个高端会议，一个高端考察，都可能让参与的教师心有灵犀一点通，从而改变生命的走向，甚至从此走向一个全新的生命境界。

【杨　颖】读书与交流，不仅提高了大家的教学水平，更重要的是促进了生命成长。仅举两例。王介伟是从农村初中调入学校的男教师，开始很不适应，但他个人非常努力，进步也很快。在课堂教学比赛中一路高歌，最后获得省级观摩课一等奖。我摘录他写的《感悟龙泉》，可见他的心路历程。

“2009年，我从一个普通的乡镇中学调入龙泉小学任教。杨校长为了使我尽快适应小学教学，鼓励我读书。让我到本市及枣庄、薛城、泰安、潍坊、乐陵等地学习……每次回来，都认真读书和总结，写出体会，并把所学努力应用于教学实践。

今年是自我感觉成长最快的一年。如果说，一系列的评比赛课，促使我的授课水平得以提高，那么，今年我校举行的一系列活动无疑拓宽了我的视野。陶继新、欧阳维建等几位大师的到来，以及我们外出参观几处名校，使我知道了山之高、海之阔。

现在，在龙泉小学的我，有友情，有信心，有干劲，有奔头！”

【陶继新】一个老师的成长，与其所处的环境有着直接的关系。一个蒸蒸日上的环境，即使不太上进者也会被激活；一个死气沉沉的环境，即使有活力也会被消解。您本人就是一个活力四射的人。大凡与您接触过的人，都感到您整天朝气蓬勃，意气风发。这种状态，会在有形无形中影响到其他的教师以至学生。而且，您又在热情与激情之中，给老师们走向未来提供了成长的“燃料”，让他们不但有激情，也有奔头，也可以品尝到自我成长的喜悦。这样，他们就不是为一次的成功而满足，而是为不断实现生命的一次又一次的飞跃而不懈地探索。当一个群体有了这种努力进取精神的时候，每个教师当然也就有了“工作是最大的休闲活动”（特蕾莎修女语）这样的生命状态了，学校也就有了发展的不竭的内在动力。

在这样的环境里，王介伟的变化也就不足为奇了。其他老师也会有不同的变化，也会有不同的惊奇。

【杨　颖】还有一例，是去年刚调入的两位青年女教师。我摘录陈兆翠的两个邮件："谢谢校长的教导。是的，贵在坚持，要有规划。我也很担心自己只是两分钟的热度，只想在您的'逼迫'下，多读点书，多积累一点东西，让自己的生活变得更充实!""再次谢谢校长能给我提供方便，让我能早一点研读《课堂教学的颠覆与重建》。我非常感动！李校长制定的'三当'、'四要'、'五有'、'六做'的入社标准，让我深受启发。我相信，有您这个'大疯子'带着我们一群'小疯子'，不久的将来，我们的这个团队，也会走出一条通向成功的路。我愿做您忠实的信徒，跟着您走下去!"

教师宋稳稳的一篇心得体会，是一首小诗，题目是《偶得》：

"踏出校门，/天已淡淡地染上了墨色，/心里却是一片明亮/长者般娓娓道来的絮语，/如甘甜的溪水浸润着几近干涸的心田/且听，且思/不敢正视您，对教育执著而又虔诚的眼神/且听，且思/心中满满溢着的那种感觉叫——感动/被生活的大手推着，我们不断前行，前行/常常忘记停下脚步看看，是否已迷失自己/写呵，动手写一写/多么简单的字眼，可又有谁坚持了几时？/青春如斯，年华易逝/当他日老去的我们，如何来细数往日旧事？/且听，且思/越来越感觉自己像贫瘠的土地/且思，且行/鼓起勇气，向着豁然开朗的远方前行，前行。/2012 年 4 月 1 日晚"

或许她们现在还稚嫩，但是只要坚持读书、思考和实践，我仿佛已经看到一颗颗充满希望的、立志做真教育的新星正冉冉升起。

【陶继新】刘勰说："夫缀文者，情动而辞发。"这两位女老师正是因为有了真情，才写出了这么情真意切且有文采感想的文字。更加可贵的是，她们还不止于言语之说，更有了实际的行动，更有了属于自己的收获。

您说的这几位老师，只是你们学校全体教师的一个缩影，您尽管没有列举更多的教师的事例，可是，我们却可以从这些老师的身上，看到群体的精神风貌，感受到他们走向未来的积极回响。

【杨　颖】通过读书交流，我写了一篇《自省铭》，借此表达人生理想和价值趋向。内容有九点：1. 务笨拙勿机巧，敬业乐群卓尔不群。2. 忠孝勤恕，智圆行方。3. 融会贯通，为我所用。4. 预则立，立业立言立人。5. 己所不欲勿施于人，己所欲慎施于人。6. 取有道钱财，弃不义功名。7. 每天读书，写作，思考。8. 以人为本，以诚待人，和而不同，与人为善。9. 当小学生，做大教育。我觉得，教师成功应该建立在学生成功之上，学校成功应该建立在师生成功之上，而校长的成功必须建立在学校成功基础之上。一个没有优质教育和特色品牌的学校，校长无论如何都不能自称为好校长。我自称“影子”，借如影随形之意，表达“校长是一所学校的灵魂”之感。我一直认为，仅有一个好校长，是不能成为一所好学校的。只有校长正确的思想和教育理念，植根于教师的大脑，变成教师的自觉言行，这样的学校才可能成为一所好学校。

【陶继新】您的《自省铭》堪称佳作，很有创意，也很有价值。比如“己所不欲勿施于人，己所欲慎施于人”，是在孔子恕道精神之上的发挥，且很有道理。有的校长喜欢某件事情，往往强迫教师也随而行之。结果，怨声载道。教师是一个群体队伍，但每个个体又有着不同的爱好，所以，不能一概而论。再如“取有道钱财，弃不义功名”。孔子不是也说：“富与贵，是人之所欲也。”看来，爱财，当是人之本性。可是，要取之有道，要像孔子说的那样：“不以其道得之，不处也。”人们追求功名，且依道而行，是一件很好的事情。可是，如果一味地追求功名，甚至通过不正当的手段去猎取功名，那就有点大逆不道了。而现在，恰恰就有一些人，为了自己的功名，不惜丧失人格，他们不明白一个道理，所有不通过正道获取的功名，到头来都还会得到正道的回击，以至身败名裂。

您是深得这些大道之义的，也是依道而行的。而您的言行，则又影响到全校的老师。于是，这个《自省铭》就不仅仅是您个人的“私有财产”，而是成了大家共持的精神产品。

强调教育要回归生活 建设“生活化校本课程”

【杨　颖】读书活动推动了学校课程改革的深化。结合乐陵实验小学等名校的经验，我们把“生活教育”作为旗帜，强调教育要回归生活，回归儿童，回归自然；关注学生学习兴趣的激发和习惯养成；重视学生正面的积极的生活体验，在生活教育中学习和成长。把学生和教师生命成长的快乐，作为学校的终极教育目标。正如陶行知说：“在一般的生活里，找出教育的特殊意义，发挥出教育的特殊力量。同时要在特殊的教育里，找出一般的生活联系，展开对一般生活的普遍而深刻的影响。把教育推广到生活所包括的领域，使生活提高到教育所瞄准的水平。”台湾学者高振东讲：“学生是学生活经验，学生存技能，学生命意识。”因此，我们把上述理念运用到建设“生活化校本课程”体系，细化到设计“生活化课堂”的标准和流程。

今年暑期，骨干教师行动研究的任务目标，就是继续完善校本教材。对于我们来说，暑假不是休息的时间，而是充电的最佳时机，是课堂教学改革的攻坚阶段。正如“贫无可奈唯求俭，拙亦何妨只要勤”。对于一个有思想的教师来说，重要的行动之一，就是把自己的思想写出来，外化成字，成文，成书，让人看得见摸得着，直到让人心服口服。这样，扎根于课堂改革的老师们，才是真正的教师。

【陶继新】建设“生活化校本课程”体系意义重大。现在的教学，重视了课本知识的传授，忽略了生活教育的要义。教育如果脱离了生活实践，就了无意义。一些所谓的教育专家为什么路子越走越窄，一个关键的因素就是与教育教学实践相去太远。学生呢，如果缺少了生活实践的支撑，所学的知识也就缺失了“着陆”的根基。我们古代的很多教育，就特别强调生活实践教育。孔子的整个教育中，都是与社会生活联系在一起的。有学者称孔子为“实践哲学家”，不是没有道理的。乐陵市实验小学的“生活化教育”，为更多的学校走上教育的本质道路提供了一个学习的典范。相信你们也会走出一条属于你们自己的生活化教育的路子来的。

【杨　颖】从去年开始，我们就设计了“离校课程”，把过去传统的毕业典礼上成一堂大课。以“校本、教化、有效”为设计理念，以情感人，以文化人。利用离别契机，感悟感恩与做人，挥洒真情与激情；让学生用美好的情感体验，为生命成长添加助力，走好今后的人生路；让教师体验成长和育人的快乐，拥有自身幸福健康。课程目标为“传递亲情，引领精神，教善养智，感恩社会，承担责任”。活动主题为“珍藏母校真情，相约美好未来”。活动分六个流程：一是开场篇，奠定感情基调。二是怀想篇，《难忘的记忆》视频激情，叩问师生心灵。三是倾诉衷肠篇，师生家长互动。四是见证神圣时刻篇，隆重颁证（毕业证和成果收藏证）。五是留念篇，留下永久纪念。最后，教师夹道欢送学生离校。

活动让现场的师生和嘉宾都流下了热泪，场面非常感人。这是我校生活化课程育人效果显著的一个典型案例。

【陶继新】这种生活课程，不但感动了在场的师生及家长，也会成为大家终生的铭记。一个学生在一所学校学习生活很多年，可是，究竟能给他留下多少终生难忘的事情，真的是屈指可数。可是，如果没有这种难忘之事，怎样让学生怀念学校？而且，你们让学生怀念的，是最最美好的回忆，也是真善美的延续。他们会带着这种美好离校而去，在未来的征途上，继续播撒真善美。

（原载于《中国教育报》，2012 年 9 月 22 日，第 4 版；作者：陶继新、杨颖。）

团结　和谐　激情

——济南市历城区洪家楼小学“热炉膛”现象解码

［王永军校长简介］

王永军：济南市历城区洪家楼小学校长，历城区名校长工程人选，济南市首期优秀管理者工程人选，获得全国科研兴校先进个人、济南市十佳杰出青年技术创新能手、历城区第八届十大杰出青年等荣誉称号。始终坚持教育就是经历，好的教育就是给学生好的人生和学习经历，坚持管理就是帮助教师和学生成长，用成长成就美好人生。

编者按：济南市历城区洪家楼小学毗邻百年山东大学，其前身是山东大学附属小学，有着近60年的办学历史，以“让每一个学生都成为学习的主人”为办学理念，坚持学校要发展，教师先发展，积极打造学生自主参与、自主活动、自我管理、自我教育的“学生自主成长”特色。

打造教师成长的热炉膛

【王永军】 有这么一种现象：两个同样优秀的青年教师同时分到两所不同的学校任教，三五年下来，你会吃惊地发现，两个人目前的状态可能是一个天上，一个地下，一个在当地已小有名气，另一个却一直普普通通。当然造成这种现象的原因有诸多因素，但我认为除教师自身的努力外，重要的因素是两所学校不同的集体氛围。我把它比作是一个炉膛，凡是充满团结、和谐、激情的教师集体就像一个热炉膛，即使是一块冷铁时间长了也会发光发热，而一个封闭、冷漠甚至是勾心斗角的群体就像一个冷炉膛，久而久之，即使是一块即将熔化的钢，也将变冷变僵。

所以，学校应积极打造有利于教师成长的热炉膛。因为在强调教师专业化发展的今天，我们的目的不是一两个名师的出现，而是一个优秀教师群体的形成。所谓“一花独放不是春，百花齐放春满园”。

【陶继新】 有很大程度上，环境决定一个人的生命状态。本来，每一个教师都蕴藏着巨大的发展潜能，可是，这种潜能有时候会被激发，有时则有可能被压抑。一个和谐积极的学校环境，可以激活教师内在的潜能，让其生机勃发；一个压抑沉寂的环境，则有可能将这种潜能扼杀，让其死气沉沉。所以，您所说的两个教师数年之后的天地之别，是两所学校的成长环境不同造成的。所以，就像您说的那样，应该为教师潜能开发、持续发展打造“热炉膛”。当人人都要发展，都在发展的时候，其中的“热度”就会越来越高。即使原来没有发展意识的教师，也会跃跃欲试，投身于这个“热炉膛”中。渐渐地，他也成为发热者，也走向了成功。

一、捆绑式评价作保障

【王永军】 热炉膛就是一种氛围的创设，一种教师发展文化的濡染。为此，我们开展了五个方面的工作。第一，捆绑式评价作保障。现在的教师竞争越来越激烈，因为事关老师的个人利益，往往会造成老师之间的封闭，比如在集体备课中的出工不出力，关键时候留一手，不能共享资源等等，在这样的氛围下，老师们活没少干，时间没少投入，但对于自己的发展没有起到多少作用。所以，我们在评价教师个人的同时，加大了集体评价的力度，以此引导老师形成人人为我，我为人人的集体意识。比如我们以备课组、年级组、教研组、工会小组等为单位，开展各类优秀集体的评选。如果今年体育组是学校的先进教研组，那在评选先进教师个人时增加名额一人，同时获得先进教研组的所有成员其奖金等同于先进个人奖；还有以往的教师公开课，一人上课，获奖后，凡参与备、听、评课的成员同时给予一定奖励。

这样一来，老师不再单单只顾自己发展了，也重视本组的活动和建设了，不论是办公文化，还是业务常规，每个老师都觉得自己不能给组里其他老师拖了后腿，于是自觉协同的氛围逐渐形成，我们称之为责任加分享，每个老师都对本组发展负有责任，但反过来本组的发展又使大家共享成果。

【陶继新】捆绑式评价会引导教师更加注重合作与分享，这样，相对优秀的教师教学研究成果就可以更好地让大家共享。从表面来看，优秀教师是失去了一些东西，因为其他老师有可能利用他的成果，变成自己的教学实践，并取得相应较好的成绩，让他的成果不再成为独有的风景。可是，从实质上来看，这样的优秀教师还是得大于失的。因为在不断分享给大家的时候，大家也会更加敬重他，甚至在运用过程中丰富他的成果。这样，既会形成一种很好的人脉，而且，久而久之，有了研究成果就想与大家分享会形成一种优秀的品质。这种品质，恰恰是锻造一个名师必须的条件。其他老师呢，也想着为这个小团队增添光彩，也会特别努力，不断成长，也会渐渐地研究出自己的教学成果，并“学而时习之”地分享给其他老师。这种分享的气场一旦形成，就会凝聚成一种共通的精神能量。不管原先处于什么位置的教师，都会驶进一个良性发展的轨道。于是，在群体持续发展的过程中，就会有更多的优秀教师脱颖而出，有更多的教师满怀信心地走向更高的境界。

【王永军】是啊，正像您说的，随着大家尝到了彼此分享的果实，这样的氛围就越来越浓了。我校的雷超老师是济南市优秀班主任工作室成员，也是我们区第一批名班主任，在他的周围就自由组合了一个由五个年轻老师组成的班主任工作研究团队，雷超老师主动开放自己的班级，请大家来参观，分享他的班本课程和家校交流经验，这些青年教师进步得很快，并且其中的一位老师还评上了市级先进班主任。一石激起千层浪，自觉加入雷超老师团队的人越来越多了。随后济南名师人选王红霞老师也组建起了自己的教师发展团队。

【陶继新】雷超老师不只是开放了自己的班级，也开放了自己及整个团队的心胸。一个心胸开阔的老师，往往能够包容万物。正是因为拥有博大胸怀，才能成博大之事。而且，他们的心凝聚在一起的时候，也有了一种特别积极向上的态势。他们都希望自己超越自己，也都希望他人能够“更上一层楼”。身在其中的教师，当然也就有良好的发展走向了。所有这一切，其他老师都看在眼里，也想“择其善者而从之”，于是，王红霞老师组建的教师发展团队应运而生。这是一种正向能量的传播，还会继续扩展，还会有更多优秀教师的“横空出世”。于是，老师们就有了成长的幸福感，学生则受到了更加优质的教育。

二、艺体活动添情趣

【王永军】我们做的第二个方面是艺体活动添情趣。有一首诗：“问世间情为何物，直教人生死相许”，这里虽说的是爱情，但也道出了融洽感情的重要性。所以我们发挥工会的桥梁纽带作用，积极开展丰富多彩的艺体活动，让老师们在活动中融情，在活动中彰显自己的个性魅力。比如在元旦才艺展示中，常识组的老师利用自编自演的“三句半”《说说咱的家》不但让大家笑弯了腰，还含蓄地给学校提了建议；平时安静的小杜老师更是以自己嘹亮的歌喉让大家看到了不一样的杜老师……三八节我们包下一层卡拉 ok 厅供老师们自由放松，虽然没有了观众，但人人上阵的感觉让每个老师更痛快。只教师过生日一项，工会就尝试了送鲜花——蛋糕——喜欢的一本书等不同形式，同时作为校长总要送上一张亲手写的贺卡，不论是一首激扬的小诗，还是几句鼓励的话语，都拉近了领导和老师的距离，更成了老师生日之前的期待。四月梨花节来临，全体教师漫步于如雪的梨花树下，三三两两，说说笑笑，你替我拿包，我送你自己做的小吃，有的还吆喝上几声，此时我知道，纵然平日有些疲惫、有些不愉快，老师们也早已释放了。青年团员有的是热情，团支部就组织远足爬山，回来累得一个个像打了败仗，但工作起来却更有劲了。我们还鼓励老师发挥自己的特长，以己之长去抒发工作生活之情，更重要的是教师用自己的特长去影响学生，我校的田永军老师家里是开诊所的，长期的耳濡目染使他也具备了一定的医学常识，于是他便在学校开了个兴趣小组专门给学生传授医学常识，丰富了学校的校本课程。教师工作累不累，不仅仅是身体上的，更重要的是心累不累。如今这些活动增进了集体的感情，带着感情去工作，这种高兴的情绪就会传递给了身边的同事，传递给了我们的学生。当感情最终成了工作的润滑剂，工作就成了老师们自觉自愿的行动。

【陶继新】活动不但有教育意蕴，也有快乐音符。正是在活动中，老师们放下了工作，轻松了情绪，快乐了心境。身处这样的快乐场域，即使平时有点不舒畅，也会飘至九霄云外；即使平时有点不和谐，也多会握手言欢。同时，教师平时对学校有点建议意见，在这样的活动中，比较委婉地提出来，既让学校领导感到它的意义所在，又感到教师是何等的通情达理。不断地开展这种有意义的活动，会让老师们感到学校不只是一个工作的地方，也是一个释放感情、游戏快乐的园地。

教师工作累不累？大部分老师会说累。是的，他们的工作确实比较紧张，可是，有了好的心境，即使干的工作多，即使身体比较累，也不一定感到心累。我认为，累有身累与心累两种，前者对健康会有影响，但不会太大；后者则会严重影响身体健康。看来，您是很有智慧的一位校长，您让教师好好地工作，也让他们心情愉快，于是，累并快乐着就成为一个现实，甚至有可能走进“工作是最大的休闲活动”（特蕾莎修女语）的高层精神境界。

三、骨干带队引方向

【王永军】打造热炉膛的第三个方面是骨干带队引方向。我校有各级骨干教师30余人，用刘景海校长的话说，学校的教学改革说到家就是对骨干教师优秀经验的传承，他们的作用发挥如何，直接关系到学校教育教学质量的提升程度。这里面还有一段故事：我们一共23个备课组，一段时间我们发现有一个组近来工作不好开展了，这个组可是我们在学期初给予很大希望的，这个年级组有5位教师，全是年轻人，按说有知识、有时间、有热情，应该各项工作跑到前边呀，怎现在连一节校公开课也没人报名，上周六监考都无人可派呢？我们几个干部坐下认真分析原因，发现他们完成自己的职责没问题，但遇到集体的事都不愿牺牲自己的时间，小刘老师平时好发牢骚也影响组里其他几个人。相反，现在稳定积极的组都有一两个老教师在，他们平时别看没什么作用，其实在遇到一些思想分歧时，一句中肯的劝慰、一句顾全大局的引导，都能及时统一老师的思想。更重要的是我们发现这个组的年轻人虽然工作卖力，但这学期也惹了好几起家校矛盾，现在想来要是有个有经验的老教师，准能在他们遇到问题时及时点拨、给他们参谋。看来组里得有思想过硬、业务精通的骨干老师来把关定向啊！于是骨干带队成为每个组建设的首要条件。对骨干先进教师我们也提出了管理要求：以挖掘自身优势，搞好辐射带动，取得再发展为目标。学校每学期为每一个骨干教师免费订一份教育刊物，优先推荐骨干教师参加高一级培训活动，鼓励骨干教师形成个性特色，力争成为各级名师。骨干教师在每学期应具体开展“三个一”活动：上一堂观摩课，开一次主题讲座，带教一名青年教师。由于骨干老师就在身边，他们的经验可操作性强，组内带动效果越来越好。

我们不但重视骨干教师个体的作用发挥，也开始尝试发挥好骨干群体的作用，从“堵枪眼”到建立问题咨询委员会就是很好的例子。过去往往是问题发生了才知道、才解决，我们叫它“堵枪眼”。但往往又因为事发突然，在问题的处理上不是老师不理解，就是家长不满意，更重要的是处理完了，老师们大都认为学校没有很好地保护教师而怨气冲天，所以学校领导很被动。如何处理好这一问题而不至于影响教师集体积极性呢？于是我们着手建立了以骨干班主任和老师组成的班务问题咨询委员会和教务咨询委员会，以解决教师在班级管理和教育教学中遇到的问题，当事人可以随时召集相关成员就个人遇到的问题开展讨论，这样一来在大家一起出主意、想办法下，以往的问题得到了有效的控制，集体的智慧促进了工作的更好开展。

【陶继新】青年人热情高，有学识，可是，由于家庭与社会的影响，有的大局意识不是太强，所以，就出现了您所说的一些问题。但是，他们是可以塑造的，可以成长起来的。如何让他们更好地发展，你们发挥骨干教师的带头引领作用，是一个很好的方法。青年教师从这些骨干教师身上，发现其吃苦耐劳、关注他人、集体为重的思想与行为，慢慢地，他们也会好好地学习，以至成为优秀的教师。而有些学校的一些高学历的青年教师，工作了很多年，却很少有脱颖而出者，关键就是没有引领他们走向更高的平台。人是需要生命提醒的，不要说青年人，就是年龄大一些的教师，也需要提醒，特别需要一些智者的提醒。或许一两句话，一个行动，就会让人受益终生。骨干教师的言与行，对于青年来说，就是一种生命提醒，就有可能让他们终生受益。一个年轻人，如果缺失团队意识、集体意识、分享意识，即使毕业于名牌大学，即使有着很高的智商，也多不能成为名师。因为不管任何地方，任何人，做好人是第一位的，做好被大家认可的人是重要的。所以，你们也是在引领青年教师学会做人，学会做事，学会更好地生存，学会更好地成长。

组建两个咨询委员会，当是一个智慧之举。你们学校以前出现的问题，在其他学校迄今还存在着。如果不进行统筹解决，而是头痛医头，脚痛医脚，是不可能从根本上解决问题的。你们的这种办法，可以让工作在一线的老师，不再为一些比较棘手的问题而分心，而是专注于班级的教育教学工作。这样，还在一定程度上优化了教师的心态，也提升了学校的信赖度。

四、相互欣赏融氛围

【王永军】陶老师一语中的：做人就是做事。而作为人，首要的就是要有德，古人说："德，得也"。践行德的过程就是最好的做事。于是，我们打造热炉膛的第四方面工作也是基于师德建设的考虑，即相互欣赏融氛围。每个人都有长处，管理学家杜拉克说："人的长处，才是一种真正的机会。"作为教师第一个应该有的长处就是具备良好的师德。为此我们开展了三个层次的工作——干部欣赏老师：学校在校刊上开辟"校园广角"栏目，由各部门每月根据各自工作记录，推出那些以小事见精神的人和事，如体育教师沈士文老师只要遇到下雨下雪天气，总是主动提早到校，清理操场上的积水，以确保全校体育活动的正常进行，从来没提什么报酬，在我校师德先进的发言中他也只说了一句话：为了孩子，我高兴。工会把这些事迹通过校报传播给全校教师，从而引导老师更加关注做好这些涉及师生成长的小事，于是这样的故事也与日俱增。每年的师德先进报告会，都成了老师们讲自己师德故事的专场，以下是 2011 年老师师德报告发言的故事点：师德是天热时为学生提前准备下的一桶凉开水；是教室里防止蚊虫叮咬的花露水；是学生做错事时一句暖心的话语；是一个成绩落后学生成绩的提高；是年轻教师对老教师的尊重；是抢着在办公室打水、拖地；是适合家长的艺术沟通；是对我们身边榜样的模仿；是对自己教学业务的精益求精；是对自己自身工作的尽力；是对犯错学生的最大宽容；是自我委屈后的坚持而仍然正确地做事；是对工作付出和做好人的恒久忍耐……一个个生动的故事无不彰显着一个共同的价值追求：师德就这么简单，就这么真实，它成了老师自觉的一份责任，一份人生中的淡然，一种愉悦的生活状态。

老师欣赏老师：工会组织“说说我身边的好同事”征文活动，引导大家多看同事的长处、优点，相互欣赏。我们把这些好文章逐期推荐到校报上，如此一来，写文章的高兴，被写的教师更带劲了。

学生欣赏老师：每学期少先大队都开展学生民主测评，我们把测评结果反馈给教师，以增强教师的成就感。同时我们每学期适时开展一些家校交流，促进老师和家长的理解，如我们请了广州时代之声演讲团的王海洋、王田老师作感恩教育的主题演讲，引导家长、学生感恩教师，学生感恩家长，每次家长、老师、学生都激动得流下了眼泪，起到了很好的教育效果。

【陶继新】宇宙浩瀚无涯，地球在宇宙中只是一个点，而人在地球上，则只是沧海一粟。所以，这个教师与那个教师能够在一起工作，当是一个天地机缘。可是，当下一些学校，教师与教师彼此没有珍惜这一难得的机遇，关系并不融洽，由此造成的相互伤害及其对学生的影响，甚至还有愈演愈烈之势。你们在老师中营造相互欣赏的氛围，则让他们之间的关系融洽起来，工作舒心起来。

干部欣赏老师，至少有两个好处：一是干部不是将眼睛盯在老师的错误与问题上，而是瞄准了他们的优长方面。越是这样，就越能发现教师的精神可贵，也越是佩服老师。这种心理上的感觉，会优化干部的心境，也会让他们真正欣赏老师，学习老师，提升自己的服务意识，提升自己的领导水平。老师在被欣赏中，感到自己本来理所应当做的事情，被干部发现了，表扬了，甚至“扩大”了，于是，不但对干部没有了抵触，还有了感激。进而还会化成一种积极工作的正能量，还会更自觉地发现干部的优点，发现学生的优点。如此不断地接受正向能量，也会让自己生成正向能量，从而树立更好的心态。

人人都有缺点，也都有优点，如果只是盯着其他老师的问题，就会越看越不顺眼，越看越有意见。相反，如果只是寻找其他老师的优点，就会越找越服气，越找越愉快，越找越想学习。于是，嫉妒变成了欣赏，猜疑变成了理解，争斗变成了和谐。在这种环境下工作，不但心情好了，工作效率也高了。因为没有好心境，永远不可能有高效率。可见，老师欣赏老师的意义是何其重大啊！

家校联系，因其心灵的沟通，会让彼此更加了解。教师与家长的矛盾，好多是出于误解，而不是真正有什么大的问题。沟通之后，误解会消解，友谊会建立。因为家长与教师都有一个共同的愿望，那就是让孩子更加健康地成长起来。当心灵相通，加之共同商讨好教育孩子的方略之后，学生更好成长也就变成了可能。

五、对话大师提境界

【王永军】彼此欣赏，激发正能量，传播正能量，使得教师和学生的成长始终充满阳光。打造教师发展的热炉膛第五个方面是对话大师提境界。社会大气候，校内小气候。如何让社会的主流价值影响教师成长、提升教师境界呢？“取法乎上，得乎其中”，与高手对弈，才能真正接近高手的水平。为此，2006年10月，我校与中国教育学会合作开展教师培训，成为中国教育学会济南第一所实验小学，打造了特色教师培训项目——“名师讲坛”活动。每月请一至两名全国特级教师或知名专家来校开课、作报告，面对面与教师交流，现已有陶继新、吴正宪、贾志敏、于永正、武琼、钱守旺、柏继明、“疯狂英语”李阳等40位特级教师、专家走进了洪小。老师在业务水平提高的同时，还有一大可喜的变化就是人生境界的提升，教育专家以自己的高尚的人生经历感染着老师们，更以自己宽阔的人生胸怀教育着老师们。以下是老师在开展名师讲坛活动后的博客反思，可窥一斑：

博客蓝色天空：《学会欣赏》——听课、听报告或者讲座时，人们往往是冲着名气去的，如果被请的人知名度高，我们一般会带着欣赏的眼光去听，如果被请的人不被人所知，那么眼光则由欣赏变为挑剔。其实这样做大可不必，每个人都有自己的长处，同样会有自己的短处，正所谓“尺有所短，寸有所长”。如果经常用欣赏的眼光看待一切，那么我们度过的每一天都会是美好的。11月22号我校请来的特级教师是田立莉，她是北京市海淀区四季青学区副校长，听了她讲的《小数的复习课》、《分数的再认识》两节课后，感觉王老师的课有深度、有广度、有思维含量，亲和力强、凝聚力强，让人眼前一亮，这才是原汁原味的数学课啊。

博客悠悠之思：这几年由于名师讲坛的启动，我们得以与大师共聚一堂，大多数老师对教学上的问题思考得更加深入了，学校的教研氛围也因此更加浓厚，影响之大使我这种思想懒惰之人也受到了督促，同时感觉捡拾点大师的牙慧也是受益匪浅的。只有理解生活，才更珍惜自己的所得，才更珍惜“今天”这份礼物。

我们在请进来的同时，还积极组织教师走出去开阔视野，每年都带领教研组长、班主任外出考察学习，几年来先后到过辽宁盘锦、北京、上海、深圳、苏州等教育发达城市学习，使教师真切感受差距的同时激发灵感，超越自我。像我校率先在全区开展的班级文化建设和大课间活动都是学习后的成果。

【陶继新】名师上课与名家讲座，不但有名人效应，更有教育含量。他们之所以成名，并非轻而易举之事，而是“冰冻三尺，非一日之寒”也。所以，老师们可以从他们所讲中感受其超越一般教师的可取之处，并从他们的人生经历与奋斗历程中，感受有努力就有收获的道理。其实，开始的时候，这些名家也未必有特别之处，有的甚至可能学历还比较低，能力还比较小，可是，他们知道一个道理，我的起点可能比别人低，但我的终点却有可能比别人高。要想如此，就要每天努力，天天有所收获。久而久之，就会步入名家的殿堂。那么，为什么有的努力照样没有很大的飞跃呢？问题就出在您所说的没有“取法乎上”上。“取法乎上，得乎其中；取法乎中，得乎其下。”如果老师日常所读多是世界大师的作品，虽然很难抵达大师的水平；可是，却犹如天天听大师讲课一样，每天就可以向大师靠近一点点。听名师与名家讲课亦然，短期内不可能达到他们的境界，可是，经常听，经常学，经常前进，时间一长，不也就慢慢地靠近名家了吗？多年来，您一直带领老师在“取法乎上”上行进，当然也就有了教师的巨大发展了。

当然，是不是非常有名者就一定水平特别高，并不特别有名者水平就一定低呢？不是的。因为有的名人，因其特殊原因，一时名声大震；但由于没有真正的底蕴，或者由此骄傲自满，若干年后，也会销声匿迹的。有的尽管不一定特别有名，但一直不为名利所动，一点点地积累思想与文化，特别是在实践一线行走，持续发展下去，就有可能成就一番大的事业，古代所谈的大器晚成者，就是这一类人啊。我发现，您请名家的时候，不但看其名，更观其实，所以，老师们才从他们那里有了很大的收获。

外出学习比起请名家到校培训，则是另一种提升教师素养的方法。古人主张读万卷书，行万里路。外出，不只是学习外地的教育教学经验，也是开阔视野，丰富人生经验，是另一种很高品位的学习。同时，它会让教师有一种新鲜的感觉，会让教师步入“横看成岭侧成峰，远近高低各不同”的境界。

【王永军】正如马卡连柯所言：凡是教师没有结合在一个集体的地方，凡是集体里没有统一的工作计划，没有一致的步调，没有一致的、准确的对待儿童的方法的地方，那里就没有任何的教育过程。如果五个能力较强的教师团结在一个集体里，受一种思想、一种原则、一种作风的鼓舞，能齐心工作的话，就比十个各随己愿的单独行动的优秀教师要好得多。

【陶继新】“团结就是力量”是一个公认的真理。人再多，如果心不往一处想，劲不往一处使，如果再矛盾丛生，就会出现人越多，越办不好事的现象。文人相轻是古已有之的弊端，迄今在教师中还有一定的市场，特别是能力都强的老师相聚在一起，相互不服气的情况时有发生。所以，要“齐心”，才能形成更大的力量。

【王永军】教师集体氛围的形成，凝聚力、执行力、创新力得以大大提升，每年的教学能手、骨干教师、学科带头人评选我校人数屡创新高，现已有两名市级名师、一名市级优秀班主任工作室成员、四位区级工程人选，教师的反思文集《行思路》也由山东大学出版社出版发行，学校也取得空前发展，成为全区小学的第一所省级教学示范校、全国科研兴校先进单位。

【陶继新】有如此佳绩，这是自然天成的事情。因为教师一直在持续发展，当然也就能不断地收获成果了。其实，这只是一个开端，相信以后还会有更多甚至是更高层次的名师出现。学校现在已经有了一定的知名度，它也会随着名师的增多，更具名校的思想与文化含量。

打造具有“学生自主成长”特色的学校

【王永军】教师发展的目的是促进学生发展，我校坚持“让每一个学生都成为学习的主人”，这是学校 50 年校庆时省教育厅齐涛厅长给学生的题词，也成为我们全体师生的办学理念。通过让学生成为学习的主人、生活的主人、自己的主人等系列教育教学活动，促进学生自主参与、自主活动、自主管理和自我教育，力求打造具有“学生自主成长”特色的学校。

【陶继新】学校管理，校长与教师有着责无旁贷的责任。可是，学生就只是被管理者了吗？显然不是。他们也应当成为管理者的一分子，尽管这种管理与一般意义上的管理并非同一内涵。因为学生也像教师一样，有着巨大的潜能，这种潜能表现在课堂上，也表现在平时的活动中。

一、在参与中树立主人的意识

【王永军】对于学生当主人我非常欣赏魏书生老师的话，他说：谁是学生命运的主人，显然是学生自己；谁是班级的主人，显然应该是全班学生。但如果不努力发挥他们的主人作用，时间长了，他们也就丧失了自主、自立、自强的信心，失去了对集体的主人翁责任感。用进废退的规律也适用于人的自主能力。所以我们在学校各项活动中尽力给学生提供参与的机会，在参与中树立主人翁的意识。比如我们设立红领巾纪律、卫生、文明监督岗，礼仪岗，图书报纸管理岗，花木护理岗等等，让有管理能力的学生参与进来，定期举办学生校情座谈会，听取他们对学校的意见、建议，发挥小主人的作用，这里还有一段故事，正是这个故事更加坚定了我让学生当主人的信心。在2007年的元旦活动举行前夕，按照以往我们学校要精选一批节目开展联欢活动，并邀请周边单位的领导参加，以展示学校，争取支持，正在这个接口上，我们的大队长王冬晓同学一大早拿着一张纸就进我办公室了，上来就说，王校长，我们学校搞的六一节、元旦活动不是给同学过节，是给领导过的，大多数学生都不能参加活动，只当观众，太没劲了。我说：那你有什么想法？她说：把节日活动的组织权还给我们，您看，我已经让我们班64个学生和家长，包括任教我们班的老师都签名了。一看这个情况，我先让孩子回去，立即召开校委会统一思想，当年的元旦活动交给了大队部自己组织。虽然节目没有全校的规格高，但每个班级每个学生都参与了，看着学生们的那份高兴，是他们当观众时所没有的。

【陶继新】魏书生为什么能够在当班主任的时候那么游刃有余，就是让学生做主人，特别是让他们做自主管理的主人。在这方面，学生有着很大的期待，也有很大的热情，只不过有的时候，有的校长与教师忽视了这种期待，漠视了这种热情，让其一点点地消解了。消解的还不止于这种能力，还有其主人公意识。一个热爱学校，有着责任意识的学生，会处处关注学校的发展，会行使主人公的义务。可是，有的校长与教师却剥夺了这种权力。王冬晓同学向您主动请缨，可以看出学生是多么希望自己也能成为学校的管理者，活动的策划与主持者。如果您对此不屑一顾，甚至进行批评，就会将这种热情与能力压抑下去，甚至很多年后，这个学生还不敢也不愿意再主动承担主人公的责任。好在您重视学生的请求，让他们成为了活动中的主人。我想，王冬晓及其同学们是异常高兴的。诚如您言，他们办得不一定比大人办得好，可是，看问题有不同的视角，大人认为比较好的，孩子并不一定喜欢。况且，自己办与听命于老师办感觉是不一样的。更重要的是，由此会大大提升孩子们的自信指数，提升他们自主管理的能力，特别是提升其主人公的意识。

二、在活动中收获成长的快乐

【王永军】正如您所说，站在孩子的视角看问题，才会无限地接近学生，理解学生，从而为他们的发展提供服务。于是我们遵循人人参与的原则，大力开拓学生自主活动的空间，搭建活动的平台。学校把活动分为三个层次，一是学期活动——上学期开展全员综合实践活动，分为走进农村、走进企事业单位、走进军队三个主题，山东大学、省博物馆、济南植物园、市科技馆、济南电视台、济南国防教育基地、历城职专实训车间等地都留下了学生们的身影，在与社会的亲密接触中了解了社会；下学期全员春游，亲近大自然，感受大自然的魅力，我觉得城市孩子离大自然太远了，他们不但认不了几种植物、农作物，更听不懂小鸟的语言，读不懂小草的眼神，理解不到露珠的心事。所以自2004年至今，学校的春游一次也没有因为安全形势停过，就是想在学生幼小的心灵深处种下一棵热爱大自然的种子，这也受到了学生和家长的理解和好评。第二是学校月主题活动，每学科按月进行主题系列展示，既锻炼了学生的能力，又渗透了学科教学。第三是周活动——每周三下午的艺体、科技、信息等17个兴趣小组的活动和每周五下午各班级的学科综合性学习活动。这些活动的组织都是前期让学生参与主题、口号、宣传画的设计，活动中收集相关资料，活动后分年级展示。在人人参与的活动里学生收获着成长的快乐。

【陶继新】学生参加丰富多彩的活动，不但心情愉悦，更会对终生发展起到作用。一个人的成长，特别是一个孩子的成长，是需要各种各样的营养的。文本知识固然重要，可是，如果缺少了社会实践，不与大自然亲近，就无法正常成长，更不可能优质成长。但是，囿于安全等形势的逼迫，特别是“应试教育”的挤压，不少学校的活动越来越少了，甚至连起码的校外活动都没有了。你们则不然，不管形势多么严峻，为了孩子的成长，你们一点儿也不怕承担风险；当然，你们也做了极其周密的计划与工作，在绝对保证学生安全的前提下，又让他们参加了这么多的活动。这需要勇气，也需要智慧。这是考量一个校长是不是心里真有学生的试金石。

在这些活动中，学生学到了书本上学不到的东西，也体验到了学校里感受不到的快乐。这种实践知识的学习，会在其小小的心灵里扎根，也会在适当的时候发芽、生长、开花与结果。同时，由此形成的心灵的快乐，不但会显现于当下，也会随着时间的推移而不断地显现出来。一个有着快乐童年的孩子，与一个有着压抑情结的孩子，长大成人之后是不一样的。前者会更加阳光，后者则有可能恰恰相反。从这个意义上说，你们开展的这些活动，还不只是为了当下孩子的幸福，也是为其一生成长奠基啊！

三、在活动中懂得爱、感恩和责任的意义

【王永军】是啊，为孩子的一生奠基，就要坚守这份教育的责任。在孩子自我教育上当前最缺失的是爱、感恩和责任，为此我们设计了三项长期坚持的活动：围绕爱，我们每年分上、下学期开展爱心义捐义卖活动和校园学习用品换购活动，每次活动后，我们就与南部山区的学校联系，带着学生，带着孩子的爱心物品和基金，现场让孩子传递爱，感受爱，在2012年的六一节，学生一下子捐出了20000多册图书，节日当天就捐给了仲宫镇朱家小学；围绕感恩，我们在西营敬老院建立了学生基地，每月由一个班到敬老院为老人干力所能及的劳动，跟老人谈心，表演节目，在与孤寡老人的接触中体会父母的养育之恩；围绕责任，2008年我们在学校对面的银座洪楼店建立了志愿服务基地，每周六的上午，三至六年级中的一个班的同学到超市服务，帮助超市收集手推车、购物袋，帮助顾客收集购买的物品等，学校制作了志愿服务手册，学生参加活动后都要写一个志愿服务感受，并由超市和学校共同盖章认可，每年评选优秀志愿者。

【陶继新】感恩是一种美德，也是人之为人的基本品质。可是，当下一些孩子并不知道感恩的意义，也不知道如何去感恩。这不是他们的错，而是有

的家长太多溺爱造成的。父母之心固然是好的，是为了更爱孩子，可是，真正意义上的爱，是要让孩子也学会爱，也知道感恩父母，感恩他人，感恩社会，感恩自然等。你们开展的一系列的感恩活动，则让孩子亲身感受到了爱的美好，获得了感恩的体验。这种品质的培养，尽管不可能用一次两次的活动来完成，可是，如果经常开展这样的活动，以至在平时的教育教学中也渗透感恩教育，孩子就会慢慢体会到感恩的意义，就会积极主动地去做感恩的事情。当感恩成为学生的一种常态品质后，就会在平时的学习、生活、活动中，自然而然地去感恩。这样，他们就有了做一个有道德的人的基本素养。而且，感恩也是具有反作用力的，当你感恩他人的时候，别人也会感恩你。当社会中更多人学会感恩的时候，这个社会也就会更加祥和与美好。

【王永军】我收集了五年级高文君同学的银座志愿服务感悟，从感悟中可以看到一个孩子的成长心路：

通过自己的亲身体验，才会有最真实的感受。星期六，我们参加了银座实践活动，体会到了工作的辛苦。我负责的岗位是帮助收银员阿姨为客户装收东西，我本以为这是一件极其简单的事情，可是做起来却异常的难。生的不能和熟的放在一起，重的不能压轻的，饼干不能放在底下，会碎。鸡蛋，不能被压或碰。这种种的技巧摆弄得我晕头转向，在九点左右的时候，人烟稀少，很少有人在大清早就起来购物。我才站了一个小时，就觉得腿脚麻木，站立不稳。在十点左右，人数突飞猛进，我手忙脚乱地装收东西，似乎没有一刻停止下来，我感到脖子酸痛，四肢无力，我轻声在心里感叹道："收银员阿姨一天 8 小时都在努力迎接客户，脸上依然挂着微笑，而我，却只站了 2 个小时，脸上就挂着丧气，无精打采的。"想着，我便打起精神来了，父母，每天不也像这样为我们努力工作着吗？所以我们也要换个角度去仔细考虑感受一下别人的辛劳。

那些艰难的努力，与流过的汗水，都是对客户的诚信与态度。不是每一次努力都有收获，但是每一次收获都必须有努力。

【陶继新】没有亲身体验，就不可能写出如此真实的作文来。更重要的是，没有亲自经历，就不可能体验到收银员的艰辛。这虽然只是一次体验经历，可是，他却告诉学生一个道理，做任何事情，都不是十分简单的。所以，要换一个角度考虑问题。而且，要多想他人的艰辛与美好，并且对其多一份敬爱之心。

四、为学生留下了成长的足迹和美好的童年回忆

【王永军】活动的开展锻炼了学生，一大批优秀学子成为了学校一道亮丽的风景线，为此，学校利用校园文化的空间，让这些学生的形象、语言、作品不断占领学校的可视空间，让不同层次的学生在校园里找到自己的榜样。如为区级小名士打造名士路、为齐鲁小名士谷金米同学设立科普园地——金米气象站，还有每月为特长队员制作笑脸墙等，让校园最大限度地成为学生展示自我的舞台。同时我们充分发挥四所国际友好学校的资源优势，开展优秀学子的国际游学活动，到目前为止，已带领学生赴新加坡、马来西亚、美国、芬兰等地学习交流，大大开阔了学生和教师的国际视野，让学生在六年小学生活的这个舞台上留下了成长的足迹和美好的童年回忆。

【陶继新】为学生创设展示其风采的舞台，会让他们更加自信。有了自信，不但有益于学生的心灵，也有利于他们的学习。因为在这种心灵状态下的学习效率是高的，效益是好的。同时，这也为其他学生树立了学习的榜样，当更多的孩子“见贤思齐”的时候，学生的更好成长不就成为现实了吗？同时，这也成了学校的一个名片，进而提升了学校的美誉度。

（完稿于2012年6月19日；作者：陶继新、王永军。）

为师生幸福成长注入生命的活力

——记践行“幸福教育”中持续发展的济南市长清区实验小学

［潘玉堂校长简介］

潘玉堂，大学本科学历，中学高级教师，济南市长清区实验小学校长。曾获全国科研创新校长、齐鲁名校长建设工程人选、省特级教师、省劳动模范、济南专业技术拔尖人才等称号。撰写的50余篇教改论文在国家、省级报刊上发表；出版专著《我的教育情缘》；主编、参编《放飞心灵》、《播种幸福》、《义务教育课程标准实验数学教科书（青岛版）》等13部书籍。累计撰写发表文字70余万字。在9年的校长岗位中，坚持思想引领、专业引领，聚焦课堂整体，推进“小组自主互助学习”、“自主习作评改”等多项改革，在省内外产生较大影响。带领学校先后荣获全国红旗大队，山东省规范化学校、首批教学示范学校、艺术教育示范学校、花园式单位等称号。

编者按：“幸福地学习、工作、生活对于人来说是一种能力，它需要后天教育的培养。”教育，从根本意义上来说，就是培养人追求幸福、感受幸福、创造幸福的能力。而要达此目的，教育过程本身也应该是幸福的。山东省规范化学校、省首批教学示范学校——济南市长清区实验小学，多年来积极践行“幸福教育”理念，培养幸福快乐的学生，从促进教师工作、生活的幸福入手，推行先进的教育理念，创设广阔的发展空间，提供充分的成功机会，激发无限的创造热情，营造优美的教育环境。使教师在这里忙碌而快乐着，辛苦而幸福着，使学校成为真真正正的幸福教育乐土。

践行幸福教育理念 创建幸福生活乐园

【潘玉堂】教育实践告诉我们："没有教师生命质量的提升，就很难有学校教育质量的提升；没有教师思想的解放，就很难有学生精神的解放；没有教师的主动发展，就很难有学生的生动活泼；没有教师的教育创造，就很难有学生的创新精神。"换句话说，没有教师工作、生活的幸福，就很难有学生学习、成长的幸福。由此可见，学校管理者必须将教师放在第一位，才能让教师把学生放在第一位。这就需要在严格要求教师的同时善待教师，致力于培养教师在学校的"幸福感"，让他们幸福地工作、幸福地生活、幸福地发展。这是教育的理性和管理的智慧，也是人文关怀的重要体现。

【陶继新】教师幸福指数的高低，直接影响着学生的幸福能否实现。而且，这个幸福还不是一般意义上的仅限于快乐，而是有一种人格支撑的持久的心灵愉悦。这种幸福状态，会在课上课下给学生的生命注入正能量，让他们也心理阳光，也走向真善美。而且，教学的效率与学习的效率都会因这份幸福的存在而提升，从而让学习变得不再痛苦，而是充满着乐趣。

【潘玉堂】我们学校现有 78 个教学班，4600 余名学生。259 名教职工，平均年龄 36 岁。作为一所"教育航母"式的小学，随着办学规模的扩大，必然带来管理上的难度和压力。作为这艘"航母"的掌舵人，应该用怎样的理念去经营学校，让师生的工作、学习、生活充满幸福呢？随着教师的不断补充，如何打造和引领好这支以青年教师为主体的教育团队，从而促进学校又好又快地发展呢？这些已成为摆在我们面前的一个亟待解决的问题。经过认真研究和思考，我们确立了"幸福人生在这里起航"的办学理念和"加强队伍建设，成就幸福教师，建设幸福学校"的工作思路。通过改善工作环境，满足教师自我展现的需求；创造学习条件，满足教师学习提高的需求；构建科学评价机制，满足教师获得成功的需求；丰富校园文体生活，满足教师活动快乐的需求。教师通过自己的付出不断实现这些需求，不断提升着自己的职业幸福感。比如教师节到来，送上一束鲜花；教师遇到亲属生病、教学难题、家庭危机等困难时，我们真诚地伸出援助之手，及时送去问候和温暖；教职工运动会上，设计集竞争、趣味为一体的活动项目，使教师开心快乐……于是，学校自然就成了教师生活、学习、成长的乐园。

【陶继新】大海航行需要舵手，舵手的思想与方向至关重要。您这个“航母”的掌舵人，则是一位有着正确的思想与方向、有着清晰的思路与举措的校长。所以，尽管在大海之中行走，依然安然无恙。在这艘“航母”上的教师，却因经了风雨见了世面而有了别样的幸福感。

校长之于教师的幸福感是极其重要的。一个不幸福的校长，不可能让全校教师快乐；一个没有智慧的校长，也是很难让教师幸福的。而您本人就是一个幸福者，又是拥有智慧者。您是齐鲁名校长，是不断发展者，是成功者。您的良好的心态、高尚的品格、精湛的业务，让教师敬佩不已又心向往之。您特别关注教师的需求，特别在意教师的感受，有物质层面的，更有精神层面的，让他们感到身在实验小学，是温暖的、安全的、幸福的。

打造优质学校文化 提升教师精神品格

【潘玉堂】作为一校之长，是否幸福阳光，确实直接影响着师生的工作学习状态，影响着学校的育人氛围。我个人也是在不断地调整心态，在学习充实中，在教师积极向上、学生健康成长的感动之下，在学校得到提升发展的成功愉悦中，获得成就感、幸福感的。

首先，我认为学校只有营建品位高雅的文化，才能更好地提升教师品格。学校无闲处，处处熏陶人。我们十分重视学校文化的内涵发展，让学校每一名成员找到家的感觉，体味家的温暖，享受家的幸福。如今走进实验小学，会深切地感受到：整个校园犹如摇篮曲般亲切、柔和，犹如幽谷里婉转的莺啼般清新、流畅，犹如春涧里淙淙的流水般欢快、自然。进入校门，首先映入眼帘的是学校文化广场的标志性建筑“石书”，石书古朴的造型与上面镌刻的古代思想家荀子的《劝学》，召唤着师生好学奋进、锲而不舍；左侧是刻有“润”字的泰山奇石，标志着实小校园润物无声，滋润着每一名良师学子；右侧设有小池喷泉和可供师生读书交流的藤萝走廊；步入纵横交错的“立志路”、“博学路”、“慎思路”、“笃行路”，会给予人学做“真人”的激励和鼓舞；进入“求知楼”、“智慧楼”、“勤奋楼”、“文博楼”、“爱心楼”，便进入了学习“真知”的海洋。

整个校园处处是一片片美丽的风景，一块块精致的造型，一首首优美的诗句，一句句亲切的话语，一幅幅想象奇特的画面，一张张隽秀的书法，徜徉其中，书韵琅琅，如沐春风。老师们在这品位优雅的文化氛围中，去思考、去感悟、去理解，陶冶情操，净化心灵，升华人格，完善自我。而且，这些观念、品位、学养都会在自己的行动中找到落脚点。他们因而将充满理想主义情怀，目光清澄，脚步坚定，走向成功。

【陶继新】文化建设，当属学校魂兮所系，几乎所有的名校，都有属于自己的学校文化特色。因为文化从本质上讲，是能够“化”人的。高品位的文化，可以让人在不自觉中提升人生品位。低俗的文化，也可以让人在浑然不知中降低人生品位。所以，营造高雅的文化，才是学校文化建设的正道。

每次去你们学校，都为物质层面的文化所吸引。石书奇石，都因有了与师生生命成长有关的文化而有了灵性，让人感到这不只是一个学习的文化园，还是一个精神成长的栖息地。“立志路”、“博学路”、“慎思路”、“笃行路”等，因有了儒家文化的品质，行在路上，让师生有一种立志成才之向往，博学多才之希望，慎思纳言之厚德，笃行求索之实践。路还是原先的路，可是，却有了无处不在的思想与文化的力量。对楼的命名也是文味悠长，让人感到，这里是有爱有慧有人气的地方，是生命成长之地。这些因有了文化的智慧，又有了别样的风景。

看来，这个“家”还不是一般意义上的家，是有着文化，有着真情，可以幸福生活与学习的乐土。

【潘玉堂】是的，如果说学校文化中的物质文化是给人以视觉的、外在的直接感受，对师生起着不可替代的影响、感染和教育作用。而学校文化中的精神文化则是蕴含于学校之中，对学校的发展、对师生的成长起着积极的引领、召唤作用。

一所学校要有一种精神！要想有效地推进学校工作，必须明确一个目标，倡导一种精神，形成一个共同的发展愿景。让每一名成员都了解、熟知并参与其中，在发展中凝聚人心，在凝心聚力中提升办学品位和水平。

我们给学校的形象定位是：打造一所具有实验精神、创新风范的品牌学校。学校的各个管理层面都要围绕这个愿景制规划、定措施，将其渗透于管理的方方面面，贯穿于管理的全过程。同时，围绕这个愿景，我们积极倡导“校兴我荣，校衰我耻”和“有作为就有地位”的思想意识，让这种意识深深地印刻在教师的心中，并付诸自己的行动中。

【陶继新】物质文化只是学校文化建设的一个部分，而精神文化则是学校文化建设的核心要件。这其中有愿景，也有校训、校风、学风、教风、校歌、校长寄语、教师誓言等。这些，很多并不是显性的，可是，却有着巨大的生命穿透力。它在无声地影响着全校的师生，师生也在一点一滴地影响这种精神文化。比如清华大学的校训“自强不息，厚德载物”，是当年梁启超先生确定下来的，多少年过去了，这一校训中的精神气场，依然影响着清华学子。你们学校的精神文化是有你们特色的，比如形成一种幸福文化场域，让身居其中的任何人，即使遇到了不顺之事，也可以从中汲取正向能量，变忧为乐。尽管大家工作是紧张的，可是，他们却有着一种“乐而忘忧”的情怀。他们感到在这里工作有一种自豪感，有一种自信心，有一种使命感，有一种发展意识。

看来，提及教师发展，还不止于其业务水平的提高，更重要的是人生境界的提升。人生境界提升之后，不但在学校里工作愉快了，到家庭里，到社会上，都因有了这一精神，而呈示出一种高品位的气质。这是更高层面的幸福，也是实验小学之所以被人们称道的关键原因之一。

提供"正"、"情"机制保障 激活教师正向能量

【潘玉堂】一个集体要有一支优秀的班子引领！领导干部既是学校制度的制定者，更是坚定不移的执行者，"喊破嗓子不如做出样子"。工作中，我们始终强化领导就是服务、就是奉献的意识，要求领导成员工作讲原则，讲风格，有策略，有力度，用自己的品行、模范行动和工作能力树立良好的群众威信和人格魅力。我们立足学校实际，积极推行领导成员承包制、级部主任负责制、教研组长导师制，形成了"五横六纵十八点"的管理系统。即教导处、德育处、教科室、总务处、校长办公室等五个职能科室负责学校的规划设计、计划拟定、服务指导；1～6 年级六个级部主任负责本级部的全面工作，副主任协助并侧重学生管理；十八个教研组长负责本级部的学科教学管理和教研活动的设计实施。为了做到重过程、抓细节、强落实，我们始终强化"三会"制度。即，每周一的学校管理工作例会，每月的教研组长交流会，每月的班主任总结通报会。其中，每周一的学校管理工作例会就是中层以上人员会议，主要是对上周工作进行总结交流，对下周工作做部署研讨，各科室、级部工作冲突的，相互协调，进行整合。由于中层干部兼任级部主任，又与本级部教师同室办公，这样对于会议精神的传递一插到底，一步到位，省略了中间环节，减少了传达过程中的变通走样，实现了信息的上下畅通和实施的快捷高效。

【陶继新】领导的率先垂范，对于学校的发展起着极其重要的作用。孔子说："其身正，不令而行；其身不正，虽令不从。"只要学校领导有正气，老师一般都会看在眼里，佩服在心里，并认真努力工作的。相反，如果学校领

导享乐成风，不干正事，不管说得如何天花乱坠，都会被具有“火眼金睛”的老师们所识破。老师是骗不了的，那些自以为聪明者，大多是以骗人开始，也以被受骗者所抛弃结束。从这个意义上说，学校领导特别是校长，有了人格，也就有了无穷的魅力。

另一方面，您还谈到制度文化的问题，这也是学校文化建设中的一个重要元素。“五横六纵十八点”的管理系统是解决你们这个大学校正常运转且高效运行的制度文化。制度是人制定的，也是管人的。好的制度文化一旦形成，就会内化到师生的心里，不需要校长天天忙碌地安排这个安排那个，而是让制度管理，让人人尽其职，让事事有人管，事事都干好，让人人有事干，人人乐干事。孔子说：“不在其位，不谋其政。”有一些校长不但谋校长之政，也谋副校长之政，甚至谋中层干部及教师之政。忙虽忙矣，可结果却是怨声不断。关键是，人人都有想干事、干好事的愿望，如果校长取而代之，当然就会因权力的被剥夺而心怀怨愤了。相反，校长放手让相关人员各就其职，辅以相应的考评机制，他们反而是干得累了又乐了。这就是制度文化的妙道啊！

【潘玉堂】一支队伍要靠公平的机制来调动！公平正义是一个集体正气、和谐、畅达的基础。教师作为知识分子，最大的幸福是自身价值得以体现，能力得到发挥，人格得到尊重。一个生活在公平、公正、和谐氛围里的人，他的身心一定是健康的、愉悦的、幸福的，工作的潜力也是巨大的。学校管理内涵十分丰富，但无外乎人、财、物、事、时间、空间的管理，其中归根结底还是人的管理，人管好了，财、物、事等的管理也就迎刃而解。工作中需要制度和情感的有机结合，没有制度为基础的情感管理将失去管理的底线，无异于放任自流，听之任之。没有情感的僵化的制度管理则会失去生机活力，必将限制人的创造性，科学的管理需要“刚柔并济”。我们的做法是用好考核这根指挥棒，靠制度创造公平，靠公平激发活力，靠情感赢得信赖，靠信赖激发热情。

制度不仅包括约束我们工作行为的诸如考勤、评价等，更涉及大家的公平处事、利益分配。激发活力的标准，还是学校树立正气、促进公平、营建和谐校园的保障。任何一个单位，有了公平人们就信服，就心理平衡，就有正气。特别在岗位聘任、干部选拔任命、评优选先等敏感、热点问题上，更要公平、公正、阳光操作、公平竞争，能者上，劣者下，既有利于工作畅达，也有利于风清气正。正气形成邪气就没有市场，这是学校发展受益不尽的。学校的管理工作要求到哪里，制度建设、考核评价就跟到哪里，向质量倾斜，向业绩倾斜。让德才兼备、业务精湛、教学质量突出的教师干得气顺，让积极向上、勤奋工作的教师有施展的空间，让有作为就有地位的意识深入人心。

【陶继新】孔子说："政者，正也。"看来，正气是一个单位更好发展的重要保障。一所学校的正气如何形成呢？首先要领导正，领导"率以正，其孰敢不正"？现在一些学校之所以邪气上升，原因尽管非止一端，而领导不正则是一个关键。领导之正，除了清正廉洁之外，还有一点就是不能搞小帮派，要"和而不同"，不能"同而不和"，要"周而不比"，不能"比而不周"。有的领导为了小帮派的利益，不顾群体利益，尽管因此有时会得到小帮派的拥护。可是，更多的人非但不拥护，反而非常气愤，虽然未必当场反对，可在心里埋下了不公的种子。而您呢？不搞小帮派，一切从整个学校的利益出发，所以，尽管为了坚持原则影响到个别人的利益，但他知道您是行正事，大家更是敬佩不已。没有了小团体、小帮派，却有了整个学校和谐凝聚的大团队。

公平则气顺，不公平则气堵。长期的不公平，会使人心涣散，会让民怨沸腾。相反，如果凡事公平，大家都会心平气和，进而构造成一种公平场。不管是得与失、成与败，都因公平而让人们很少怨言。你们有一整套完善的公平制度体系，所以，学校这么大，人这么多，却都是那么和谐团结，一心向上。因为每位教师都会在心里生成这样一种思想，只要我努力工作，就会得到相应的公平回报；如果我不努力工作，也必然受到公平的惩罚。这种心里的高度认可，为这种公平制度的实施奠定了群体的心理基础。同时，大家愈是认可，也就愈愿意自觉地遵守这些制度。于是，制度就成了无声的指挥官，公平公正地指挥着学校的工作。在这样的状态下，学校就不可能不有大的发展了。

【潘玉堂】制度建设是管理的基础，但情感管理也是不容忽视的。工作中我们强化情感投入，注重人性化管理，与教师用心交流、真诚相处，关注他们的需求、发展和感受。带着责任、带着激情、带着爱心去管理学生、组织教学，同被动应付、倦怠、无奈效果显然大相径庭。“只有教师工作快乐，才能带出快乐的学生。”如何让教师富有激情、工作快乐，以更佳的状态投入工作呢？我想既要讲政治、讲奉献，也要靠待遇留人、情感留人、环境留人、发展需求留人。创设良好的工作环境和氛围，关注教师的发展和自我实现的需要。首先是开展活动，凝心聚力。一年一度的教职工运动会，集竞争、娱乐、兴趣为一体。艺术节、读书节、爬山活动、联欢晚会等活动丰富多彩，让教师在活动中放松心情，凝聚力量，鼓舞斗志，增强团队意识和集体荣誉感。其次是为教师定期体检，掌握教师健康状况，科学分工，合理搭配，避免工作分配失当。同时，学校提出了“尊重教师的差异”的管理理念，在岗位的设置上因人而异，量才使用，从而减轻教师的心理负担和工作压力。节日慰问老教师、走访困难职工、看望生病教师或亲属也是一项常态工作，学校的付出，收获的是教师心底里的感激和工作的热情。

【陶继新】情感管理是管理中的一个上乘“法门”，用得好了，可以起到事半功倍的作用，甚至可以走进制度管理不能抵达的境界。情感管理的一个重要系数就是要“真”与“行”。不少校长都说爱自己的教师，可是，有的只是停留在口头上，有的连口头上都没有。校长真爱学校里的老师，老师是会充分体会到的。因为校长之说会真情动人，更会用行动来证明自己之说。在时间的长河中，老师们感受到了来自校长的真诚与行动，于是，就会对校长心服口服，就会自觉主动地接受校长的领导。

丰富多彩的活动，是凝聚人心的一种好形式。老师们大都忙于自己的工作，休说与校长，就是与其他学科甚至本学科的老师，都很少有交流的机会。而活动则让这种交流成为可能。在这样的活动中，即使以前有点隔膜，也会在活动中消解。大家的心结解开了，矛盾化解了，心情舒畅了，工作起来自然也就会产生理想的效果了。

“尊重教师的差异”非常重要，我们在教学中主张“因材施教”，对待老师亦然。教师的教学水平永远都有上中下之别，用同一把尺子衡量，肯定会出现问题。况且，这位教师在教学上水平一般，也许在其他方面有其独到的精彩。校长如果充分认识到这种智力与个性的差异，且人尽其才地让其发挥所长，就有可能最大限度地调动他们的积极性。

构建教师发展平台 提高课堂教学效率

【潘玉堂】一是，建立完善的教师专业化发展培养体系。俗话说：无利不起早。人生是为了让自己幸福而存在的，一个人积极进取的动力在于满足自己的幸福需求。政治上进步，既是一项精神荣誉，也是自我价值的实现；获取一个称号，晋升一项职称，既是一种能力体现，也是改善经济待遇的需要；得到培训提高，既是工作的要求，也是个人竞争、生存、发展的需要。在教师发展方面，我们学校的一个原则就是创设更广阔的空间，提供更多的机会，给予更大的支持。

我校依托精细的校本研究管理，现已建立起一套高标准、多梯级、系列化的教师培训规范和管理制度，形成了“教学新秀、骨干教师、教学能手、学科带头人、省市名师”的教师梯队。

态度决定一切！面对当前家长对教育要求高、社会干扰因素多、教师职业倦怠的实际，学校强化教师的思想道德建设，扎实开展了“一述三评”活动。“一述”就是教师述职，“三评”就是领导评、教师互评、家长或学生评价。根据师德赋分评出学校年度十大师德标兵和师德先进个人，大力进行表彰，以此弘扬正气。

【陶继新】你们开展的“一述三评”活动很有价值，在述职过程中，可以折射出一个人的品格高下。如果工作非常认真，且取得了良好的效果，陈述其主体工作精神与教育实践的时候，大家会对其更加信任和敬仰。如果述说超过了自己的实际成绩，就有了造假的成分，或者是言过其实之处。这样，非但不会提高自己在大家心中的信任指数，还会降低自己的威信。因为任何老师的工作，领导、同事、学生以至家长都是有所了解的。他们评价的综合值，理应是比较客观的。它能让真正优秀的教师在整个学校得到认可，更让这些师德高尚者有了做人的尊严，也让其他教师有了“择其善者而从之”的榜样。

【潘玉堂】二是出台“四多”政策。即多给教师外出学习的机会，多给教师锻炼的机会，多给教师研讨的机会，多给教师展示的机会。学校倾力创造条件，邀请全国、省、市知名教育专家来校作报告，与教师面对面交流、解惑。我们积极申请成为中国教育学会实验学校，建立全国《班主任》杂志社基层工作室，并依托这些平台为教师提供充分的培训展示机会，组织参加各级赛课评优活动，使他们得到锻炼，得以成长、成才、成名。

【陶继新】你们的培训除了学科培训之外，还特别关注了教师幸福指数的提升。这些“诗外功夫”，让你们老师的教学水平有了很大的提高。而且，他们还结合学校的实际进行了认真的讨论，从而让听与思有机地结合起来了。所以，培训就有了良好的效果。

【潘玉堂】三是夯实教师“基本功”。早在2007年起我们就开始抓“三笔字”、简笔画、普通话的训练，考核合格者颁发过关证书。通过个人学习、集中培训、达标过关、技能比赛等形式，促进教师基本功水平的提高。在此基础上，学校还对教师开展学习能力、反思能力、实践能力培训，使教师练就“内功”。同时，坚持实施“富脑工程”，丰厚教师的文化底蕴。学校出台政策，为教师每人征订1至2份教育报刊，要求教师每学期撰写不少于1万字的读书笔记，并开展读名著、讲名著、用名著的读书活动。同时创建校刊《耕耘》、《百灵之声》，为师生提供了广阔的宣传、交流平台。引领教师在求索中收获思想、调整心态，提升教师理论和专业水平。

【陶继新】十分欣赏你们开展的读名著、讲名著、用名著的读书活动。教师需要读教育理论与学科方面的书刊，如果全部读这样的书刊，尽管也可以提高教育教学水平，但是，却很难听到大师的智慧之语。名著系大师之作，语言优美动人，故事曲折有趣，内涵深邃丰富，读、讲和用这些著作，看似与教育教学没有多少关联，其实，它可以从深层次提高教师的文学修养、思想境界与语言表述能力。这些“内功”修炼好了，教育教学就会进入一个高层境界。

【潘玉堂】四是过好教材、教法关。精通教材、熟悉教法是业务提高的基础。学校鼓励并要求教师认真学习新课标，精通小学阶段所教学科的教材。大力提倡我与新课程共同成长、我与学生共同进步。现在我校的数学学科，每名教师都有一本疑难解惑习题集，每名语文教师都有一本师生同题习作集，鼓励教师写“下水”文，做“下水”题。我认为：做习题、写作文也是一种有效的备课。每学年初，学校都组织专任教师进行“业务素质测试”，并把测试成绩纳入教师考核、评聘之中。这些举措使其专业水平及驾驭教材的能力有了大幅度的提高。

【陶继新】现在习题泛滥，让人提及就望而生畏。其实，布置习题是必要的，关键是让学生做什么样的习题。我主张“磨题”，即所有设计的习题，都是大家认真研究“磨”出来的，是有价值的。这样，学生所做的习题未必特别多，可是，却因其高质量，所以都是有效的，而不是低效的，更不是负效的。

【潘玉堂】促进教师专业化发展的第五项举措是扎实开展富有实效的校本研究活动。我们在校本研究活动中，努力做到从常规走向常态，打造了一系列诸如集体备课改革、推门评优课、教研组长月交流、教学经验传承、作业创新改革、学校课程开发等精品研究活动，使之成为彰显学校风采的品牌。

值得一提的是我校的“推门评优课”制度。为改变优质课评选“包装”、“作秀”、与实际教学脱节的弊端，让教师把功夫用在平时，我们提出了“推门评优课”办法。即由教师申请，再由区级以上教学能手、骨干教师、学校领导组成评课小组，根据学校制定的《课堂教学评价标准》，在规定时间里不定期跟踪听课，并且要经历自评、他评、学生评及当堂检测等“三评一测”的研评环节。让诸多教师在这种富有实效的推门评优课中得到提高。

【陶继新】实施“推门评优课”制度，可以更好地让课堂教学回归本位、回归常态。同时，“推门评优课”还可以解决教师只是为了某节公开课而认真努力的问题，要求教师要备好每节课，上好每堂课。这样，久而久之，教师的教学水平才会提高。

【潘玉堂】同时，我们聚焦课堂，强力推进了“小组自主互助学习”五环节课堂教学模式的构建工作。其流程为：“情境引入，提出问题——学生自学，小组讨论——展示交流，点拨提升——巩固练习，组内互助——课堂总结，达标测试。”通过改革，使课堂发生了深刻的变化，实现了真正意义上的学生自主与互助，是实实在在的生成性课堂。江苏省、广东省等十余个省、市、自治区的教育考察团千余人来校参观学习，我校的学校管理、校本研究、精彩课堂等均得到高度评价，引起良好的反响。我校教师也在展示交流中收获到成功的愉悦和身为人师的幸福。

【陶继新】小组、自主、互助这三个关键词很重要，学习就是在这些前提下进行的。小组学习的关键是小组的组织建设，不然，就会流于形式；自主重在启动学生内在的学习动力，当然，也并非不要教师的指导；互助中要形成合作精神，既要有互相帮助，也要有彼此分享。当学生的这种学习方式真正步入正轨之后，教学的高效就有了水到渠成之美，教师教学中的幸福指数也会日趋提升。

【潘玉堂】丰富多彩、扎实有效的校本研究工作，促进了教师的专业化发展，现已锻造出一支课改意识强、基本功扎实、善于研究、团结协作的教师队伍。目前学校拥有一批在省、市有较高知名度的优秀教师，其中，全国骨干教师、省劳动模范、省特级教师、省教育先进工作者和济南专业技术拔尖人才、教学能手、优秀教师、优秀班主任共计 92 人。共有 18 人次获国家级优质课奖、26 人次获省级优质课奖、81 人次获市级优质课奖。这既是教师个人不懈努力的结果，也是学校实施名师锻造工程的有效结晶。

给其以真切的关爱，让教师的心感动起来；给其以充足的血液，让教师的心跃动起来；给其以丰富的智慧，让教师的心燃烧起来。让每一位教师，在学校教育的大舞台上成长、成功、成名。如今的实验小学校园，干群之间关系融洽，教师之间研究氛围浓厚，师生关系平等和谐，他们在这里忙碌着，辛苦着，快乐着，幸福着。

【陶继新】教师的潜力是巨大的，只要给他们以发挥才智的舞台，他们就会还给我们一个巨大的惊喜。其实，这种潜力的原动力，不是教学方法掌握了多少，而是要有一个为师者的境界。没有思想上的高境界，就没有教学上的高水平，就不可能走得更远。即使当下取得了一些成果，也会在未来的行走中败下阵来。这种境界来自何方呢？那就是长期的人格锻造、心灵修养。那么，谁能让全校教师都能享受这种幸福呢？校长应当有着义不容辞的责任。你们的教师发展如此之快，又有着如此之高的幸福指数，您这个当校长的起了很大的作用，他们会感激您。同时，您也因为他们的成长而使自己有了更好的发展，您也应当感谢他们。一个团队中，人人都充满了感恩之心的时候，这个团队就一定是和谐的。和谐即美，和谐也是幸福。

（原载于《中国教育报》，2012 年 3 月 31 日，第 4 版；作者：陶继新、潘玉堂。）

“和谐”是“胜利”之本

——东营市胜利实验小学的和谐教育探索之路

［李翠兰校长简介］

李翠兰：女，1965 年 1 月出生，山东莱芜人。中共党员、中学高级教师，现任山东省东营市胜利实验小学校长、党支部书记。社会兼职为东营市政府督学，学术兼职为中国教育学会小学教育专业委员会理事、中国教育学会小学教育专业委员会山东学术研究基地副理事长、山东教育学会理事、东营市教育科学学术委员会委员等。主持并完成省市级课题 8 项，18 篇论文在省级以上获奖，并在《中国小学教育》、《教育前沿》等刊物发表。主编并出版《走在幸福的路上》、《小学和谐高效教学探索研究》两本学术著作。先后被评为山东省中小学校本研究先进个人、齐鲁名校长等。

编者按：东营市胜利实验小学是黄河三角洲上的一所名校。她的前身是胜利油田实验小学，2005 年移交东营市以后更名为东营市胜利实验小学。如何实现名校的可持续发展，往往是令人费解的难题。李翠兰校长用“和谐”这把金钥匙，不仅打开了问鼎名校的大门，更用十年时间，精心将“和谐”的理念深深植入了胜利实验小学每一个人的心田，营造了一种和谐幸福的校园生活，成就了“和谐教育”品牌，成功实现了名校的可持续发展。近期，山东教育社原总编陶继新先生与李校长进行了一次深度对话，披露了李翠兰校长的和谐教育思想以及这所学校和谐教育体系的形成过程。

选择和谐：历史的必然与现实的要求

【李翠兰】我于 2001 年 9 月 3 日来到胜利实验小学。这是一方名校，有着优良的办学传统，领导很期待，家长很关注，教师也寄予厚望。当时，我带着不小的压力也怀着更上一层楼的自信心，走进了实验小学。进校第一件事，就是带领班子成员深入班组，走近师生，了解校史，学习传统，分析现状，听取群众要求。学校的历史、现状和师生的心声告诉我们：这所窗口学校要再创辉煌、可持续发展，就必须坚持“和谐”的办学理念，让教师幸福地工作，学生快乐地成长。

【陶继新】压力缘自您的责任心。您不想辜负领导的厚爱，不想辜负家长的期待，也不想让这所名校不名。如何让它继续既有的辉煌，甚至“更上一层楼”，离开学习不可，没有和谐更不可。学习可以提升您的思想与文化品位，从而让您对学校当下与未来发展做到了然于胸；和谐可以构建学校的良好软环境，可以让教师工作得愉快，学生学得快乐。于是，快速发展就成了学校的主色调，名校自然也就不期而至了。

教师和谐：学校持续发展的前提

【李翠兰】“和谐”的办学理念，要求学校既要传承优良传统，更要改革创新和持续发展。和谐的教师队伍是学校发展的根本前提。我校有重视队伍建设的传统，上个世纪 80 年代初，就制定并实施了“4681”素质工程，提高了教师的整体素质，在油田的小学中起到了示范作用。社会的发展，新课程的实施，对教师的专业发展提出了更高的要求。如何让这支优秀的队伍保持优势，继续发挥示范作用，就非常现实地摆在了我们面前。

【陶继新】和谐的要义，在于心灵的快乐。怎样才能快乐呢？除了人际关系和谐之外，还要让教师感受到自身不断地发展。俗话说："无事生非"，在积极发展自身的时候，连"生非"的时间都没有了，甚至感到"生非"就是破坏和谐的不良行为，唯有快速发展，不然，就会落伍，就很难融入这个发展的和谐的团队之中。"4681"是一项教师素质提升工程，正是在这个提升过程中，教师感受到了超越自身的快乐。走进新课程的今天，对教师有了新的更高的要求，要让他们更好地发展，就需要更高层次的和谐。

【李翠兰】是的，陶老师。实现队伍的和谐，首先要让教师明白社会和学校对教师专业发展的要求，唤起他们的责任心和紧迫感，从而明确自己专业发展的目标和任务。

【陶继新】要想让教师产生发展的动力，就要让他们感受到发展的好处。每个人都有巨大的发展潜能，可是，如果不将这种潜能激发出来，它就会沉寂下去。代之而来的，是对自我的不信任；再代之而来的，是精神状态的不佳。在这个时候，人固有的动力阀门将自行关闭，很少发展，甚至不发展乃至倒退。大凡这个时候，内在的和谐也已分裂，对人对事对工作的看法与行为都出现问题。这样的教师，非但自己的生命状态不好，还会不断地向学生传递负面能量。所以，校长一个特别重要的使命，就是启动教师和谐发展的动力阀门，让生命重新焕发其本然的光彩。

【李翠兰】因此我们引领教师在师德修养和业务提升上下工夫。为促进师德修养，在制订学校师德规范的基础上，我们每年都开展"五个一"活动：办一届师德论坛，写一本教育日记，做一组学生家访，当一日乡村教师，进行一次师德十佳教师的评选表彰。这一系列师德践行活动，解决了师德建设知行脱节的问题。为了提升教师的业务素质，我们一是引领教师依据学校的发展规划要求，制订个人三年发展规划，从读书学习、教育教学能力、课题研究能力等方面制订个人发展规划，并采取自评、互评、校评三结合的方式，定期对每个教师的专业发展作出评估。二是开展校本培训：一方面学校建立全国名师的教育教学案例库，让教师不出校门就能随时见识名师、研究名师、学习名师。另一方面“上挂横联”，拓宽培训途径。上挂有关部门，建立教师培训基地，定期组织教师参加培训；横联兄弟学校、外地名校，定期互派人员交流学习。三是充分发挥校内教学能手、学科带头教师和名师的作用，实行以老带新的“导师制”。四是借“题”发挥，走科研育人之路。学校从实际出发，尽可能地多承担科研课题，在课题组内通过专家引领、自我探究、同伴互助，提升教师的专业水平。

【陶继新】教师发展，首要是人格的提升，这是教师内在和谐之魂。道德品质好了，就会多看别人的优长，“择其善者而从之”；多省检自己的问题，就会“择其不善者而改之”。品质的高尚，多能形成和谐的心灵。因为教师之教，最重要的是要将学生教育成人。这样，他们就可以通过言传身教，向学生传递正确的价值观，从而将学生也培养成有品格的人。你们的“五个一”师德建设工程，就是立足于教师人格的提升，也是构建和谐校园的一种软实力。

让教师制订个人三年发展规划，并附之以相应的实施措施，可以让教师看到自己三年的发展前景，从而积极地向着既定的目标行进。个人规划也是一种承诺，完成不了就会失信于学校领导与教师，也失信于自己。所以，就有了您所说的内趋力。而校本培训，则使教师在自身发展的时候，还要向外走，向外学。不但学习他们的教学经验，还要接触“外”人甚至“高”人，可以说，这是一种高层次的学习。成功者为什么成功？除了教育教学研究能力之外，还有许多隐性的品质。这些，恰恰是书本上以至自己学校学不到的东西。同时，其他名校的文化对人也是一种熏陶，身在其中，就是在读无字之书，是在被文化所“化”。而老师们在教育教学研究中，形成了一个又一个的学习型组织。在这样的组织中，浓厚的研究与学习氛围，让人的发展更有人文性，更有科研含量。久而久之，就会融入这个学习型组织之中，就会感到发展的快乐。

【李翠兰】德能兼修的策略，使教师专业水平迅速提升。他们不仅教育教学得心应手，而且渐渐步入“学习即工作，工作即研究”的良好状态，品尝到了职业的幸福。为了将学校建成教师的家园，我们三管齐下：一是成立教师社团，给教师一个自由的天地，让其个性和特长得以发展。二是利用节日营造温馨氛围：三八节给女教师送上一束温馨的百合；元旦给教师写上一张温情的贺卡；春节给教师送上一句诚挚的祝福。三是把教师的生活放在心上，开展送温暖活动：定期走访慰问年老体弱的教师，组织教师资助特困同事，帮助教师操办红白喜事等都在领导班子的工作日程之中。浓浓的关爱他人的校风，为教师营造了一个温馨的“家”。每个教师在这个家里都能舒心地工作，快乐地生活，并把这种幸福自然地传递给了学生。

【陶继新】教师平时工作紧张，如果心里再紧张，特别是不愉快，生活质量就会下降。而生活质量不高的教师，会在有意无意中影响到学生的学习与生活质量。所以，校长要千方百计尽可能地减少教师负能量的产生与输出。您的这些举措，深得教师心理之妙，让他们在紧张的工作中，有了心灵的放松。我觉得，人不怕忙，怕的是心忙，心烦，心苦；只要心不忙，心不烦，心不苦，就会快乐。为什么说乐此不疲？关键一个“乐”字。您是为教师创设了一个心乐的氛围，一个让他们感到温馨的环境。因为他们会在这个环境里，感受到来自校长的真诚关爱，来自同事的温情帮助。我一直认为，教师整体上来说比较敏感，如果领导对其不好，马上就会投射到心里，反应到脸上；如果领导对其友善，也会立刻温暖到心里，脸上一片灿烂。当然，教师的生命状态，也会影响到校长的情绪。而这个情绪的发源地，不在教师而在校长那里。您对教师总是那么亲切，那么友好，他们在感受您的真爱的时候，也就有了亲切与友好。于是，和谐的学校文化也就形成了。

环境和谐：师生健康成长的基础

【李翠兰】和谐的教育环境是满足教师专业发展需要和学生生命成长需要

的优良校内外环境。为了营造这样的环境，我们从校园内外两方面去努力。首先是构建适应儿童和谐发展、健康成长的校内环境。在上级领导的支持下，我们大力改善办学条件，为促进教师的专业成长和学生的全面发展奠定了良好的物质基础。我们还加强校园文化建设，优化育人环境。在优化校园环境中，我们坚持四条原则：一是贴近学生生活，具有教育性；二是适合儿童的认知特点，学生喜闻乐见；三是设计精巧艺术，具有美化功能；四是学生参与设计，体现他们的主体地位。我们从“为孩子终身发展奠基”的办学宗旨出发，对学校环境进行系统设计，形成了主题鲜明的教室文化、走廊文化、大厅文化和围墙文化。学生徜徉其中，耳濡目染，陶情益智。

【陶继新】学校和谐外显层面的一个重要呈示就是环境文化。优质的环境文化，可以陶冶师生的心灵，在潜移默化中影响着师生的生命状态。况且，这些环境文化，有的就是“学生参与设计”的。学生有他们自己的审美趋向，有自己的爱好取舍，体现他们的意志，环境文化就有了童趣与活力。这就与儿童的心灵有了互动与和谐，他们就会乐在其中，爱在其中。

【李翠兰】其次，优化学校教育的外部环境，促进学校教育、家庭教育和社会教育的和谐发展。一方面，我们主动争取上级领导的指导、支持和帮助。另一方面积极争取学生家长所在单位的支持和配合。除此之外，我们还引领家长，使家庭教育和学校教育趋向一致。为充分利用“家长”这一教育资源，我校建立了家长委员会，开办了家长学校，定期评选表彰“教子有方”的优秀家长等，提高了家长的教育水平，并逐步使家庭教育与学校教育价值取向趋同，教育理念融通，教育过程同步，教育途径互补，教育评价一致，教育作用相长。良好的内外部教育环境，为促进教育的和谐奠定了基础，提供了条件，注入了活力。

【陶继新】学校与家庭是对小学生影响最大的两个环境，离开家庭教育的和谐，学校教育和谐就会失去支撑，就不可能实现真正意义上的孩子心灵的和谐。而家长心灵的不和谐，也必然会影响到孩子心灵的和谐。孩子心灵需要呵护，也需要成长，家长与老师是其成长的共同责任人。可是，有的家长对此却认识不足，甚至认为家长只管养，而教师则是负责育者。你们的家长学校，有效地解决了这个问题，让他们真正进入到了家长角色之中。同时，教育孩子是需要方法的，正如爱如果不得法，也会让受爱者感觉不到甚至适得其反一样。你们请有教子经验的家长现身说法，请有关专家开设讲座，让尚处迷惘状态的家长学到了真经。当家长与老师的教育形成合力之后，就有了一加一大于二的奇迹。

【李翠兰】在构建和谐队伍、营造和谐环境的过程中，我们逐步形成了和谐教育的思想，并在实践中逐步丰富了它的内涵。我们认为和谐教育是以满足社会发展需要和受教育者个体发展需要的统一为出发点，在遵循受教育者身心发展规律的基础上，调控构成教育体系的内外诸要素之间的关系，使之形成教育合力，从而促进学生身心健康成长的一种教育模式。其要点是遵循两个规律：教育规律和儿童身心发展规律；满足两个需要：未来社会对人才的需要和受教育者个体发展的需要；统筹多方关系：教育体系内部和外部诸要素之间的关系；形成一股合力：使各种要素都成为教育的正能量，形成1+1+……其结果大于之和效应；实现两全目标：全体受教育者的健康成长，每个生命个体的全面发展。

【陶继新】不和谐者不能谓之规律，不规律者也难成和谐。那么，儿童身心发展规律的要义在哪里呢？就是要让他们当下生活与学习在快乐之中。学习之于他们，有价值与意义，也有无限的乐趣。同时，孩子是走向未来的，当下学习的东西应当是优质的，对其终生发展起到作用的东西。是让一般的孩子更好地走向优秀，而不是让优秀的孩子变得平庸。也就是说，这些学习，能够起到提升其全面素质的功效。为了达到这个目标，你们一直在探索着，也一直在收获着。看着教师与家长自然的笑容，听着孩子稚气而又快活的话语，就能让人充分感受到，在你们学校里的孩子是多么幸福！而且也可以断言，他们的未来更幸福。因为当下的和谐发展，正是未来和谐发展的基石。

课程和谐：幸福完满校园生活的保障

【李翠兰】课程是实现教育目标的凭借。和谐的课程应该是学生夯实“双基”、培养习惯、健全身心、发展个性的营养大餐。在实践中，我们努力用好国家课程，通过“煮教材”等措施，将国家课程师本化；开好用好地方课程，将地方课程校本化；着力建设校本课程，将校本课程规范化。形成了和谐的学校课程体系，营建了幸福完满的校园生活，满足了孩子的成长需要。

我们尤其在校本课程建设上下工夫。一是规范兴趣活动，使之成为发展孩子个性的有效课程。我们建立了以在职教师为主、家长与社会有关人士为辅的专兼结合的活动课师资队伍；我们抓好“四个落实”，即落实专人指导、专用地点、专用时间，开发专用教材，使活动课程化；我们把活动课分为校级和班级两个层次，共开设了学科、艺术、体育、科技等四类三十二种课程，让学生自主选择参与，最大限度地满足了学生的发展需求。我们还制定了动静结合、过程与结果并重的多元评价办法，定期进行考核评价。多元的评价方法，让不同的孩子有了相同的成功体验，促进了孩子的健康成长。

【陶继新】你们的校本课程丰富多彩，为具有各种兴趣爱好的学生提供了舞台。这些带有“活动”特色的课程，引发了学生广泛的兴趣。因为在这些课程中，不少学生有了选择自己最爱的可能。被选择与自我选择的学习动力是有天壤之别的。因为自我选择的时候，有了自己的爱好，也有了权利，还有了责任。学习的时候，不但会兴趣盎然，还会抵达高效的境界。因为所有的高效都是在高效情感下催生出来的，快乐与自由正是学习高效的内在动力。有的时候，甚至是可以让学习抵达巅峰状态，让灵感与高效不断地出现，让学生具有了特别的审美快感。同时，这里是另一片天地，平时学习优秀者可以照样再现另一种优秀。而那些在教室里未必特别优秀的学生，有的在这些活动课程中成了出类拔萃的佼佼者。自己的爱好特长得到了淋漓尽致的发挥，而且在这个过程中，产生了自豪感，生成了自信心。这种精神状态的持续，还会延伸到平时课堂学习之中，实现自我的超越。快乐心境与多种选择性学习，还会让学校生活变得更有儿童情趣。而僵死的单调的课程学习，加之过重的课业负担，往往会让儿童异化成没有情调的小大人。而失去本然生命状态的人，在生理心理等方面往往会出现问题。从这个意义上说，你们的这些活动课程，具有了“复归于婴孩”的回归意义。

【李翠兰】二是建立阅读体系，培养孩子的读书习惯。现在的孩子生活在影像媒体的包围中，如何让他们对读书感兴趣，使其乐读，进而会读，形成读书习惯，是个难题。我们根据孩子的身心特点，借用社会上众多“考级”的办法，建立了阅读考级制度。以考级为抓手，开展丰富多彩的读书活动，课内学方法，课外用方法，使学生的阅读课内外结合，校内外衔接，既有量的积累，也有质的检测，对于学生乐于读书，形成良好的读书习惯，起到了至关重要的作用。

【陶继新】阅读对于儿童一生的成长起着举足轻重的作用，大凡在这方面努力者，不但可以收获当下的成果，更能让孩子幸福地走向未来。一个人阅读的多少与质量的高下，往往决定着一个人的生命走向。而阅读习惯，往往是从儿童时代养成的。可是，当下死啃课本，大量作业训练，则让阅读与孩子渐行渐远。而且，没有文化含量的重复作业，还会扼杀学生对阅读的兴趣。而这个时候对读书产生厌倦情绪，以后读书的热情就很难形成。从这个意义上说，你们从小培养学生阅读的习惯与兴趣，当是一件利在当下，功在千秋的事情。也许有的人说，应当把本来属于孩子的玩的时间还给孩子，是的，应当让玩成为孩子生命中的一个重要组成部分。因为孩子爱玩是其天性。可是，如果玩了再玩，应当读书的时间也玩的话，就会与阅读失之交臂。儿童只有一个儿童时代，失去读书的儿童时代，则会缺失掉文化的滋养。您是让孩子在玩中读，在快乐之中读，所以，就有了读并快乐着的阅读景观。这对于他们身心发展与文化升值，可以同时起到推动作用。

另外，读书是不能不选择的。当今图书市场的“繁荣”，让不少文化垃圾也如潮水般涌来。一些看起来很具情趣的图书，却少了思想与文化，甚至是对孩子成长有害无益的东西。你们选择好书让学生阅读，既看出你们对阅读有了深层的认识，也反映了你们对孩子生命成长的关切。

【李翠兰】三是运用社区资源建立教育基地，拓宽孩子视野。利用黄河三角洲特有的石油文化、人文地理资源建立教育基地，是我们课程开发的又一途径。近几年以来，我们先后把胜利油田科技展览中心、黄河口湿地博物馆等建为学校的教育基地，定时安排学生去参观访问、实践体验。美丽的黄河口、传承胜利精神的科技展览馆，都成为实验小学学生学习的场所。这些教育基地，以其特有的作用，成为孩子们认识社会、认识油田、认识东营的大课堂，也是他们热爱家乡感情的生发地，更是孩子们多彩童年的乐土。

我们的课程力图让孩子们过一种完满的童年生活，既满足孩子当下成长的需要，又关照他们一生的长远发展；既为国家培养社会主义事业的合格建设者和接班人打基础，又为孩子的个性发展做铺垫。我们知道，在现行教育体制下，小学阶段是增加孩子生命宽度与厚度的最佳时机，我们的课程建设力求达此目的，并为他们的一生涂上健康的底色。而老师们在这一过程中，也实现了由教材的消费者到课程的创生者的美丽转身，提升了生命的价值。

【陶继新】建立教育基地，等于为学生开发了另一个学习的课堂。而且，这个课堂具有不可替代性与可发展性。因为学生学习，不但需要文本知识，也需要实践知识。古人为什么说要“读万卷书，行万里路”？因为二者同等重要，缺一不可。“应试教育”让孩子足不出校而一味学习书本知识的结果，等于斩断了他们生命成长的另一个链条。孔子的教学，就更多在实践层面，有很多时候，课堂就在田野里，就在行旅中，所以，才有了七十有二的“贤者”。相信你们也可以培养出属于你们学校的“贤者”。

孩子们对走出校门有着特别的心理向往，正是那些几乎见之未见、闻之未闻的地方，让他们大开眼界，进而产生了别样的情趣，有一种放飞心灵的快感。在这种特殊的快乐中，他们学到了学校里没有学到的东西，受到了学校里很难得到的教育。这，自然也就增加了孩子生命的宽度与厚度，增加了他们生命成长的实践储备。

课堂和谐：生命快乐成长的关键

【李翠兰】课程改革，改到深处是课堂。近年来，随着《山东省普通中小学管理基本规范》的强力推进，传统意义上的语文、数学、英语等主要学科的周课时数受到了不同程度的压减。同时，学生在校时间和作业量也得到了严格的控制，但课标规定的知识量并没有减少，家长对孩子成绩的关注度也没有丝毫降低，加之我校班额大、学生多，要保质保量完成教育教学任务，就必须在课堂教学上下功夫，就必须提高课堂40分钟的效率。基于此，我们提出了打造“高效课堂”这个牵一发而动全身的教学改革课题。在追求高效课堂的过程中，我们发现急功近利的生硬办法不利于保持孩子的学习兴趣，单纯追求知识、技能的高效率不是课堂追求的主要目标。高效的课堂应该具有和谐的内涵，注入快乐的元素。因为对小学生来说，是书山有路“乐”为径，学海无涯“甜”作舟。因此，我们认为，课堂“和谐”是教师的教学思想、教学行为以及所采用的教学手段与学生发展需求的契合。教学过程中教师与学生之间通过心灵的对接、思维的碰撞，来实现学生的高效学习与自主发展，实现教师的高效教学与专业成长。和谐既是我们实现高效的方法、途径、策略和手段，也是我们追求的课堂范型。只有和谐高效的课堂才是具有生命力的课堂，才能让师生的心灵世界更加精彩。

【陶继新】欣赏您说的一句话：书山有路“乐”为径，学海无涯“甜”作舟。如果学习起来就感到痛苦，永远不可能抵达高效的境界。所以，传统意义上的死学习，苦学习，都是低效的。现在很多谈高效课堂的文章，也有不少谈高效课堂的书，可是，觉得他们往往是舍本逐末，舍“道”取“术”。有的列了十几条以至几十条高效的方法，并且说这是获取高分之经。不能说这些方法一无是处，有的还是很有道理的。可是，由于出发点错了，不是指向学生的终身发展，而是盯着当下的分数，纯然为了“应试”，就必然培养不出优秀的学生来。同时，由于关注技巧与方法太多，没有研究超越技巧与方法之上的“道”，所以，高效只是暂时的，甚至可能出现当下高效之后的长久低效与厌学。而你们研究技巧与方法，更研究“道”。这个“道”的着眼点在哪里？就在“乐”与“甜”上。如果学习起来就感到快乐，就感到很甜，高效就会不求自得，因为学习的高效与心境的愉悦是同胞兄妹。孔子说自己是“发愤忘食，乐而忘忧，不知老之将至云尔”，这可以说是对高效学习的一种“道”上的经典述说。而且，有了这种快乐心境，还会生成积极的心灵力量，还会让自己当下与未来都非常幸福。这一点，又是超越高效学习之上的，又是关乎孩子生命的问题。

【李翠兰】我们以和谐高效的标准重新审视课堂，对教与学的过程进行了认真统计与分析，发现了制约课堂效率的许多因素，我们从中找出主要因素，把它们提炼浓缩成关键词，如：倾听、预习、学具使用、小组合作、参与度、有效情境、课堂提问、多媒体等等。各个教研组结合自身情况，认领一个关键词作为研究点，成立子课题组，进行科研攻关。各课题组在研究中，采取课堂观察的办法，通过“一人授课，多人观察”的形式进行同伴协作，充分发挥了教学团队的作用，深入研究突破关键点的有效措施。每学期末，我们都举行一次成果发布会，形成了研究方法互补，研究成果共享的良好局面。

【陶继新】你们浓缩而成的几个关键词很有价值。倾听之于学生特别是老师非常重要。可以说，学会倾听，还会形成一种良好的品质。预习是学习的先导。学生在前置性学习过程中，知道了难点与疑点，在听课与交流的时候，就能做到有的放矢。对于大班额来说，小组合作学习显得尤为重要。不然，一节课下来，学生在课堂之上交流的机会就会很少。而一味地听讲，时间长了，就会产生厌倦情绪，更重要的是，习惯了听讲之后，不会说了，不会思考了，从而失去了主动学习的主动性。不过，这里面有一个核心，那就是小组合作不是形式上的合作，而要构建成学习型组织，才能真正达到合作学习的目的。因为形成这种组织之后，同组学生就成了一个共同体，就有了彼此的帮助与关注，就有了持续发展的合力。所以，《周易》有言："二人同心，其利断金；同心之言，其臭如兰。"提问是一个老话题，也是个老难点。当形成小组合作学习型组织之后，这里面的提问就不再只是老师提问学生，更多的是学生之间的相互提问，也包括学生提问老师。而且，并不是说只要提问就有价值，还要研究提问的质量。还有诸如学具使用、参与度、有效情境、多媒体等关键词，都是你们在研究中得出的成果，都属于提高课堂效率与质量的策略。

【李翠兰】我们对各教研组的研究成果进行梳理、整合、提炼，逐步形成了语文、数学、英语等六个学科的课堂教学模式，有力地推动了课堂教学的和谐高效。"教学有模，但无定模"。教师在具体的教学中根据实际情况、自身特长等因素，可以创造性地去应用模式，对其进行有效的调整和变通，使课堂真正成为师生和谐互动、教学相长的高效生态区。

【陶继新】"教学有模，但无定模"说得好！教学模式对于一般老师特别是青年教师来说，可以直奔"成功"。这不管是对自己还是对学生，都很有意义。同时，模式还可以规范课堂教学过程与环节，让无效与低效减少。可是，每一个教师都是"这一个"，每一班的学生也都是不同的，况且，课堂有时还会生成一些意外情况。如果这个时候仍然依模式而行的话，模式就会成为对课堂活力的一种束缚。所以，要相信模式，也要超越模式，特别是有着丰富教学经验的教师，就更加需要创新求索。即使是年轻教师，也不应当绝对地循规蹈矩，而应当在大胆尝试中实现自身的突破。

【李翠兰】和谐的队伍、和谐的环境、和谐的课程以及和谐高效课堂构成了我校的和谐教育体系。我们坚信：和谐教育定会成就每个生命的和谐，他们将来一定是社会和谐的一分子，并进而为促进社会和谐做出积极的贡献。

和谐教育让胜利实验小学成为智慧发展的学园、生命成长的乐园、精神愉悦的家园。

【陶继新】 哲人言：“和谐即美。”你们的和谐是全方位的，也是美的。是的，工作在其中的教师会因为和谐而有了自由与发展；就学于校园里的学生会因和谐而拥有了快乐与成长。这一幸福景观是当下的，也是未来的。这，也许就是胜利实验小学的“胜利”之本吧。

（原载于《中国教育报》，2012 年 3 月 17 日，第 4 版；作者：陶继新、李翠兰。）

为每一个学生提供适合的教育

——潍坊中学回归教育本质的探索

［王伟校长简介］

王伟，山东安丘人，中共党员，大学本科学历，中学高级教师，现任潍坊中学校长、党委书记，潍坊市专家协会会员，潍坊督学。

1987年7月自山东师范大学外语系毕业后，先后任山东理工大学教师，安丘一中副校长、副书记，安丘实验中学校长、书记，潍坊市行知学校校长。2009年8月调任潍坊中学校长、党委书记。被评为山东省特级教师、山东省优秀教师、潍坊市专业技术拔尖人才、潍坊市英语终身教学能手。多次获潍坊市政府成果一等奖。

自担任校长以来，坚持用尊重和信任激励教师，用爱心和责任关注学生，用发展性目标规划学生的学习生活。注重学生创新精神和创新能力的培养，注重学生身心健康和健全人格的培育，致力于为每一位学生提供适合的教育。

编者按：潍坊中学是一所百年名校。2006～2007年，潍坊市进行教育布局调整，该校迁址。分校与合校的变动，使这所百年名校一度处于尴尬的境地，面临严峻的挑战。2009年王伟校长到任后，调动全校师生的智慧，用了短短两年的时间，使学校重新赢得了社会各界的高度认可。在潍坊市教育局一年一度的社会满意度调查中，该校连续两年名列前茅。该校的分层走班教学、全员导师制、生活教育、百名教师访千家、家长委员会建设等多项办学特色引起国内多家媒体的关注。该校2010年被教育部确定为承办内地新疆班的学校，成为潍坊市第一所、山东省第五所承办学校。2010年被评为“潍坊市实施新课程示范校”，2011年被评为“山东省教学示范学校”、“全国十一五教育科研先进集体”。今天的潍坊中学重新焕发百年名校的风采，实现了“破茧成蝶”的历史跨越。

在走访之后，陶继新先生发现潍坊中学围绕“为每一位学生提供适合的教育”所做的育人探索，如此朴实，却又如此让人感动。于是，通过QQ，陶先生与王伟校长进行了这篇精彩的对话。

【王　伟】潍坊中学是一所百年老校，创建于1883年，其前身是一所教会学校。我是这所学校的第29任校长，两年前来到这所百年老校，还是很有压力的。学校刚刚迁址两年，面临着办学条件的局限，生源质量有所下降，教职工的工作热情受到较大影响。百年老校的传统优势如何传承发挥出来？如何让这所学校在新的条件下焕发活力？一直是我重点思考和迫切解决的问题。

【陶继新】您可谓受命于危难之际，有些压力是自然之事。不过，之所以让您到这所学校来当校长，当是领导与群众的期待与信任，他们相信您能让这所学校焕发活力。这不单单是因为您有管理的经验与智慧，还因为您有一种特殊的责任感与奋争精神。而有了这些，则可以无往而不胜。

【王　伟】压力是一座金矿，优势是前进的砝码。来到学校后，我首先分析了潍坊中学的有利条件：优越的地理位置，良好的师资条件，悠久的历史和过去良好的社会声誉，以及每位教职员工都有办好这所学校的强烈愿望，还有上级领导的支持。上任伊始，我们确定了"稳定·改变·发展"的工作思路，开始了我们这所学校新的征程。

【陶继新】不向困难屈服者，困难就不再成为困难，甚至还可以在破解困难的过程中，享受获取成功的喜悦。但是，要想拥有这种喜悦，仅有勇气是不够的，还需要智慧的支撑。您对潍坊中学有利条件的分析，显见了您的智慧。因为只有扬长避短，才能有出奇制胜之道。您的"稳定·改变·发展"的工作思路，正是一种智慧的选择，加之由此而开始的持之以恒的行动，就有了潍坊中学让人眼睛一亮的新的征程。

尊重：激发办学智慧

【王　伟】我与全校教职工统一思想，稳定是改变的前提，而改变是谋求发展的积极探索。面对生源困难，教职工情绪低落，社会声誉下降等问题，我把尊重每一位教职员工，尊重每一位学生家长，尊重教育教学规律作为我们学校一切工作的出发点。根据学校的实际，实施分层分类走班教学改革，实行全员导师制，开展百名教师访千家活动，建立班级、年级、学校三级家长委员会，加强生活教育。这些教育教学活动的开展，得到了全体老师们的支持和拥护，更让家长感受到了学校在改变：这种改变就是为学生提供了适合的教育，让每个孩子都在原来的基础上得到了发展。

【陶继新】尊重是相互的，您尊重教师，教师也尊重您。这是管理的生命起点，没有这个起点，校长就不可能得到老师们的信任与拥戴。而由此开展的一系列工作与活动，则显见了您的管理智慧。全员导师制，让每个学生都可以得到导师的及时指导，以及心灵的抚慰与思想的关注。这样，就拉近了师生之间的心理距离，就有了师生相近相亲的感情，也就有了“亲其师”、“信其道”的教育教学效果。而在争取家长支持方面所采取的措施，则让在一般人看来的“对手”成了帮手，成了朋友。而当家长成了学校的有力助手之后，教育教学就可以驶进事半功倍的境界。

【王　伟】教育必须是以尊重为前提的。我在教育战线工作 25 年了，深知学生对知识的渴求、家长对孩子的期盼，老师育人的不易。反思过去，深知尊重的重要性，体会到教育的精髓在尊重。我一直坚持在教育过程中倡导尊重学生，尊重老师，尊重家长，尊重教育规律；让尊重贯穿于学校教育教学和学校管理的始终。我们实施的分层分类走班教学，全员导师制，家长委员会建设，生活教育，也是在尊重教育规律。我想，一所学校，有了老师们的敬业，有了家长的支持，有了学生们良好的精神风貌与积极向上的心态，一定能办成人民满意的学校。

【陶继新】教育自有其内在的规律，现在一些学校之所以发展缓慢，甚至倒退，一个重要的原因，就是违背教育规律。为什么会这样呢？首先，他们对规律没有敬畏感，无视规律的神圣性，按主观意志行事。结果，教育问题越来越多，以至师生怨声载道。其次没有研究规律。学校教育的规律是什么？

其中一个重要的点是尊重，没有尊重就没有教育。而有的校长高高在上，像一个素质低下的官员，任意批评人、指责人、惩罚人，最终搞得人心涣散。这并不是说校长不能批评老师与学生了，关键是要有一个尊重之心，要有一个善良之意，要有一个规律意识。您是深得其中的要道的，正是您敬畏、尊重与研究规律，从而依规而行，才有了师生的优质的精神状态，才有了潍坊中学的良好形象。

【王　伟】教育的使命就在于促进人的健康成长和全面发展，并幸福地生活着。回归教育的本质，尊重教育规律和学生身心发展的规律，为每一位学生提供适合的教育，才是真正着眼于学生的健康成长和长远发展。而教育的成果终将内化在学生们的心灵深处，体现在学生们的行为和工作中，并将影响他们的一生，也影响着社会和国家的未来——这个就是我们所从事的平凡而高尚的工作，这也是我为之快乐和努力追求的事情。

【陶继新】是的，教育不是让学生长期处于痛苦之中，相反，要让他们学习与生活在快乐之中，以至拥有一生的幸福。既然如此，就不能急功近利，就不能漠视学生成长的规律，而是从长远着眼，为孩子一生的成长着想。为此，就要研究学生健康成长的规律。“大道至简”，说简单点，就是要让学生身心与智慧全面而又持续地发展，从而让他们当下幸福，未来更加幸福。这样，当校长当老师，就有了一种使命感，也就有了乐在其中的追求。

因材施教：提供适合的教育

【王　伟】我们充分分析本校学生生源差别大的实际情况，坚持因材施教，关注学生的个性特点和学习基础的差异，发展每个学生的优势潜能，搭建起了分层走班教学的平台，力争为每位学生提供适合的教育。分层走班教学的实施，让学生重新发现了自我，增强了自信心，让每位学生体验到了进步的喜悦，分享到了成功的快乐。

【陶继新】孔子的“因材施教”在你们学校得到了真正的落实。其实，每一个学生都想在学习中收获喜悦。可是，当听之不懂、学之不会或者会而不听、学而不必的时候，就会失去学习的兴趣。孔子说：“中人以上，可以语上也；中人以下，不可以语上也。”分层教学，则让各种层次的学生都能各得其所。有的就可以看到希望，看到希望就会产生乐趣，有了乐趣就会有所前进，有了前进就会拥有自信，有了自信也就有了持续上进的可能。

【王　伟】学校另外一项举措就是实行了全员导师制。全员导师制并不新鲜，很多学校很多年前就开始实施了。关键是我们做出新意，做出效果。我们实施的全员导师制，主要从管理方面入手：对班级实行双轨制下的班级管理模式：班主任与导师的双轨管理。这种管理模式，一是改变了过去少数学生受关注的现象，让每位学生都得到了关爱；二是形成了全员参与、齐抓共管、全程管理、个性化教育的格局。全员导师制的实施，带来了师生关系的改善，学生的自身优势得到了开发，同时也提升了教师的教育理念。我想全员导师制的实施，也体现了尊重学生身心成长的规律和需求。

【陶继新】全员导师制可以让教师更有责任感。一般学校不担任班主任的教师，似乎完成教学任务就万事大吉了。其实，教师的任务不只是教学，更要育人。看看孔子等大教育家，是将育人放在第一位的，他的教学总纲是“志于道，据于德，依于仁，游于艺”，前九个字，全部与修身做人有关，后三个字也不是绝无关系。育人者不是教完书就一走了之，而是要经常地与学生在一起，了解他们的思想与心理，让他们的人格更加高尚，心理更加健康，学习更加快乐。而学生是有感情有思想者，他们也会从教师的关怀中，感受到老师的可亲可敬，也会以同样的心对待老师。师生之间有了这种思想与心灵的默契之后，学生再学习起来就会自觉且高效，成绩的提升就有了水到渠成之势。

家校沟通：凝聚教育合力

【王　伟】为了配合我校的全员导师制，我们开展了“百名教师访千家”活动。这项活动的初衷是让老师们更多地理解学生，了解家长，从而得到意想不到的效果。家访活动让学生感受到了老师的关爱，激发了学习生活的积极性和自信心。一次坦诚的交流，可能会改变孩子的一生，对家长也是一种家庭教育的培训。家访消除了家长与学校的矛盾，改善了师生关系，同时也提升了老师们的职业道德。看了老师们的家访故事，我一直在感动着。老师们说：家访是一种灵魂的升华！看到那些家长望子成龙、望女成凤的渴望，我们没有理由不把他们的孩子教好。他们的孩子也是我们的孩子。我一直认为交流是教育的最好方式之一。通过家访我们实现了这种教育方式，拓宽了交流的渠道。在家访中，我校的老师表现出了极高的热情，不到一年的时间里，百分之百的教师，走进了百分之八十的家庭。这项活动的开展得到国内8家媒体的高度关注。

【陶继新】我上中小学的时候，家访是一种正常的活动。可是，现在家访者已经“几希矣”。你们的“百名教师访千家”活动，让家访又一次走进了寻常百姓家，特别是走进了那些状况不佳的家庭里。教师家访，对家长来说，是比贵宾还贵宾的光临啊！这会让家长有一种受宠若惊的感觉，会对教师多一份敬意，自然也就多了一份理解与支持。家访的时候，由于可以与家长面对面地交流，很多深层次的问题，都会暴露出来，也会得到有效的解决。而那些在极其困难情况下依然支持孩子上学的家长，反过来也给教师以震撼与教育。其实，人与人之间的很多问题，往往是不了解、不沟通造成的。教师在家访中与家长的沟通，化解了矛盾，增进了友谊，有的还达成了更好地教育孩子的“协约”。教师与家长的合作，带来的是孩子快速的成长；当然，学校的美誉度与信誉度也与日俱增了。

【王　伟】也是为了配合导师制，我校还实行了潍坊中学学情会商制度。学生的学情包括：学生的思想状况，学习习惯，学习水平，心理素质，家庭状况和家庭教育等。学情会商的内容包括：学情收集，学情分析，学情跟踪，学情落实，学情反馈，考核评估等。班级每周一次，年级每两周一次，学校每月一次开展学情会商。学情会商制度的建立与落实，使我们的教育教学与管理有了更加可靠的依据，也为管理者提供了决策的依据。

【陶继新】学情会商制度是你们的一个创造。但是，为什么别的学校想不出这个奇招呢？我想，至少有两个原因，一是你们是真爱学生，爱之所至，就有了爱的特殊行动。二是你们是真想办法，而且想的是根本之法。人人都希望学生的学习成绩不断地提升，可是，往往是在末上下功夫，是让学生死学习，死用功，结果大都事与愿违。而学情解决好了，学生学习的本质问题就解决了，结果，学习不再是生命个体心力交瘁的一场苦役，反而变成了一种自觉自愿而又异常快乐的幸福之旅。古人为什么主张“君子务本”呢？因为“本立而道生”。遵循且掌握了“道”这个生命规则，学生学习高效且成果斐然也就在情理中了。

【王　伟】是的。刚来这个学校的时候，家长对学校指责的多，建设性的意见少。不管承认与否，学校与家长存在着矛盾。我想既然有矛盾，就要解决。为了保证家长对学校教育教学工作的知情权、参与权、表达权和监督权，我们进行了家长委员会建设。建立起班级、教学部、校级三级家长委员会，定期召开会议。校长定期向家长汇报学校的教育教学情况；家长对学校的教育教学措施有建议权，对教师的教学情况、班主任队伍建设、师德等情况进行民主评议。在学校开放日，家长可以走进课堂调研，检查餐厅、宿舍卫生状况等，并提出意见和建议。潍坊中学老师很有创新性。在全体家长会的基础上，创新家长会议模式，建立了微型家长会，分层家长会，导师制家长会，还有导师、班主任、学生、家长共同参与的“四方会谈”家长会模式。真正形成了家校教育的合力，提升了家校教育的水平。

【陶继新】家长会不但化解了家长与学校的矛盾，而且使家长成了主动参与学校工作的一支重要力量。《周易》有言："二人同心，其利断金；同心之言，其臭如兰。"是啊！这种合力的作用太大了，对学生的教育，不但显见于学校里，还会延伸到家庭中。教育，就有了无处无时不在的美丽。

四方会谈家长会太有创意了！很多问题，可以在这个会上共同商量解决。人的潜力是巨大的，教师与家长的智慧是无穷的。一旦为了一个共同的目标，创新思维就会不断地涌现，就会相对及时地解决学生中出现的问题，也会相对及时地促进学生更好地发展。

生活教育：让德育知行合一

【王　伟】德育为先，这是关系到培养什么人的问题。但是，如何把学校工作做得更有实效，这也是一直困惑着我们的问题。在一次学生大会上，我给学生们提了四点要求：一是遵纪守法，这是做人的底线；二是积极向上，这是做人的心态；三是学有所成，这是作为学生的本分；四是远离一切不健康的生活习惯，这是让人走向高雅的开始。鉴于这样的认识，我们实施了生活教育。根据陶行知的"生活即教育"的思想，学校德育首先从生活教育开始。例如，针对学生生活中存在的攀比、浪费、缺乏责任感、不愿吃苦、不知道感恩、网瘾、早恋等问题，通过主题班会、辩论赛、自主管理约束等方式，开展贴近学生的教育活动。学生的精神面貌有了可喜的变化，学生的日常行为更加规范，良好的学习生活习惯逐渐养成，文明礼仪意识显著增强。

【陶继新】尽管现在不少人知道德育为先是正确的，可是，知与行有的是分离的，要么只知不行，要么行之低效甚至无效。而生活教育，则让德育知行合一，行之有效。因为思想品德教育需要说，更需要行，"言行，君子之枢机"啊！生活无处不在，教育也就无处不在。学生在生活中的言与行，则彰显出其品格的高下。如果不在这方面下大功夫，学生的学习成绩即使暂时上去了，以后也会滑落下来，甚至有出现人格分裂的可能。而实施生活教育，就要让生活中内蕴着有效的道德品质教育。这种教育更多的时候又是以“润物细无声”的形式产生效果的，所以，生活教育的内容固然重要，而形式也要更加“隐蔽”，更加突出“润”的特点。

【王　伟】孔子有言：“其身正，不令而行；其身不正，虽令不从。”这句话常常被用来评价主政者。但是我们把这句话拿来作为师德建设的舆论准则，在对学生加强德育教育的同时，也加强了师德建设。我们制定了《潍坊中学师德考核方案》，从教职工的岗位职责、业绩水平、热爱学生、为人师表等方面进行考核。考核结果实行动态管理，每学期进行一次。在评优晋级中，师德成绩作为前置条件，实行一票否决制。老师们对师德建设工作非常认可，自觉履行要求，既教书又育人，既做良师，又做益友。“教学相长”被赋予了德育的新内涵。

【陶继新】柏拉图说：“一个民族只有最优秀的公民才有资格当教师。”也就是说，如果不是最优秀，就不是合格的教师。而衡量一个教师优秀与否的标准，当然与其业务水平有关，而人格是不是高尚，则是更为重要的标准。所以，将师德作为前置条件，是很有道理的。而且，教师之德，还会在有形与无形中影响着学生。一个人格高尚的教师，会得到学生的尊重与爱戴，也会让学生自觉或不自觉地去学习。时间长了，学生也就有了良好的品质。更重要的是，由此还会形成师生之间的品德互动，从而让教学工作变得更加轻松而有效。

求索：践行教育理想

【王　伟】教育需要脚踏实地地践行。多年的教育实践使我认识到，虽然教育很理想，但校长必须很现实。教育工作有它自身的特殊性，教育工作需要实实在在、踏踏实实，需要心清气爽、保持冷静。教育需要有“仰望星空”

的理想，更需要有“脚踏实地”的朴实。我们并未停留在大力实施素质教育的一些空洞口号中，而是重新审视传承了几千年“因材施教、有教无类”的教育思想，重新拾起流行过的家访、导师制等形式，认认真真地去落实，扎扎实实地去推进。天长日久，我们看到了学生的进步，感受到了学校的变化。

【陶继新】孔子主张“讷于言而敏于行”，一个重要的原因，就是“耻于言而过其行”者大有人在。因为大凡说得天花乱坠者，在实践层面反而不能践其之言。所以，脚踏实地、实实在在地做，才是最为重要的。

传统的东西有的是过时了，而有的则依然闪烁着光辉，所以，不能一味地否定，而应当冷静地审视，对于那些迄今为止还是非常有用有效的思想与做法，重新拾起，让它再现光芒。孔子的思想过时了吗？绝大多数是有价值的，而且还从中国走向了世界；昔日的家访过时了吗？非但没有，而且有着恒久的意义。你们在创新，也是继承与发扬优秀的传统教育思想。这，也许是潍坊中学这几年来快速发展的一个重要原因吧！

【王　伟】教育需要从细节抓起。“天下难事必作于易，天下大事必作于细”。教育是培养人的大业，把身边的每一件小事做好，做到位，就是对学生、老师、家长的极大尊重。海尔集团总裁张瑞敏曾经说过，把每一件简单的事做好就是不简单，把每一件平凡的事做好就是不平凡。尊重学生，就从一个关爱的眼神、一次耐心的辅导开始；尊重老师就从一句主动的问候、一句肯定的话语开始。尊重家长就从倾听一句意见、一次家访开始。我们实行的全员导师制、分层分类教学、家校合作等一系列措施，就是从一次谈话、一节课、一次沟通这些小事做起，在这些细节中抓好落实的。

【陶继新】您说的这些小事，只是一种外在的表现形态，实际上一点儿也不小。一个关爱的眼神，就有可能唤醒一个沉睡的心灵；一次耐心的辅导，就有可能激发起学生新的求知欲望；一句主动的问候，内含着校长对老师的关心与体贴；一句肯定的话语，就有可能激起教师的自信；倾听一句意见，就有可能让家长对老师心存感激；一次家访，就有可能让家长重新燃起对孩子美好未来的期待与希望。因为这所有的“小”中，都有一种内在的东西，那就是真善美。有了真善美，教育也就有了希望。

【王　伟】回顾这几年的工作，“人文·惟真·为发展而教育”的办学理念，“全面发展，人文见长”的培养目标已经成为我们学校师生的共识。2010年提出的“规范·创新·发展”的工作思路，达到了既定目标。今年我们又提出了“完善·提升·发展”的工作思路，旨在完善育人机制，提升育人水平，实现特色发展。创新是不竭的动力，发展是永恒的主题，教育始终面临新的挑战，潍坊中学人永远奋斗在求索的大道上。

【陶继新】这些年来，潍坊中学取得了令人瞩目的成绩，可是，为什么还要“奋斗在求索的大道上”呢？这说明你们非但没有骄傲自满，反而有了更高的追求。昔日在异常困难的境况下能够快速发展的潍坊中学，今天已经具备了更好更快发展的条件。所以，你们现在的“求索”，不再是“路漫漫其修远兮，吾将上下而求索”，而是已经看到了美好的前景，高歌猛进地迈向一个更加高远的目标了。期待潍坊中学的再一次腾飞，期待你们取得更大的成就！

（原载于《中国教育报》，2011年10月16日，第3版；作者：陶继新、王伟。）

让职业教育生命有根

——勇立职业教育潮头的济南历城二职专

[吕学强校长简介]

吕学强，男，中共党员，大学学历，中学一级教师。在担任济南市历城区职成教科科长期间，曾获济南市职业教育工作先进个人、济南市成人教育工作先进个人、济南市职业教育技能活动月先进个人、济南市职业院校技能大赛先进工作者、历城区阳光工程农民工转移培训先进工作者、历城区“十大杰出青年”提名奖等荣誉称号。2008年9月至今，任历城二职专校长、副书记。目前该校在校生4000余人，近两年毕业生稳定就业率保持在96%以上，是国家级重点职业学校、省市职业教育工作先进单位、济南市文明单位、历城区教书育人先进单位、市（区）城乡就业培训基地、山东省示范性实训基地、济南市区域性示范实训基地。

编者按：面对新的经济发展形式，职业教育既赢得了重大机遇，也面临着巨大的压力。既有一度有名望的学校逐渐呈现每况愈下的不良趋势，亦有一般学校审时度势，强势发展，呈蒸蒸日上之势。济南历城二职专则属后者。能在职业教育的大浪淘沙中脱颖而出，定有不凡“身手”。为此，陶继新先生采访了学校的吕学强校长。这位年轻的校长前瞻性的思考，勇于创新的精神，谦虚好学的品质，德技并重的思路与实践，以及对职业教育的用情之深，给陶继新先生留下了深刻的印象。于是，两人就有了下面的一番深度对话。

遵循规律　思路为先

【吕学强】自2008年9月担任校长以来，作为一名年轻的基层职业教育工作者，心情一直忐忑不安、如履薄冰，让学校在职教改革浪潮中脱颖而出的思想压力很大。令人欣慰的是，在这两年多的实践中，学校紧抓职业教育发展脉搏，坚持走内涵式发展之路，以创新办学理念确立发展思路、制定办学目标，在探索中创建学校特色，在实践中积淀办学品质，学校在区域范围内成长为规模较大、质量优异、特色明显、口碑良好的品牌职业学校。

【陶继新】多年来，职业教育遭遇了很大的挑战，有些已经有名的学校，却呈现出每况愈下的不良趋势。前些年，你们在职业学校领域并非名列前茅者，可是，这些年却有了强势的发展。这与您这位年轻校长的创新思维，以及由此形成的办学品质有着内在的维系。更可喜的是，学校还有着巨大的发展潜质，形成职业学校的品牌也已指日可待。

【吕学强】是的，自从上任以来，我始终在思考一个问题，就是在全国大力发展职业教育的时代大背景下，在职业学校发展较为困难的特殊时期，作为基层学校，如何才能把学校办成社会认可、企业满意、家长认同、人才辈出的服务型、创新型特色学校，能够使学校在区域经济社会发展中发挥其应有的服务功能。由此，学校对当前较为先进的职业教育办学模式、教育体制独有的内在规律进行了深刻思考，并针对学校的现有教育资源配置状况和实际发展水平进行了调查、分析、研究，充分整合教职工的发展意愿，体现发展方向，形成发展共识，因此形成了学校办学的思想支撑，即办学理念符合规律、意识前瞻。

【陶继新】学校发展的快慢与成败，都有一只看不见的手在起作用，那就是教育规律。违之者败，顺之者成。所以，必须敬畏规律，研究规律。遗憾的是，这个办学的要义，并没有引起一些校长的重视。您很有智慧，一开始就研究如何让办学理念符合规律。于是，就有了一些始料不及的发展速度。意识前瞻同样重要。职业教育对人才的需求有“进行时”，也有“未来时”。适应当下需要，可以当下发展，可是，并不一定适应第二年第三年的需要，也就是说，当下发展未必未来发展。所以，要瞩目未来，研究未来，未雨绸缪，才能为未来需求储备人才，提供支持，从而立于不败之地。

【吕学强】具有鲜明的办学理念，是学校的旗帜，是师生的期盼。目前学校的办学理念是“以就业教育为支点，为学生终身能力发展服务”。“就业教育”体现职业教育体制的独特性，职业教育不同于基础教育和普通教育，它所培养的结果，不再为升学服务，而是为就业，即为市场、为经济、为社会服务，因此必须从传统的升学导向向就业导向转变，树立“为学生找工作、向市场推人才”的办学思想；“终身能力发展”体现了学校育人体制的多极性，职业教育不只是学生获取生存技能的途径，更应成为提升人境界、丰富人精神的一种方式，既着眼于学生就业，也着眼于学生职业生涯发展，既教授技能，又让学生学会做人，使学生借助已有的知识技能，学会生存、学会学习、学会关心、学会创造，为自己立足社会，为自己生存发展打下坚实的基础。在办学理念的引领下，学校找寻内涵发展的支撑点，如校训“厚德强技、自强不息”（德技是就业教育的质量意识，自强是能力发展的终身意识），教风“乐教、善教、宜教、多教”，学风“乐学、善学、宜学、多学”（关注师生群体，以激发教学动力、学习动力为出发点，让师生每一天都要快乐，每一天都要进步，每一天都在成长）等。

【陶继新】在就业形势日趋严峻的今天，提出“为学生找工作，向市场推人才”的办学思想，当是应时而生的“佳作”。这种就业导向，决定了学生所学内容重在技，而不在智；重在实用，而不在理论。古人就曾说过：“艺不压身。”技能在握，就会受到企业的青睐，就会找到与之相适应的工作。

但是，企业最为欢迎的，是那些既有技能，又有高尚品德的学生。有的企业甚至提出“钢铁技能，黄金素质”的用人口号。在他们看来，技能可以用不太长的时间学会，而优良的人格品行却可以在企业里形成一种精神力量，影响更多的人更好地工作，更好地合作，更好地做人。这些，恰恰是企业发展的最大的“生产力”。你们的校训“厚德强技、自强不息”，就突出了德技并重、做人第一的原则。教风与学风之中的“善”与“乐”字，可谓抓住了教学与学习的关键。善良是一个人的立身之本，教师尤其需要善良。一个善良的教师，可以教出一批又一批善良的学生；而一个不善良的教师，也可能会教出不少不善良的学生。所以，当一个又一个善良的学生从你们学校走出来，到了企业工作之后，就会因为善而得到人们的欣赏，从而拥有立身之地。《周易》有言：“君子所居而安者，易之象也；所乐而玩者，爻之辞也；是故君子居则观其象而玩其辞，动则观其变而玩其占。”为什么有这几个“玩”与“乐”字呢？因为学习的要妙在于快乐，在于审美，而不是痛苦。看来，您对教师之教与学生之学的研究与先贤圣人之言有某些共通之处。所以，你们培养出来的是既有技能，更有人格的能够适应当代企业需要的有德有技之人。

【吕学强】办学理念容易形成广大师生的共同追求，更能成为学校办学的强大动力，这一点，我的感受越来越强烈，正是有了师生共有的办学价值观、教育观，学校的各项工作才能有序健康运行，才使学校的办学体制有了创新，基础能力有了提升，教育教学深化改革，学校管理规范精细，就业渠道越来越广，学校的影响力、竞争力就会得到优化提升。

【陶继新】办学理念内化于师生的心里，就会形成“不令而行”的共同行动。更重要的是，这种理念还会外化于师生的言谈举止之中，从而形成你们学校的内在品质。这种竞争力，有着无往而不胜的威力。

创新体制　应需而变

【吕学强】创新办学体制，其特点是层次多元、机制规范。1995 年，在学校规模扩张的同时，历城区政府与民进山东省委以历城二职专为依托成立山东建设学院，从而使学校具有培养高等职业教育人才的办学资质，由此形成了中高职衔接的办学机制。近几年，学校根据国家有关政策，积极探索新形势下办学体制的新思路、新策略，在理顺办学层次的同时，相继推出了“四年大专、三年大专、三年中专”等学历教育层次；随后，学校又积极争取部门合作支持，凸显职业教育的技能培养特点，先后被确定为山东省双证互通试点学校、济南市高级技能鉴定基地，实现了职业学校培养高级技能人才的目标，逐步构建了中级、高级、技师相互衔接的技能教育层次。“技能教育”、“学历教育”并行，相得益彰，相互衔接，四位一体，层次多元，取得了良好的办学效益。

【陶继新】办学机制的创新，不但提升了学校的品位，也为学生的多向选择提供了可能。职业学校生源水平相差较大，发展走向也各有不同，有了四年大专、三年大专和三年中专的不同学历教育层次，他们就可以各取所需。自我选择与被选择形成截然不同的两种学习状态，因为其背后的情绪指数，正是其学习优劣的内在力量。有了内在之力，学习起来就会快乐，就会有效率。

凸显职业教育的技能培养特点的争取“指标”，是对学生需求的扩展与优化，它适应了不同类型学生的学习特点与需求，让他们感到在这里可以“条条大路通罗马”，都可以找到适合自己的去向。但是，您尽管对这个争取过程一言带过，相信也绝非一帆风顺。如果不是为了学生更好的发展，不会如此努力的。当然，随之而来的是学校有了更大的发展潜质，有了更好的美誉度。

质量立校　内涵发展

【吕学强】深化教学改革，其特点是能力培养，百花齐放。学校经过多年的奋斗努力，通过优化升级、实训基地建设、品牌专业创建等工程的相继实施，其基础能力水平有了大幅度提升，目前学校建筑面积接近 5 万平方米，实训面积 1.1 万平方米，拥有省、市级骨干示范专业 3 个，市级示范性实训室 2 个，为山东省示范性实训基地、济南市区域性示范实训基地，其实训工位能满足 5000 名在校生实训教学需求。但我个人认为基础设施只是学校办学的基础性先决条件，而真正把学生培养成高素质、高技能的复合型人才才是学校办学的重中之重。为此，学校不再过多地追求学校的规模扩张，而着眼于学校的内涵发展，逐步树立了“以质量为中心、以技能为核心”的教学模式改革。一是以研究专业内涵促专业精细发展。学校地处济南市北部商贸区，紧邻工北汽贸城、临港经济开发区，驻地周边有济钢、力诺、重汽等大型企业，以汽修、数控、机电为骨干的校内专业群逐步形成，专业建设方向明确、门类齐全、特色鲜明。近几年，学校专业建设不再仅仅是以资金投入为出发点，而是更多地关注企业新设施、新技术的变化，关注师生的专业发展需求。通过广泛的企业调研，修订各专业建设中长期发展规划，改革优化专业课程体系和课时配比，自编修订校本实训教材，适时开设与市场相融合的延展性专业，逐步形成了关注产业结构与专业结构吻合度的专业研究氛围。

【陶继新】你们的学校已经形成了规模，有了“大”，现在还要“强”，即内涵发展。内涵就是要有质量。而“专业建设方向明确、门类齐全、特色鲜明”就成了提升质量的关键。要想方向明确，就要认真而又细致地研究社会到底需求什么，在教学上真正做到有的放矢。这个方向错了，即使有了优良的设备，优质的师资，也会劳而无功。而当今社会需求的多样化，又增加了方向定位的难度。所以，既要门类齐全，又非精细不可。但是，仅此还不能形成自己的品牌，还要有鲜明的特色。要人无我有，人有我新，人新我深。这样，就有了比较强的竞争力，就会受到社会的欢迎。而要想抵达这样一个目标，既需要深入研究的工作作风，也需要精湛的技术水平。这正是内涵发展必备的品质之一。

【吕学强】二是以优化师资水平积淀教学底蕴。2009 年，学校在“聘、培、赛、派、研、创”教师管理机制基础上，启动实施了“名师培养工程”，着力打造一支理论精通、技艺精湛的双师型教师队伍。如通过实施教师读书工程更新教育观念、转变教改思路、升华教育思想、提升教育境界；以内派培训与外聘技师相结合更新专业知识结构，实现专业学科转型，以完善教师队伍、建设激励机制、储备校级名师资源库等，实现了教师专业能力的大幅提升。

【陶继新】内涵发展的一个要件就是师资，古人就有“名师出高徒”之说，对于职业学校来说，名师就显得尤为重要。而职业学校里的名师与中小学的名师又有不同，不但需要知识与智慧，还要精通技术，拥有与企业交流的能力以及高度的责任感与合作精神。真正优秀的教师，不是只能教好教材者，还应当是学养丰厚者，以至形成自己的文化品格，用其文化在教学与实践中“化”人。教师学会技能与让学生学会技能不一样，让学生学会技能与学生会学技能也不在一个层面上。所以，在教学的时候，还有一个启动学生会学乐学的自主精神问题。而且，职业学校的教师还要学会与社会打交道，特别是与企业交流，学会合作，学会宽容，从而取得企业的认可与欣赏。这样，就会在无形中提升学生在企业实践学习中的质量。从这个意义上说，你们培养的名师，可谓任重而道远。

【吕学强】三是以激发学习兴趣创新教学模式。职业学校学生普遍存在学习动机缺失、学习兴趣不浓、知识基础薄弱等现实特点，因此课堂教学效率低下。应该说，职业学校课堂教师兴高采烈、学生无精打采的现象普遍存在，我在和老师们座谈讨论这种现象的时候，很多老师把这种责任推给学生，而我不这么认为。职业学校的招生体制已经决定了教育对象类别，出现这种情况绝不是个体行为，而应看作是职业教育的特性，所以换位思考，应该从学校、从教师身上找原因。我一直给老师们灌输一种观点，既然我们无法改变教育对象基础薄弱这种现实，那就要改变我们教师自身的教学思想和教学行为，不应该再一味地怨天尤人。为此，学校鼓励教师们以教法适应学法，在课堂教学上，可以专业重组，也可以花样百出，激发学生学习兴趣，提高课堂的“含金量”。课堂教学可以不受外部环境影响，教学模式可以不受传统模式限制，只要能让学生真正学习起来的课都是好课，老师们的教学热情被充分调动起来，总结出了诸如“四部教学法”、“项目教学法”、“分组教学法”、“师生互换教学法”、“滚动式教学法”等多种教学模式，师生们开始共同构建一个个充满生命力的课堂，其中尤以“滚动式教学法”最具生命力。滚动式教学法突破了教材、专业、场地的限制，使教学设备得到充分利用，让学生学习有新鲜感，针对不同层次的学生，采取不同的教学策略，提高了学生的参与意识、创新意识和积极思维意识，并使学生提升知识水平的同时增强职业能力培养。目前，“滚动式教学法”已被确定为济南市职业学校重点研究课题，多次省市教学研讨会议围绕其开展经验交流，逐步成为学校的教学特色。

【陶继新】学生课堂学习死气沉沉，在职业学校已经不是什么新闻。而改革这种状态的根本，就是要将学生的主体意识调动起来。课堂不能由教师一人唱独角戏，而应当让学生活跃其中。这要解决三个问题：一是教师要充分相信学生。他们有着巨大的内在学习动力，只不过有的时候被教师悄然扼杀了而已。教师认识到改变之后，就会想方设法启动课堂改革的工程，就会为学生活动让路。当学生在课堂上成为挥洒生命的主力军的时候，课堂就有了生命的张力。二是要形成符合职业学校特点的教学模式。你们的“滚动式教学法”等教学模式，就有了属于你们自己改革方略的特点。教学模式一旦形成，教师与学生就会感到教学有了规则可言，就会有得心应手的感觉，就会有事半功倍的成效。三是突破模式。课堂教学有太多的未知，如果出现了教学环节与模式冲突而又可以生成更高层次追求的时候，应当相应地改变模式，从而让教学更加丰富。有的时候，还可以由此进一步地研究，让模式更加丰富与完善。

【吕学强】四是创新实训教学机制，提升技能水平。2010 年，学校启动实施“名生培养”工程，改革传统的质量评价体系，使学生培养更具时代性、职业性和高素质、高技能。如完善实训教学机制，注重渗透企业环境氛围，以企业产品标准衡量学生实训作品；创新技能大赛机制，变组织学生队伍参赛为引导学生集体参赛，鼓励学生通过自我竞争积极参赛等；改革实训评价机制，注重过程评价，采用单项评价、多项评价和综合评价等方式突出技能教学实践性，等等。近两年，学生参加各级各类技能大赛成绩在全市名列前茅，涌现出一大批优秀技能人才。我个人认为，只有硬件水平与软件实力相辅相成，才能更好地实现教学质量的提升。

【陶继新】“名生培养”工程让学校更具生命力。你们一些名生的脱颖而出，让他们有了更大的自信，从而创造奇迹。而奇迹的出现，反过来又可以提升自信指数。这种正向能量的不断累积，会为学生走向更大的成功积淀品质。品质一旦形成，不但可以取胜于当下，更可以取胜于未来。个体的自信与成功固然可贵，群体的自信与成功就更加重要。如果学会了帮助他人成功，习惯了合作共赢，关注了集体取胜，也就有了“己欲立而立人，己欲达而达人”的人格。于是，幸福的人生也就拥有了。你们为培养名生采取的一系列措施，不但为他们一展才华提供了舞台，也为他们的人格锻造做好了铺垫，相信你们学校的名生会越来越多。

【吕学强】学校在做好人才培养的同时，积极探索新形势下推进校企合作的新思路、新形式，努力提高学生就业稳定率，其就业服务发生了明显改变。一是探索实施了“名生对接名企”就业策略，由过去单一的全员就业改为分层就业，在保证学生专业对口的基础上，结合办学层次和学生素质，实施分层就业，确保名生毕业进名企，以此激发学生在校学习积极性；二是实现了“本地而工”就业格局，目前学生就业渠道以市区为主，在保证能更有效执行就业跟踪服务的同时，也真正实现了职业教育为区域经济社会发展服务的功能；三是拓宽了校企合作共赢广度。学校主动邀请企业参与学校学生培养过程，实现校企优质资源共赢共享，如学生毕业标准达不到企业用人需求的，学生要继续在校学习，直至企业满意为止。明晰的就业体系让学生越来越安心，家长越来越满意，企业越来越认可，学校在与 2009 年、2010 年就业的毕业生进行的座谈中发现，已有30余人成为企业的技术骨干，毕业生月工资水平最高达4000多元，稳定就业率达到了96.3%。2010年，学校呈现出名企到校争相签订就业协议的火爆场面。出口畅带动入口旺，2010年，学校招生达到1396人，学生、家长、企业的充分认可印证了学校的健康发展。

【陶继新】“名生对接名企”，正如种瓜得瓜、种豆得豆。任何事情都是有因就有果，这些名生种下了走向名企之因，当然会收获这些成功之果了。同时，对于在校所有学生来说，还可以起到一种引导作用。学生都希望走进名企，可是，如果不努力，名企对于自己来说也就遥不可及了。

“本地而工”就业既可以节约学生的生存成本，还会对当地经济发展起到一定的促进作用。当前，不少普通高校的学生升学之时感到自豪，可是毕业之后却找不到合适的工作，与这些毕业就有工作的职业学校的学生形成了很大的反差。这对发展职业教育，也会形成一种无形的推动力。你们学校的高就业率、高信赖度、高美誉度，已经成了当地职业教育的一个品牌。相信这只是一个开端，持续快速的发展，将会使你们学校成为一个更加优质的品牌。

【吕学强】陶老师，您关于职业学校教学模式改革的点评确实一语中的，这也是我们学校时时刻刻在关注并努力解决的核心问题，我也坚信有一天，随着我们学校教师在探索中不断创新，在创新中逐步积淀，一定会在教育教学改革方面做出有益实践。职业学校如何内涵发展，我们学校建立了自己的质量目标体系，它涵盖了培养任务、培养主体、教学模式、教学过程、实习实训、团队建设、基地建设、质量监控、规范管理、服务功能等各方面的内容，学校的教学任务紧紧围绕体系创新发展，以此实现教风与学风的充分融合。

【陶继新】你所谈的内涵发展是一个系统工程，哪一个链条断裂都不可能形成系统。而这个系统又是以教风与学风的融合呈现出来的。这种融合将你们的教师之教与学生之学推到了一个高层境界。这其中还不只是涉及到方法技巧的问题，还有教师与学生之间的心灵的和谐。其中有道德体验，也有情感交融，不然，就没有属于“风”之景观的生命融合。

以德养技　四心育人

【吕学强】增强德育实效，其特点是以德修身，润物无声。针对中职学生普遍存在的自信自律不足、基础差、学习动机缺失、叛逆、理想道德淡化等特点，切实增强德育工作的针对性、实效性、时代性和吸引力，调动和依靠学生内在的主动性和积极性，使成人成才转变为学生的内在需求、自觉行动和自主行为，逐步形成了“四心教育”育人特色。

【陶继新】外力的推动固然可以起到一定的作用，而内在的动力才能形成催发生命成长的力量。孔子说：“为仁由己，而由人乎哉?”但是，形成内在道德需求，是非常困难的，对于职业学校的学生来说，更是难上加难。你们知难而进，且取得了良好的效果，确实可赞可叹。

【吕学强】一是德育管理“耐心”。学校强调教育者不仅要传授知识，更重要的是育人心灵，在面对特殊群体时，应做到冷静分析，不急不躁，学会“对学生微笑（学生不会受到冷落和歧视）、与学生交谈（学生和老师平等对话）、教学生求知（耐心解答学生提出的问题）、帮学生明理（学习辨别真善美）、给学生机会（特长得到充分展示）”，着重提高班主任的责任意识、管理意识、服务意识，与学生心贴心、面对面，交流情感，心灵沟通。

【陶继新】“耐心”首先需要爱心。你们面对的学生有着很多不良的习惯，也会犯很多错误，如果不是爱他们，就可能从心里看不起他们，以至放弃教育。而爱心的驱使，让你们的班主任有了决不放弃的信念，有了一如既往的行动。“耐心”也需要责任。教师的责任与义务在于不但要将学生培养成有才之人，也要将他们培养成有德之人。有了这种责任与义务，就会不怕困难，不怕反复，就会从内在之心到外在之行，都履行自己的职责。

【吕学强】二是德育机制“精心”。实施分层德育工作机制。总体原则是：

起点低、坡度小、要求细、实践实，其目标是“知、励、创”。“知”即在低年级学生中实施行为养成教育、法制教育，适时进行心理健康教育，引导学生养成讲文明、懂礼貌、守纪律的好习惯，使他们能够正确认识自我、找回自尊、树立自信；“励”即在中年级学生中实施感恩教育、励志教育，使学生懂得尊重他人、宽容他人、感恩社会、感恩父母、感恩教师、感恩他人；“创”即在高年级学生中开展职业道德教育、就业创业教育，使学生明白合格“蓝领”的要求，提升就业竞争力，掌握创业基本技巧，从而能为终身发展服务。

【陶继新】职业学校的学生之所以在中学阶段学习成绩不佳，并不是他们的智力有什么问题，而是在学习习惯等方面出了问题，所以，养成教育当是治根之举。一种好的习惯的养成，大都需要一段比较长的时间，甚至还会出现反复。如果不是“精心”，就可能让即将养成的习惯化为乌有。感恩同样重要，一个会感恩的学生，也会生成一种积极向上的人生态度，以及努力学习的品质。这样，他们在“创”的过程中，就会有相对稳定的情绪，取得比较理想的成绩。

【吕学强】三是德育方法“爱心”。自信和勇气是构建人生大厦之基石，而自信和勇气则来自于成功。学校有很多学生在初中阶段学习能力、道德素养相对较薄弱，他们的心理呈现脆弱、自卑等特点。对此，学校尝试“成功教育”，其出发点是以“爱”为主体、以“个性化”为途径，引导学生自主探索、自我体验、自我提升、自我塑造、自我发展。学校启动了“校园满天星”特色活动。即构建一个平台，创建一种机制，来发现学生闪光点，培养学生闪光点，成就学生闪光点，让学生尝试成功，找回自尊，树立自信，从而使学生语言更规范一点、行动更准则一点、技能更强化一点、学习更主动一点、生活更快乐一点、人生更自信一点，点对点的要求，更容易激励学生进取，使他们完全转化为合格人才。

【陶继新】正是因为中学成绩不好，加之高考落榜，一些学生才逐渐地少了自尊，也没了自信，学习起来就更是效率低下。其实，他们有着很大的学习潜力，如果尊重他们，让他们树立起自信，学习成绩很快提升就会变成现实。你们的“爱心”教育，就是让同学们慢慢地找回了自尊与自信，也找回了品德优、成绩好的感觉。当然，任何事情都不是一蹴而就的，正所谓“积土成山，风雨兴焉”，“积善成德，而神明自得”。正是在您所说的“一点”又“一点”的积累中，才让他们越来越看到了希望，从而走上了新的人生之路。

【吕学强】四是德育工作“恒心”。学校实行“OEC”管理模式，即二十四小时全方位无空档管理，学校“事事有人管、管事凭效果，日事日清、日毕、日高”，班级管理实行专职班主任亲情化管理，学生管理凸显严格、规范、高效，张扬共性，凸显个性。学校通过校园信箱、网站留言等途径，关注学生提出的每一条信息、留言、意见，并及时予以回复，给每一个学生以心灵释放。德育管理工作系列化、课程化、亲情化、生活化，使学生的精神风貌发生了较大变化，“学生名片”的影响力自然越来越广。

【陶继新】教师的恒心，不但反映了永不言弃的精神，也会向学生传递一种信息，那就是教师是相信学生，包括那些大都认为“不可救药”的学生也是能够好起来的。这种信任的不断扩展，会对更多学生的心理产生影响，进而生成主动努力进取的心理需求。这个时候，教师的“跟进”特别重要，即抓住契机，再促一把。当然，出现不理想结果的时候也要“跟进”，更要思考为什么会出现问题，从学生身上找原因，更要找自己教育中的问题。但不管怎样，都要坚定不移地相信学生会变得越来越好。这样，总有一天，教师的期待就会变成现实。

【吕学强】我很喜欢和孩子们在一起，和他们谈心交流，一起活动，共享成长的快乐和喜悦。记得有位学生曾经这样评价我，“老师，您怎么和孩子一样”，这可能是一句玩笑话，但透过这句话可以感受到我与学生之间心灵距离的逐步拉近，也包含了学生对我的一份信任。职业学校学生有他的特殊性，他们与相同年龄段的孩子相比，可能更需要理解与尊重。而如何将这份理解与尊重内化为学生自主成长、不断成长的内驱力，应该是职业教育所思考的问题。在我的心中，我们学校的每一个孩子都是宝贝，都是金子，他们只不过一直深埋在沙砾中，需要我们学校不断地去给予发掘，终究有一天他们也会熠熠发光。

谈起孩子的话题，我的内心始终充满着喜悦与激动，当我站在操场上，看到他们快乐成长、开怀大笑，看到他们相互谦让、彬彬有礼，看到他们在我面前时时改变、天天进步，一种满足感、自豪感会油然而生。2010 年，学校承办了很多大型会议活动，在会场中有志愿者的身影，在校园中有同学们主动问好的声音，在课堂上有同学们认真努力的学习氛围……这一切都给与会者留下了深刻印象。

【陶继新】记得我们一起走在校园时，很多学生非常友好地与您打招呼。那种感觉，非充分信任是不可能有的，非可亲可近也是不可能有的。事实上，当校长喜欢学生的时候，会在各种各样的场合表现出来。而且，孩子的眼睛是雪亮的。如果不是真爱，而是伪装，立马就会被学生戳穿。而校长对学生的真爱与假爱，会极大地影响学生的心理。特别是这些职业学校的学生，大都有过心理受伤的经历，在某种程度上说，他们的心理比较敏感与脆弱，如果校长与教师对他们的态度略有粗暴或方法失当，他们的逆反心理就会弹出来，从而让原有的教育前功尽弃。可辩证看来，如果对他们尊重与友好，他们很容易就会生成对校长与教师的无限信任。这既有助于更好地教育他们，也有助于建立相互信任与支持的师生关系。良好的师生关系一旦形成，学生就会“亲其师”而“信其道”，教育就会变得比较轻松。

【吕学强】另外，在“四心”育人机制下，更加关注了以下几点：一是坚持以人为本，引导师生互信、互爱、互助、互动。这是保证四心教育健康运行的首要条件。只有师生关系密切，学生对老师的态度、情感产生信任理解，才能使学生管理工作做到有的放矢。

【陶继新】师生互信、互爱、互助、互动，施于对方的都是正能量，它既对学生成长起到推动作用，也让教师感到欣慰。在这个过程中，不但学生成长了，教师也发展了，他们积累了教育学生的经验，也积累了爱学生的心。而这两者和谐为一，从而使教育产生了理想的效果。

【吕学强】二是以关注学生内心世界实施不同的管理策略。90后学生无论是在思想情感上还是行为习惯上都明显与80后不同，他们的内心世界是在浪漫理想背景下的一种特立独行、我行我素，因此需要老师去了解90后学生的内心情感世界，有个性、有策略地开展思想教育工作，如我们学校自己编制了《校内行为习惯三字经》，内容涵盖家庭教育、社会教育、学校教育，让学生在一种很自然的环境中自我转变。

【陶继新】《学记》认为，“知其心”才能进入“善喻”的理想境界。对于90后学生的心理趋向，很多教师并不了解，如果再不进行深入研究，即使出于好心，有了爱心，也会出现悖逆的现象。要想弥合其间的“代沟”，首先要了解这些孩子，进而再有针对性地施以教育。其实，在其特立独行、我行我素的表现外层下，还有一种理想与天真在，如果让他们感受到天真之美，认识到理想不与现实接壤就会一无所有的话，他们就会化热情为行动，就会成为时代的骄子。

【吕学强】三是以活动载体逐步影响学生行为习惯。职业学校学生喜欢“玩”，而且有时会玩得很“疯”，因此，学校必须在校园生活中安排足够的时间让学生在校园内“玩够”、“玩尽兴”。如我们学校相继成立了50多个社团，社团内容丰富多彩，学生根据自己的爱好特长自由选择；再如学校结合重大节日组织主题教育活动，开展各类晚会、手抄报、演讲比赛、“情倾母亲节”系列活动、爱国主义和法制教育报告会等；再如开展学生兴趣较浓的篮球、足球、乒乓球、踢毽子、集体跳绳等体育活动，都得到了学生的积极响应，“玩够了”也就“不玩了”。

【陶继新】玩与学是孩子生命成长的两翼，缺一则不完美。关键是要让他们玩得快乐，玩得有意义。你们所开展的这些属于“玩”的活动，对于他们的身心健康非常有益。生命成长有一个规则，那就是“一张一弛，文武之道”也。长时间进行紧张学习，如果不能有机地插进一些锻炼与活动，非但不会提高学习效率，还会增加学习成本，甚至让学习变成心力交瘁的苦役，更没有什么高效可谈。所以，玩而后学，学而后玩，不但会受到学生的欢迎，还会提升他们的学习质量与身体素质。

【吕学强】四是以榜样示范形成管理合力。2010年，学校对校园满天星特色活动机制进行了丰富细化，专门开辟了校园满天星活动橱窗，结合校园文化建设工程实施，修建了校园明星大道，积极引导家长参与到活动中来，相继推出了送喜报到家、明星学生家长同台领奖、明星学生家庭走访慰问等活动，逐步形成了家庭教育与学校教育的管理合力。很难忘当喜报送到学生家长手中时全家人的欢天喜地；很难忘当我走进学生房间时发现学生保留了从入学以来的每一份荣誉奖状；很难忘当明星学生家长登台领奖时的激动泪水；很难忘学生家长离校回家时用力紧握我的双手……那是一种期待，更是一种重托。每每想到这些，我更深知肩上的担子很重，教育工作者不应仅仅享受荣誉所带来的快乐，更应该享受在一步步艰辛路程中的每一滴汗水。我很庆幸，在学校师生的共同努力下，学校越来越像生活家园、学习校园、成长乐园，并逐步成为师生共同追求的一种责任和一份自豪。

【陶继新】你们的校园明星大道让不少学生明星上了橱窗，成了人人称道的榜样。他们在中学阶段可能连做梦都不会想到自己竟然也成了明星，也许以前更多的是被人瞧不起，更多的是受到批评。而现在成了明星之后，自豪喜悦之情自是难以言表。他们发现，成功并不只是属于他人，也属于自己，关键是要努力。这种认识上的升华，会使他们走向更加美好的未来。同时，当喜报送到这些孩子的家里的时候，家长在感到惊喜的同时，也增强了对孩子的信任。这在无形中，又会对孩子的成长形成一种精神支撑。而且，榜样的力量是无穷的。那些没有成为明星的学生，也会心向往之，并“学而时习之”，这种学生之间的“攀比”，会使更多的学生走近明星，越来越优秀。当一个大的群体都有了这种想法与行动之后，良好的校风也就自然形成了。

以爱“变”人 以文“化”人

【吕学强】塑造校园精神，其特点是和为根基、爱为灵魂。教育要以学生为本，办学要以教师为本，让管理体系发挥应有作用，团结教师群体全心全意围绕学校主动工作是关键，在这个过程中，校园精神发挥了重要作用。

校园精神体现了广大师生的价值取向和精神追求，是学校教育教学管理风格的体现。校园精神的内涵应来自于师生，又作用于师生，以此提高学校的凝聚力和向心力。为此，学校结合办学思想的实施，结合目前学校的办学特色，着力塑造以“和爱”为主题的“自强”校园文化建设体系。

【陶继新】学校文化是学校发展的魂兮所系，是彰显学校品位的一种品质。所以，几乎所有的品牌学校，都在文化建设上下了很大的功夫。因为文化的重要特性就是以文“化”人，很多时候它是以无声的力量来改变人的生命状态与生命走向的。你们在这方面用力，当是明智之举。

【吕学强】一是以美化校园环境提升文化品位。相继实施了二期外显文化建设工程，校园景点设置力求内涵丰富，寓意深刻，让一草一木都能说话，一砖一瓦皆可育人，校园处处显现出艺术性、科学性、教育性，处处洋溢着青春活力和生命激情，体现着学校的人文关怀，阐释着学校“自强”文化和“厚德强技，自强不息”的校训内涵，激励学生们只有“厚德强技、自强不息”，才能得以立足于社会，才能得到终身发展。

【陶继新】美化校园环境属于学校物质文化的范畴，有其显性的特点，犹如一个人的“仪表”，如果好的话，可以夺人眼目，给人美感。而且，这种外在之美还会形成一种美的场，向师生传递美好的气息。你们学校的环境之美与师生的精神品质相映成趣，就有了别样的内涵。

【吕学强】二是以铸造师魂凝练学校精神。学校积极弘扬师德奉献精神，强化职业道德教育，加强教师的职业道德、职业责任、职业纪律的教育工作，提升师德、铸造师魂，涌现出了大批无私奉献、兢兢业业、勇争先进的示范力量，老师们在观念更新、行为反思中不断成长，在师资缺乏等困难压力面前，教师的优秀师德显得无比珍贵和重要。

【陶继新】教师人格的高下，决定着学校发展的走势。因为它会形成一种精神气场，对教育教学及学习生活产生影响。铸造师魂，会让教师的人格高尚，会在全校形成一种积极向上的精神氛围。正是在这种精神的聚合下，你们学校才有了飞速的发展，才有了生生不息的发展动力。

【吕学强】三是以人文管理塑造校园精神。学校坚持关爱弱势学生群体，除严格执行中职学校学生资助政策外，学校每学期还为贫困学生创设勤工俭学岗位，制定减免学费、缓交学费等制度，使贫困学生能够安心快乐地在校学习。坚持以人为本与制度管理相结合，严格执行制度的同时，注重人文管理，关注教师身心健康和情感体验，出台了如教师每天半小时阳光运动、特殊天气允许迟到早退等人文制度，使教职工在任务繁重的同时仍能身心愉悦、快乐工作。坚持换位思考与民主公开相结合，构建和谐人际关系，师生在学校工作、学习中的自豪感和归属感明显增强，吸引力和感召力得到了进一步提升。人文管理制度实施伊始，在学校中引起了强烈反响，部分干部教师认为人文管理能否有效实施取决于教师的思想境界，而我坚持认为，只有首先相信教师、理解教师、尊重教师，教师的思想境界才能反作用于学校的管理制度，才能更好地形成管理合力。

【陶继新】关注弱势学生群体，不但可以解决他们的经济困难，也是对他们的心理援助。因为在这种援助中，有了爱的传递，有了和谐的音响。而传递爱者，也因为施爱于人而感到欣慰。当绝大多数学生感到在学校里受到关爱，并可以爱人的时候，这所学校学生的优质的精神面貌也就形成了。

对教师的人文关怀，让他们感到了温暖，也感到了幸福。而教师多有“士为知己者死”的报恩思想。所以，他们在感受学校温情的时候，也会更好地履行一个为师者的责任，也会爱校长，爱教师，爱学生。于是，教师的生命质量高了，学校的人际环境好了。这种软实力的提升，恰恰是学校发展的最大力量。

（原载于《创新教育》，2011 年第 4 辑；作者：陶继新、吕学强。）

用书信引领学校发展

——聊城市开发区顾官屯镇联合校校长的治校之道

[**许德刚校长简介**]

许德刚，山东省聊城经济开发区顾官屯联校校长，聊城市创新校长，开发区名校长，书信教育的积极倡导者和实践者，著有《书信感动心灵》、《孩子啊，你从今天开始》、《书信教育研究》和《让教育更美好》四本教育专著，并带领他的教师团队进行了“书信在小学教育中的作用”省级课题研究，积累了几十万字的研究资料，为书信这一传统文化在教育中的应用奠定了理论和研究基础。在他的带领下，这里的老师、学生以及学生家长也纷纷加入到书信交流的行列中来，用书信架起了一座座心灵沟通的桥梁，形成了这所农村小学独特的书信教育文化。

编者按：在许多学校还像管理工厂、企业一样管理学校以至于在许多方面处于机械和被动应付局面的时候，聊城市开发区顾官屯镇联合校许德刚校长却另辟蹊径，创造性地实施着他独一无二的书信交流工作法。自 2009 年 2 月开始给老师们写第一封信，到 2010 年 4 月又开始给同学们写信，迄今已经写了 37 封近 12 万字的书信，在他的书信引领和感召下，这里的老师们从过去的职业倦怠中解脱出来，重新燃起用心做教育的那份激情，找回了那份真做教育的快乐与幸福。这所学校的办学条件还相对较差，师资水平并不高，教师结构老龄化也相当严重，但就是这支普普通通的教师队伍，让这里土生土长的农村孩子们享受着城市教育的快乐和幸福。不仅如此，他同样用书信走进全镇孩子们的心灵，在学生的心里，他不仅是校长，更是他们成长的老师。最近，陶继新先生与许德刚校长就书信交流工作法进行了对话。

【许德刚】作为校长要有正确的办学思想和先进的办学理念以及实现这一思想和理念的工作方法。只有校长的思想、理念和方法被老师们所接受并转化为他们的一种自觉行动，校长的办学思想才能得以实现并见到成效。那么，怎么才能更好地把校长的想法贯彻到老师们的思想中去呢？更何况我所在的学校是由多所小学组成的农村联合校，学校相对分散，办学条件较差，整体师资水平不高，教师老龄化现象严重，应试教育的思想还占有相当的地位。要改变这种思想和现状相当困难，校长不可能经常召集老师开会，就是开会也不可能把那么多的问题讲得一清二楚。于是，我创新的书信工作法起了很大的作用，收到了意想不到的效果。我的这些书信架起了我和老师们之间相互沟通的桥梁，让老师们对我的办学思想、思路和方法有了更全面、更清晰的了解；书信让我们达成了思想上的共识、工作上的一致，使全校上下心往一块想、劲往一块使，极大地提高了工作效率和水平；是这些书信让我得到了老师们的理解、信任和尊重；也是这些书信让我这个联校的校长走进了全镇一千七百余名孩子们的心灵，让我既是他们的校长，又成为他们心中的老师。

【陶继新】书信大多是给亲朋好友写的，有亲切真实的特点。所以，当您以这种文化载体与教师沟通的时候，就让他们感到不但是在与校长交流，也是在与一位自己的同事好友交心。交心就没有戒心，也没有了对校长的仰视感；同时，教师对校长的信中所谈，也就比较容易接受。况且，您在写信的时候，也是以一种平等的身份与教师在谈心，即使谈工作，也是娓娓道来，语气舒缓。所以，您在让教师接受您的理念的时候，就有了“随风潜入夜，润物细无声”的特点。正是通过一封又一封书信，老师们认可了您的理念。而且，他们有了这种“感觉”之后，也就有了与校长交心的需求。于是，他们也在给您写信，甚至喜怒哀乐都可以向校长诉说。这种心灵的栅栏一旦拆除，校长的理念就可以畅通无阻地走进教师的心里。而有了高度的心理认同之后，也就有了积极而又自觉的行动。

点燃教师的激情

【许德刚】我的书信首先是从点燃教师激情、树立教育理想、最大限度地调动教师的积极性着手的。因为教育需要一支对教育有理想、有激情、有热情的教师队伍。然而，我发现目前的教师队伍特别是农村中小学教师存在着严重的职业倦怠情绪。这种情绪已经成为制约农村教育发展的瓶颈。作为校长有责任把他的教师队伍从这种倦怠的情绪中解脱出来，让老师们重新振作起来，树立信心，充满自信。我想，这是一个校长不可忽视的工作，也是一个校长义不容辞的责任。在这方面，我写给老师们的书信起到了一次又一次点燃教师激情的作用。

【陶继新】教师职业倦怠是一个比较普遍的问题，如果得不到及时解决，还会有愈演愈烈的趋势。这固然与部分教师本人的不思进取有关，但和校长的引领与激发关系更大。首先，校长应当是激情燃烧者，应当是不断成长者。很难想象，一个整天无所事事的校长，能够带出一批积极向上的教师队伍。而您不一样，您有积极的追求，您有很高的文化品位。孔子说："君子之德风，小人之德草。草上之风，必偃。"您的这种向上的态势，会在无形中影响着教师。如果再通过书信等有效的措施激发教师潜在的激情，他们就会从倦怠中走出来，重新塑造一个激情澎湃的教师形象。

【许德刚】《满怀豪情，走向 2009》是 2009 年寒假开学的第一次会议上我写给老师们的一封信。开头我这样写道："老师们，我们刚刚坚实地走过了 2008，又欣喜地迎来了 2009，历史的记忆翻过了大家共同努力的一页，我们给孩子们幼小的心灵留下了非常美好的回忆，我们每个人的教育生涯也迈出了更为坚实的一步。"我接着对班主任写道："我受上级和家长的委托，把几十个孩子交给了你，你没有忘记班主任岗位至高无上，责任重于泰山，一年如一日任劳任怨辛勤耕作。在你的带领下，你和你的教师团队，带出了一个有纪律、有修养、有毅力、有作为的班集体；带出了一个讲文明、讲团结、讲奉献、互帮互助、知恩感恩的班集体；带出了一个敢于拼搏、不怕困难、阳光向上、勇往直前的班集体。他们成绩优秀、身体健康，他们精神愉快、朝气蓬勃，他们有健全的人格，有健康的心灵，有优秀的品质，就像我们校歌中唱道：他们‘快乐、幸福、健康、成长’。”在信的最后，我写道：“回顾过去，我们在忙碌中感到充实和自豪，在艰辛中感到快乐和幸福。展望未来，我们责任在肩，任重而道远。让我们在新的一年里，继续因孩子们的快乐而快乐，因孩子们的幸福而幸福，在成就孩子们的同时发展我们自己，在发展自己的同时让我们的事业更加辉煌！”这封信引起了老师们的强烈反响，对老师们的鼓舞很大，它所起的作用可想而知。

【陶继新】您的这封信热情洋溢而又不失其亲切。“把几十个孩子交给了你”说得语重心长，让班主任感到特别温暖的同时，又会不由自主地生起一种特别的责任感。所以，将孩子培养成“快乐、幸福、健康、成长”的一代新人，就有可能成为一种内在的自觉。同时，您在这封信里，多次提到“快乐”，不但是学生要快乐，教师也要快乐。教师工作相对比较紧张，而有了快乐，紧张也就变得不再劳苦，甚至会升华成“工作是最大的休闲”（特蕾莎修女语）的生命体验。而且，快乐的人多了，还会形成一种幸福场。而有了幸福感的人，干起工作来会乐此不疲。反过来，群体有了工作热情之后，又会生成更优质的快乐氛围。于是，大家不但不再倦怠，而且感到工作起来很有幸福感。您在信中还提到一个关键词：“发展”。是的，学生需要发展，教师也需要发展。持续不断的发展，不但可以治疗职业倦怠之病，还会形成促使自我成长的内在机制。因为在发展的过程中，教师感受到了自信心的提升，看到了努力之后的成功之果。于是，就会更加自觉地发展，去收获更加丰硕的成果。在这种状态下工作的教师，不但自己发展了，也会对学校的发展做出应有的贡献。

【许德刚】我不仅开学给老师们写信，放假也要给老师们写信，让老师们从一年的激情燃烧中感悟那种做教育的快乐和幸福。去年放暑假的前一周，我给老师们写了一封长信，题目是《雄关漫道真如铁　如今迈步从头越》。信的最后我这样写道："我要在放假前夕借这封信代表全体同学向老师们，特别是向那些不辞辛劳带头工作、创新工作、用心工作的老师们，向那些一边工作一边读书学习并和同学们一道背诵经典的老师们，向深入到同学们中间和孩子们一起参与活动、一起锻炼身体，成为孩子们的亲密朋友的老师们，向创新课堂教学，使自己的课堂成为孩子们乐园的老师们，向关心学生全面发展，关注学生身体健康，关注学生心理健康，关注学生生命质量的老师们表示衷心的感谢！"在这封信中，对于工作不太好的老师，我没有讽刺挖苦，没有指责批评，更没有放任自流，而是在信中深情地接着写道："我也希望那些暂时做得还不够好的老师，能真正向身边做得好的老师们学习，积极进取，努力工作，尽快感受到作为一名老师的快乐和幸福。我相信你能行，你一定能行。利用本次暑假，攒好劲，充好电。在休息好的同时，多读一些专家和名师的书，多读一些经典。也许你会从专家和名师那里，从大师的经典里，碰撞出做教育的火花，点燃起做教育的激情，让你找到真做教育的感觉，找到本来属于你的快乐和幸福。"我想，作为一校之长有责任团结一切可以团结的力量，调动一切可调动的力量为工作服务，也有责任引领所有教师，引领整个教师团队向前发展。

【陶继新】您在信中几次提到要求教师阅读经典，看来，您是深得阅读之要道的。现在图书的出版以几何基数增加，可是，不少思想含量与文化品位较低的书也纷纷出笼，如果没有辨识能力，读不了好书，就会收益甚微。而经典不然，它是大浪淘沙，时光流逝，仍然定格在有思想与文化品格的人心里的精神风景，有着永恒的价值。读这些书，比起一般书来，能够以一当十，相当于拉长了自己的生命。读的经典多了，不但可以提高文化水平，还可以提升思想品位。因为经典中不但蕴含着智慧的要义，也摇曳着思想的光华。

感动于您给那些做得还不太好的教师的忠告，您没有哀其不幸、怒其不争，而是真诚地希望他们走出固有的思维形态，从而让他们能够有所发展。相信他们之中也会有人被感动。这些人是特别需要不断忠告的，有的时候，一点生命提醒，往往可以改变人一生的命运。从这个意义上说，校长应当不断地给教师以生命的提醒。请相信，由于越来越多的教师有了长足发展，久而久之，就会形成一种群体发展的氛围，即使那些迄今依然没有觉醒者，也一定会有很大触动的。

【许德刚】为了进一步让老师们从职业倦怠中解脱出来，我在《享受教育》的信中这样写道："享受教育并不是可想而不可即的，它就在我们每天实实在在的工作中，就在我们激情澎湃的课堂上，在多姿多彩的活动中，在津津有味的读书中，在同事共同前进的交流合作中。想想那些在教育上已经取得骄人成绩的教师，他们从一个普普通通的老师，一路走来，每天因学生的快乐而快乐，因学生的幸福而幸福，他们是真做教育的人，是每天享受教育的人。""老师们，上帝把神圣的教育赐给了我们，应该说我们每个教师都是幸运的。我们理应把握这种幸运，踏踏实实做好每件事，开开心心度过每一天，做一个用心做教育的人。从教育中去寻求快乐，从教育中去追求幸福。让我们从快乐幸福的体验中享受教育吧！"我总在想，一个校长如果能够让他的教师团队找到做教育的快乐和幸福，校长本人才会真正找到那种做教育的快乐和幸福，受教育者才可能是快乐和幸福的。

【陶继新】要想让教师享受教育，就要让他们感受到从事教育不是一件其苦无比的工作，尽管有的时候工作起来确实非常忙碌与困难。可是，如果认识到其工作的意义与价值，就会觉得这忙与难中，还有更神圣的东西，还有回味的美丽。这让我想到一些有着崇高信仰的人，虽然千辛万苦，可是，脸上总是洋溢着一种特别的幸福。因为他们认为，这种辛苦之中，蕴藏着无限的伟大，以至将自己的生命提升。所以，有的时候，教育是需要信仰的。同时，校长还要做出一些让教师感到可以享受教育幸福的实事来，这些，往往有着不言而教的作用。比如他们努力之后，有了一定的收获，进而得到了奖励与欣赏。所以，校长对教师的奖励，哪怕是精神奖励也是绝对不能吝啬的。另外，要想享受教育，还要有一个淡泊宁静的心怀。在浮躁之风盛行、功利之心漫卷的当下，有不少教师能够守持住一颗宁静的心灵，一如既往地去爱学生，并从学生的进步中获取支持的力量。一个真爱学生的教师，大都能够耐得住寂寞。因为他们会从爱学生与学生爱他们那里，感受到生命竟是如此美好。当绝大多数的教师都有了这种爱后，就会相互传递与彼此分享，也就有了享受教育的美质。

【许德刚】为了引领教师读书，我一边带头读书，一边继续给老师们写信。我写的《让我们一起读书前行》和《这里的变化静悄悄》两封书信，对教师读书起到了极大的促进作用。我这样写道："最近，一封封老师们的教育随笔、教育论文、读书感想，像雪片般纷至沓来。我每天第一件事就是打开邮箱，急不可待地阅读着发生在我们自己身边的故事，欣赏着老师们自己耕耘、播种、收获的累累硕果，激动的心情溢于言表，虽是土生土长，但这是老师们自己用心酿造的幸福和甘甜，因而别有一番滋味在心头。"我在《这里的变化静悄悄》中这样写道："近几年，我们这个农村团队开始以书为友，把名师名家的书籍悄悄地搬上了我们的案头，名师名家的思想随着他们的著作也悄悄地走进了我们的大脑。他们的思想开始影响我们的思想，他们的激情开始点燃我们的激情。于是，理想与激情开始在我们的血液里流淌；坚强与自信开始支撑起我们的脊梁；向往与追求让我们开始迈步前行。于是，我们感到了别样的充实和自豪，感到了和孩子们一样的快乐和幸福，感到了我们的生活开始变得阳光和充实，感到了我们的思想开始萌动并逐渐变得丰富与多彩，感到了我们的工作开始如此具有价值和意义。于是，我们更加感到肩上的责任是从未有过的重大和艰巨，我们需要做的事情还有那么许多许多。"现在，我们联校创办的教师刊物《交流》再也不用行政手段催稿，老师们把读书后的感想、参观后的提高、教学后的随笔变成了自己工作分内的自觉行为。

【陶继新】看来，您是将教师的读与写有机地联系在一起了，这载体，便是网络与《交流》刊物。教师读的书多了，写起文章来也就有了文化底气，也就有了相对从容的记载。可是，如果这些文章得不到校长与其他老师的欣赏，时间一长，这种写作热情也许就会慢慢降温。相反，如果文章刚一发表，就会有人评说，就会有人叫好，就会在教师心里形成一种愉悦的感觉，他们就会更积极地写作。写得越多，越感到读书的必要，因为没有对好书的大量阅读，就不可能有文采斐然的佳作纷涌迭出，于是，老师们就又更加主动地读书。读与写的相互促进，还会在无形中提高教师教学的水平，因为他们会从读写中，形成自己的话语系统。这样，教学的时候，就不会只说教材教参之言，而是有了属于自己的新的语系。于是，学生会更加喜欢教师，教师也更喜欢教学。这个时候，教学就不再是负担，而是一种快乐与幸福。当然，人的生命状态也就优化了。

【许德刚】在农村小学，教师老龄化已经成为教育的一个普遍问题，但老教师又确实是目前农村小学教育不可缺少的一支力量。于是，我专门给老教师写信，信的题目是《继续放射教育生命的光芒》。我这样写道："你们当中的许多人，学历并不高，但你们曾经背负着农村教育的重任走过了很长的一段路程。有那么多已经走向社会的孩子，走向了工作岗位，成了国家的合格公民，甚至有的做出了不平凡的业绩，这都离不开你们的教育和培养。所以，你们都有过令人骄傲的过去，年轻教师应该向你们学习。"我接着写道，"在你们中间，有许多老师的工作真是让人感动。有的并不是专业音乐教师，但也教得那么有板有眼，尽自己之所能，让我们这些农村孩子生活在嘹亮的歌声中，受到了音乐的熏陶。有的老师根本没有学过体育专业，只因我们缺乏专业的体育老师，你现学现卖也要努力让学生得到科学的锻炼，培养他们坚强的意志和铁的纪律。有的老师在语文课上教学生写字一丝不苟，给孩子们塑造了一副终身受益的"第二幅面孔"，甚至提高了全校师生的书写水平，成为整个学校的一大特色。"最后，我这样写道："我希望所有青年老师向你们学习，也希望你们的教育生命之树长青，相信你们会和年轻教师一道，共同享受那种真做教育的快乐与幸福！”

【陶继新】在点燃老教师生命激情的书信中，您把握住了触动他们心灵的感情之脉。您肯定了他们为教育做出的巨大贡献。是的，在中国农村教育历史上，这些老教师曾经立过汗马功劳。可是，在新的时代，他们之中的一些人确实落伍了。如果您将目光盯着落伍者，信中多谈他们的落后，非但不能让他们重新焕发工作的热情，还会让他们感到委屈与愤怒。您将他们的功绩昭示全校，这就给了他们公正的评价，也给了他们自尊。其实，所谓的老教师并不老，他们只不过五十多岁，是其生命中最好的时段。可是，他们自身包括年轻的教师，都认为他们已经老了。这种“说你老就老”的心理暗示，也真的让他们变老了。其实，这里的老，是相对于年轻人而言的，很多是知识的老化，心理的老化。如果从来就不感觉自己老了，人们也不如此认为，他们就没有老，就会感到正逢壮年，既积累了丰富的经验，又可以学习新的东西，就会成为学校的中坚力量。我在四川省蒲江中学实验学校采访的时候，发现他们那里五十多岁的教师，朝气蓬勃，意气风发，多是教育教学的骨干。您所说的你们学校的老教师，不也有不少积极向上、努力工作者吗？对于他们来说，不是发挥余热的问题，而是焕发青春的问题。您对他们的肯定，包括要求让青年教师向他们学习的呼唤，就可以点燃其生命的激情，就会让他们做出更大的贡献。

架起沟通的桥梁

【许德刚】是书信在校长和老师之间架起了一座信任、理解和友谊的桥梁。这些书信不仅使老师们深入了解了我的办学思想、思路和方法。更重要的是，通过这些书信也拉近了我和师生之间的距离，加深了一个校长和他的老师之间的感情和友谊。同时，老师们也为我坚持给他们写信的这种工作精神所感动，为我在书信中所表现出来的对教育的执著所信服。可以说，在这些书信的感召下，大部分老师进入了“不用扬鞭自奋蹄”的境界。一位老师在写给我的信中这样说：“校长，您给老师们写了许多信，这是我第一次这样感受一位校长的风采。您的每一封信，我都一遍一遍地仔细地读。您独特超前的思想，新颖、鲜明的观点……让我敬佩、羡慕，更让我感动。在信中我一直默默地念叨：您是位了不起的校长。百忙之中，您仍能坚持读书、写作，我感受到了您诗意的生活，更感受到了您一直在享受着教育的幸福与快乐，这一点好让我羡慕，我想现在如果大家都能有您这种体验，那教育应该会是另一种崭新的人人渴望的景象。”尽管我知道自己并没有像这位老师说的那么好，但我相信校长书信帮我提升了在教师心目中的地位和作用，也就帮我提升了自己在学校工作中的领导力和向心力。

【陶继新】一个校长的状态，对于全校师生的影响至关重要。您的真情，是一种无声的影响，它会一点一点地化在教师的心里。没有这种真情，您写出来的信就少了感染力。如果说前面提到的那个小学生的信让我们感动的话，您给教师的信同样让他们感动。因为真情永远是打动人的。同时，您与教师之间的书信中真情常在，还让学校里少了虚假，多了真意。而人们之间都真情相待的时候，人际关系也就和谐了，整个学校也就有了一种聚合力、向心力，学校管理当然也就变得简易而又轻松了。

校长与教师的这种和谐心灵与向上状态，无时不影响着学生。这种力量，往往具有“此时无声胜有声”的力量。学生也会更加真诚。

走进孩子的心灵

【许德刚】我在给老师们写信的过程中切实感到，校长非常普通的一封信，竟然对老师们的思想和行动起到了那么多意想不到的变化。我想，何不用书信的形式走进孩子们的心灵呢？于是，在 2010 年的 4 月 23 日我写了激励学生读书的第一封信《最是读书能致远》。我在信中这样写道："同学们，从这天开始——请捧起你心爱的书，在温馨安静的环境里，享受阅读的快乐。阅读是成长的基石，阅读是精彩人生的开始，读书会给你们前进的勇气和坚强，读书会让你们变得更加聪明和富有智慧，读书还会使你们学会宽容与善良，学会理解与尊重，学会友爱与真诚。读书更会使你们对人生充满自信和希望，愿书成为同学们永远的朋友。"在这封信中，我还写给孩子们一首诗，叫《孩子啊，你从这天开始》，诗的开头几句是："孩子啊，你从这天开始，踏上了快乐的旅程。读书成了你生活的需求，书本成了你最快乐的朋友。孩子啊，你从这天开始，踏上了幸福的旅程。读书延长了你前进的足迹，带你进入了一个个美丽鲜活的领域……"

现在，孩子们读书的兴致很高，而且还写了许多非常优秀的读后感和读书心得。现在，我校的各个小学可以说是成了名副其实的书香校园。我坚信读书的教育力量，坚信读书是最好的教育方式。

【陶继新】从小爱上读书，就会为生命成长打好基础。现在一些小学生课业负担太重，课堂之讲又没有多少文化含量，导致很多小学生不喜欢语文。因为这样的教学会在无形中向小学生传递一个心理暗示，书是不好玩的，作业是令人讨厌的，语文是不好学的。而小时候一旦厌倦了语文，讨厌了读书，往往终生对书不再产生兴趣。所以，您通过书信让学生读书，会让他们感到读书原本是很美很好玩的事情。而且，读的书会多了，他们会越喜欢读书，越喜欢，读的书越多。这对他们当下学习，特别是未来学习与生活来说，都会起到意想不到的作用。

这里需要说明的是，孩子读书，一定要有选择。因为现在所谓的儿童作品，有的思想文化含量不高，甚至有的还存在不小问题。这样的书读得再多，也不会有思想与文化的提升，甚至有可能误入歧途。相反，有思想文化品位且有儿童情趣的书，孩子读得多了，就会自觉不自觉地从中吸取生命成长的营养，就会快速成长。

此外，小学生记忆力非常好，还应当让他们适量地背诵一些经典。《学记》有言："时过然后学，则勤苦而难成。"现在小学生用一个小时背诵的经典，到了成年，至少要花费五六个小时甚至更长的时间去背诵。所以，要抓紧时间，让他们多背，背熟。因为小孩子不但背得快，而且忘得慢。很多小时候背诵的东西，是可以终生不忘的。古人所说的"童子功"，即"此之谓也"。

【许德刚】今年七月初，六年级的同学就要毕业了。作为校长，我总感觉还需要给孩子们做点什么，在他们小学毕业的时候，还需要送他们一程。怎样送他们一程才能更有意义更有作用？还是再给孩子们写封信吧！我想他们一定很喜欢。于是一封《一路高歌，勇往直前》的毕业信发到了每个毕业生的手中。我在信中这样写道："同学们，你们在人生最初的学习阶段，留下了永远值得回忆的一段光阴；留下了一个又一个值得称赞的美好故事。它们让你们的小学生活显得那么充实、那么精彩、那么富有诗意。你们的童年充满了欢乐，充满了幸福。曾几何时，你们在全县的比赛活动中多次给母校赢得过荣誉；你们在市里的大舞台上赢得过一阵又一阵的掌声；你们在省级的大赛活动中不止一次地获过奖。老师不会忘记你们那激动人心的童声大合唱；不会忘记你们那激情四射、优美大方的舞姿；不会忘记你们那精神激昂、步伐有力的走步操；不会忘记体现着友谊文明、团结向上的阳光校园舞；更不会忘记你们日益规范的钢笔字，越来越标准的普通话；不会忘记你们留下的一幅幅美术书法作品，还有你们的手工制作；更不会忘记你们为母校的美丽付出的劳动，流下的汗水。老师们不会忘记，同学们不会忘记，母校的一草一木不会忘记。"为了鼓励孩子们到初中继续读书，永远读书，我接着写道："同学们，你们不仅出色地完成了小学阶段的学业，还读了那么多课外书籍，书籍成了你们最好的朋友。老师希望同学们能把这个朋友带到初中，带到高中，带到大学，带到你的整个人生。让书籍成为你永远的朋友，让读书成为你一生的习惯，这个习惯将会改变你的一生，让你从一个成功走向又一个成功。”

【陶继新】您的这封信，是送给毕业生的精神礼物。在这份礼物里，您列举了他们小学阶段经历过的幸福生活，取得的突出成绩。这会让他们重温生命的记忆，再现生活与学习的美好。这会增加他们对母校的眷恋之情，对教师的感激之情，对同学的手足之情，会将对学校的爱，驻留在心间，让它成为美好的铭记。

您对他们未来的学校学习也寄托了殷切的期望，特别是希望他们继续读书的嘱托，可谓意蕴悠长。是的，学生不但要在小学读书，在中学、大学还要读书。读书不是一时之计，而是百年大计。因为离开了读书，生命成长就会缺少精神营养。如果没有高度的责任感，就不可能有如此的语重心长。

【许德刚】从 2010 年 4 月起，我开始给同学们写信，一年多来，我写给同学们许多信，有在世界读书日写的《最是读书能致远》和《孩子啊，你从这天开始》，有在母亲节写的《让我们一起感恩母亲》，有在父亲节写的《父爱如山》，有在“六一”儿童节写的《希望》，有在老人节写的《走进重阳节》，有在国庆节写的《不要学位的科学家》，有在元旦写的《回顾 2010，给力 2011》，有鼓励同学们认真完成作业的《好孩子都能按时完成作业》，还有前面提到的写给毕业班同学的《一路高歌，勇往直前》等。这些信真的让一个校长走进了孩子们的心灵，让我成为了他们心中的朋友。我甚至无法想象这些信对孩子们所产生的教育作用和对他们一生的影响。我忘不了六年级的毕业联欢会上我被天真的孩子们抹一脸蛋糕的场景，忘不了孩子们搂着我满脸泪水地说着“老师，谢谢您”的那感人的一幕，忘不了孩子们写给我的一封封回信又反过来给我带来的幸福与快乐。正是孩子们的一封封来信激励我永不停止地书写我的教育人生，让我充满了继续前行的信心。

【陶继新】看过一些学生给您的信，很是感人。没想到他们对您的每一封信读得都是那么认真，而且又有了那么多的感动。他们写的信，有对您的感激，更有感动之后的行动。这，也许是您感到特别幸福的一个重要原因吧。

古人说："来而不往非礼也。"我却说："来而不往非乐也。"如果您给孩子的信得不到回应，您非但不会高兴，甚至会感到悲哀。而有了那么多那么好的回信，您的心里就贮满了幸福。因为孩子们在给您回信的过程中，更好地读书了，更快地成长了。这才是一个有使命感的校长的幸福之源，这才是一所学校发展的本质所在。

养成真诚的品格

【许德刚】作为校长，一定要有教学领导力，而且校长的教学领导力对于一所学校的发展起着举足轻重的作用。所以，我的书信也深入到了课堂教学中，努力用书信提升自己的教学领导力 。在对学生写作的调研中，我发现许多学生的作文空洞无物，而且说假话、编假事的现象极为严重。这样下去，孩子们既学不会写作更学不会做人。我认为，出现这类问题的原因不在学生，我们的学校和语文老师都应该进行反思。于是，我的一封《说真话，写真事，抒真情》的信发到了全体语文老师的手中。我在信中这样写道："我认为，无论从语文教学本身，还是从教育学生做真实之人，做诚信之人说起，我们在作文教学中，都需要培养学生从小说真话，写真事，抒真情的好习惯。为此，语文教师和学校都要更多地让学生创设亲自参与各种活动，让学生通过具体的参与和实践得到真实的过程体验、情感体验，把写作和实践紧密结合起来。这样，同学们才能有话可说，有事可写，有情可发；才能说真话，写真事，抒真情。我们开展丰富多样、多姿多彩的综合实践活动，各种趣味性游戏比赛，以及针对性极强的主题班会活动，都会给学生提供说真话，写真事，抒真情的好机会，给学生提供实践、体验、锻炼的平台，使孩子们不至于在写作中无话可说，无事可写，无情可发。"这封信在语文老师中引起了积极的反响，还真的对孩子们的写作起了很好的作用。

【陶继新】您谈到的学生作文假大空的问题，当是目前作文教学中的一个顽症。学生写的作文为什么假大空？一是因为他们生活贫乏。没有生活积淀，非要他们写有生活内容的文章，只能作假。况且，这种作假一旦形成思维定势，在写其他东西的时候，也会提笔造假。而且，这种造假之风还会蔓延，在做人做事上也作假。所以，古人就特别主张“作文先做人”。您在丰富他们的生活，为其提供更好的写作素材方面进行了有益的探索，当然也就能取得一定的成效。造成学生作文假大空的原因，还有作文命题的狭窄与单一。因为教师甚至是教材上的命题，有的与学生现实生活相距太远。俗话说：“巧妇难为无米之炊。”他们又必须完成写作任务，舍造假别无他路可走。对于这个问题，正像您说的，语文教师要反思。如果不认真研究学生的写作走向，只是唯书是听，写作造假就会禁而不止。另外，古人主张“情动而辞发”，可有的教师却要学生为文而造情；古人主张“文以载道”，可有的教师却要学生文道分开；古人学习的目的是“化民易俗”，可有的教师却要学生成绩第一。凡此等等，让天真纯净的孩子，从小也沾染上了造假的恶习，真是令人可忧可怕。从这个意义上说，您是有教育良知者，有远见卓识者，如果不从小解决这个问题，孩子的诚信意识等，就会在这种作文造假中流失。

【许德刚】父亲节的时候我们倡导学生给自己的父亲写封信，表达自己对父亲的理解尊重和感恩，有一个村级小学四年级的小同学给她已经去世的爸爸写了一封信，特别感人。她这样写道：

亲爱的爸爸：您好！父亲节即将来临，这又让我想起了您在工地上不幸身亡的事。当时，这种打击让我、姐姐和妈妈都痛不欲生。但我们没有失去继续生活下去的勇气，妈妈为了供我和姐姐上学整天忙完地里忙家里，每天疲惫不堪。妈妈这么辛苦，我们在学习上也不敢疏忽、懈怠，比以前更加勤奋。有一次，英语卷子发下来了，我看到自己才考了80多分。这一年我是怎么学的啊？这让我很烦恼。从这以后我把玩的时间都用在了学习上。就这样我的英语成绩提高得很快，这就是我的进步。

爸爸，您知道吗？在一次数学课上，我有一道题弄不明白，问同学，同学也不会，我就一直思考，到了做广播体操时我还是没有想明白，竟把体侧运动做成了体转运动。后面的同学把我喊住了，我才知道自己做错了。以前遇到问题不好好思考，得过且过。现在我有了变化，只要不会我就认真思考或请教老师，直到明白为止。爸爸，我的学习一定会更好，不会辜负爸爸您对我的希望。

人们说：人死了以后，就会变成天上的一颗星，我想爸爸一定会在天上看着我的，我想您一定会看到这封信的，它会把我的进步和思念带给您，在这父亲节来临之际，我希望您会过得快乐。

陶教授，从这个小学四年级学生的质朴语言中，从她对爸爸的真挚感情中，您有体会到一点虚假的感觉吗？为了应试和考个高分，单纯让孩子背范文，甚至抄袭范文，对孩子的一生发展来说又有何裨益呢？

【陶继新】看了这位四年级小学生的信，很是感动。俗话说："穷人的孩子早当家。"其实，穷人的孩子也早懂事。这么小的孩子，就知道了"化悲痛为力量"，就懂得了勤奋学习。这令我想起目前人们常常谈的"高效"学习。高效的持久动力在哪里？重要的不是方法，而是道德的力量，所以，我提出一个观点，就是道德高效。即有了道德力量的支撑，能够让人长期地努力学习，甚至让人一生奋斗不止。这个小学生为什么一直努力学习，就是他爱自己的父亲，他想让已经长眠于九泉之下的父亲感到欣慰，让在世的母亲感到放心。所以，当一个人有了精神支持，有了道德力量之后，就会形成一种长盛不衰的学习动力。

感人心者，莫动乎情。有真情实感，才能写出好的作文。这封信，没有什么华丽的词句，可是，却句句动人心扉。而那些编造的故事，虚假的感情，即使形成文字，也不会让人感动。任何虚假，都是掩饰不住的，愈是玩弄文字游戏，愈是让人感到作假的可悲。你们通过这个写作案例，对学生的写作进行指导，当是一个很好的方法。

这个小学生想象父亲就是天上的一颗星，而且说在看着自己。这是不是作假呢？不是，想象与作假是两个概念。想象的基础是现实与真情，是顺乎文意，是与全文的浑然一体。与其说这是写作技巧，不如说这是小作者水到渠成的一段思想的延续。看来，内容永远大于方法，“道”比“术”要重要得多。

（原载于《创新教育》，2011 年第 2 辑；作者：陶继新、许德刚。）

图书在版编目（CIP）数据

做一个卓越的校长：陶继新对话名校长. 3/陶继新著.
—福州：福建教育出版社，2015.1
ISBN 978-7-5334-6648-0

Ⅰ.①做… Ⅱ.①陶… Ⅲ.①校长—学校管理—研究
Ⅳ. ①G471.2

中国版本图书馆 CIP 数据核字（2014）第 235558 号

Zuo Yige Zhuoyue De Xiaozhang

做一个卓越的校长

——陶继新对话名校长③

陶继新　著

出版发行　海峡出版发行集团
福建教育出版社
（福州梦山路 27 号　邮编：350001　网址：www.fep.com.cn
编辑部电话　0591—83726908
发行部电话　0591—83721876　87115073　010—62027445）

出 版 人　黄　旭

印　　刷　福建省地质印刷厂
（福州市金山工业区　邮编：350011）

开　　本　720 毫米×1000 毫米　1/16

印　　张　20.75

字　　数　285 千

插　　页　1

印　　数　1-4 064

版　　次　2015 年 1 月第 1 版　2015 年 1 月第 1 次印刷

书　　号　ISBN 978-7-5334-6648-0

定　　价　42.00 元